英語学パースペクティヴ

英語をよりよく理解するための15章

龍城正明
編著

南雲堂

まえがき

　本書は，大学生が中学校や高等学校で学んだ英語を更によく知り，理解できるようにする目的で著されたものである。よって，副題は「英語をよりよく理解するための15章」とした。実は，英語という言語を知っているようで知らないのが日本人の英語学習者である。英語を使いこなすには英語とはどういう言語かを知っている必要がある。

　一方で，本題の『英語学パースペクティヴ』に見るパースペクティヴ（perspective）とは日本語なら「透視図，展望」となろう。これは英語という言語の透視図を通して，その音声，語構造，文構造，意味解釈，さらには英語にはどのような変種（種類）があるかなどを解説したものである。その点では「英語学」と呼ばれる学問領域の概論書である。

　本書は，先に『現代英語学要説』として出版された書物を大幅に改訂，加筆して新しく生まれ変わらせたものであるが，旧版の目的は，大学で「英語学」や「英語学概論」と呼ばれるコースで教えるべき英語学のミニマム・エッセンシャルズについての解説を目指すというものであった。今回の改訂増補によって新しくなった本書は，まさしく，当時でいう英語学ミニマム・エッセンシャルズを基に，さらにその内容の充実を図り，本書の15章からなる英語のパースペクティヴが現代英語学におけるミニマム・エッセンシャルズを解説したものとなったはずである。

　最近はともすれば，英語の学習，習得とは会話を始めとする実用的な知識を学ぶことと思っている諸君が少なくない。しかし，言語の学

習とはその言語についてよりよく知ることが必要なのはいうまでもない。その意味では，英語が話せるつもりでも何について話すのかという「内容」なくして会話は成立しない。言い換えれば，英語についての言語学的な発音分析や文法理解，また正しい意味解釈の知識が英語の実際のコミュニケーションに役立つといえる。

　その意味で，「英語学」という聞き慣れない学問についての知識を学ぶというより，むしろ大学に入学された諸君が中高で学んできた英語について，発音を始めとして，文法のとらえ方や意味理解についてよりよく理解できるよう，本書には英語に関する知識が散りばめてある。

　本書を精読し，英語というのはこのような言語であったのかと理解を深め，グローバルな社会の中で，英語の達人になれるよう，本書がその一助となれば，著者一同の望外の喜びである。

　本書を旧版『現代英語学要説』の著者のお一人であった，今は亡き我々の恩師，石黒昭博同志社大学名誉教授に献げることにしたい。

著　者　一　同

目　次

まえがき …………………………………………………………… 3
第 1 章　英語学への誘い ………………………………………… 7
　　　　　―英語について知っていますか―
第 2 章　英語とはどんな言語か ………………………………… 13
第 3 章　英語学の分野 …………………………………………… 30
第 4 章　英語の発達（1）………………………………………… 39
　　　　　―揺籃期，古代英語から中世英語―
第 5 章　英語の発達（2）………………………………………… 74
　　　　　―近代英語から現代英語へ―
第 6 章　音　声　学 ……………………………………………… 94
第 7 章　音　韻　論 ……………………………………………… 116
第 8 章　形　態　論 ……………………………………………… 143
第 9 章　統　語　論 （1）………………………………………… 166
　　　　　―伝統文法とアメリカ構造主義言語学―
第 10 章　統　語　論 （2）………………………………………… 197
　　　　　―生成文法―
第 11 章　意　味　論 ……………………………………………… 243

第12章　語　用　論 ………………………………………… *270*

第13章　言語と認知 ………………………………………… *287*

第14章　世界語としての英語の変種 ……………………… *313*

第15章　日英語対照研究 …………………………………… *352*

　　　あとがき ……………………………………………… *392*

　　　索　　引 ……………………………………………… *395*

第1章　英語学への誘い
―英語について知っていますか―

　今やグローバル言語として，世界で最も多くの国で通用するといっても過言ではない言語，英語。昨今のインターネット，特にemailの普及で，英語が理解できれば，世界の人たちともコミュニケーションが可能になるのは誰もが知りうるところである。日本でも最近は小学校から英語教育が導入され，みなさんの多くは中学校から英語を学び始めて，かなりの知識があると思っている方は少なくないと思う。では，本当に英語という言語についてどの程度知っているのか。先ずはみなさんが英語という言語について，またそれが話されている英国について，どのくらいの知識があるのかをチェックすることから始めてみたい。

1. 英語が話されているのは英国，アメリカ合衆国，カナダ，オーストラリアである。
2. 英語は世界で一番多くの母語話者によって話されている。
3. 英語は英国で先史時代から話されていた。
4. 英国（イギリス）という国は先史時代から存在していた。
5. 英語には元から単語の文法的性（男性，中性，女性）は存在しなかった。
6. 英語の語順は主語，動詞，目的語（SVO）が基本であり，これは当初から変化していない。
7. 英語の形容詞は，昔から変化と言えば，比較級と最上級のみであった。

8. 英語の発音は，その歴史の中でほとんど変化していない。
9. 英語の語彙はドイツ語やフランス語のように10万語程度である。
10. 人称代名詞，he, she の複数形 they は，当然ながら元からの英語の単語である。
11. must の過去形は had to が使用されるが，実は must には過去形も存在する。
12. 不定冠詞 a は，母音で始まる単語には n が付加されて an になった。

　上にあげた12の記述は，実はすべて間違っている。では，正解は何か。言語学では世界の言語を扱う為に，地球上ではどのくらいの言語が話されているのかを知っておく必要があり，これは言語を学ぶ者にとっての最低限の知識である。英語もその内の1言語だが，世界には2013年で，6,000〜7,000が数えられ，少なくとも3,000もの言語がこの地球上で母語として話されている。これは世界の独立国が約200ヶ国であることからすると，とてつもなく大きな数字である。しかし，母語話者が今や3〜5人という言語も少なくなく，それらは危機言語（endangered language）と呼ばれ，21世紀末には世界の言語数が300余りに減少すると言われている。そのような言語事情から見ると，英語は当然ながらメジャーな言語であることに変わりはなく，その話されている地域は，(1)に挙げた国の他，インド，東南アジア，香港を始めとして，アフリカ諸国でも多くの人たちによって話されている。さらに英語のもつ政治的，経済的な力関係からして，母語話者以外に極めて多くの人々によって話され，現代では global language と呼ばれている。しかし，(2) で見るように，世界中で話されている言語で母語話者人口が，一番多いのは英語かというとそうではない。当然ながら，12億の人口を有する中国で話されている中国語が一番多く，英語は母語話者の数でみると，4億3千万の人たちによって話されていることから世界第2の言語なのである。因みに日本語は1億2千万

の話者人口を有する言語として，世界の言語の第9位に位置していることも忘れてはならない。

　さて，(3, 4) について見ていこう。英国，イギリスという国はブリテン島に位置する国であり，ともすれば，スコットランドもウェールズも北アイルランドもすべて一括して英国と理解している人が多いのではないだろうか。英国の正式名は The United Kingdom of Great Britain and Northern Ireland (=UK) であり，日本語に置き換えると「大ブリテンと北アイルランド連合王国（連合王国）」となる。もし，スコットランドもウェールズもイギリスと思っている人がいれば，これは間違いで，これらは連合王国の一地域なのである。Great Britain とは 1707 年以来，England, Scotland, Wales を総称する政治的な名称であり，我々が通常用いている英国とは England のみを指しているのである。そこで，United Kingdom の略称，UK が正式国名であり，UK では国全体を指す表現としては，England, English ではなく，Britain, British という表現が一般的に用いられている。たとえば，UK に影響を及ぼす機関は，British Rail, British Telecom, British Air, さらには British Passport に見るように公的には British を用い，English Rail, English Telecom などという表現は用いない。これは England が UK の一地域であるということの現れであり，これから以下のような表現が生まれるのである。

　My father is English but my mother is Scottish. They are both British.
　　　　　　　　　　　　Longman Dictionary of Contemporary English

　ここで英語（English）というのは，England 地域で話されていることばであることが判ったが（Scotland には Scottish があり，Wales には Welsh がある），ではこの English ということばはどこから来たのであろうか。さらに English と British の違いはどうして生じたのであろう。実は，現在の英国には英語を話す民族が先史時代から住んでいたのではなく，元はケルト民族の一派であるというブリトン族という

人種が住んでいた。彼らはブリトン語（Breton）を話し，これは現在の英語とは全く異なる言語であった。このブリトン族から現在のBritain, British という語が使われることになり，英国が存在する島をブリテン諸島（British Isles）と呼ぶのである。ではなぜ，英国はEngland，またそこで話されている言語をEnglishと呼ぶようになったのだろう。これは，ヨーロッパ大陸の北に位置するAnglesという民族がブリテン島に侵略し，彼らがブリテン島に永住することになった為に，このように呼ばれるようになったのである。即ちAnglesがEnglesに変化し，これがもととなり，Anglo Saxonという英語の元になった言語が使用されるようになった。ブリテン島には英国民は先史時代以来住み着いていたのではなく，英語とはそこにもたらされたゲルマン系の言語であったのである。

　この点からの記述が (5, 6, 7) である。ゲルマン系の言語であった英語には，現在のドイツ語に見られるような単語の文法的性（grammatical gender）が存在していた。例えば古期英語では石（stone=stān）は男性，土地（land=scip）は中性，太陽（sun=sunne）は女性というように，男性，中性，女性という文法的性があった。さらに形容詞もこれら名詞を修飾する場合，たとえば，男性名詞を修飾する時は男性形を，女性名詞を修飾する時は女性形とするなど文法的性によってことごとく変化した。これらは動詞の変化が活用（conjugation）と呼ばれたのに対し，名詞の変化も含め，曲折／語形変化（declension）と呼ばれた。当然ながらこのような動詞は強変化，弱変化と呼ばれて複雑な活用体系を呈していた。さらに，語順に関して言えば，これも時代とともに変化したことを理解しておく必要がある。と言うのも，皆さんは中学校で英語の授業が始まると，5文型 SV, SVC, SVO, SVOO, SVOC. という基本的には主語に動詞が続く，SVという語順を暗記させられた。これは，日本語がSOVであるのに対し，英語は主語の次に必ず動詞がくるという語順の相違について注意を喚起するためであった。そこで，英語の語順は古くからSVOであると思っている人が多いかと思う。しかし，古期英語の時代はSOVが標準であり，SVO

になったのは中期英語（1150）以降である。ついでながら，世界の言語をみると，SOV が一番多く，SVO は 2 番目に多い語順といえ，決して英語の語順 SVO が優勢ではないことも知るべきである。このような古期英語や中期英語の文法については，英語史の中で詳しく見ていくこととしたい。

　次に発音の記述（8）について考えてみよう。「言語は常に変化している」というのは言語学の常識で，英語の発音もその例外ではない。例えば，name や five がなぜ［nejm］，［fajv］という発音になったのだろうか。綴り字が a なら［name］でよいだろうし，i なら［five］でよいはずである。さらに book は o にもかかわらず，［bʊk］と［ʊ］に変化している。これは英語の歴史の中で，200 年近くの時をかけて徐々に母音が変化したことによる。これを大母音推移（Great Vowel Shift）と呼ぶが，英語の発音は，その歴史の中で決して一定ではなかったのである。これについては英語史の発音変化の中で見ていくことにするが，英語の発音は，このように極めて複雑な変化を被った結果，現代英語の発音がある。これについては次章でのべる「英語の特徴」の中で，特に綴り字と発音の関係で考えていくことにしたい。

　では，語彙に関する記述（9）について見てみよう。フランス語やドイツ語のように，ヨーロッパの言語としてはメジャーな言語はその語彙数は 8 万〜10 万程度といわれるが，英語のそれは 50 万語を数えている。これは現在の英語辞書の最高峰である全 20 巻からなる *The Oxford English Dictionary* にエントリーされている語彙数である。なぜ英語にこれほどの語彙が増加したかについては，後の英語史に詳細を譲るが，英語の語彙にはギリシャ語，ラテン語，フランス語，イタリア語などの他の言語からの多くの借用があり，その中には日本語のウォークマン（walkman）さえも入っているのである。

　このように多くの語彙をもつ英語であるが，一般には言語の基本語彙とされる人称代名詞でさえも，（10）の they に関しては，歴史的な要因も加わり，they は Old Norse（北欧諸言語の祖先である古ノルド語）からの借用なのである。

次に（11）の must についての問題である。これは，中学校で英語を習い始めた時に，他の助動詞（can, may, will, shall）などにはすべて過去形が存在するのに，must だけは have to の過去形である had to を用いるように教わった。この点については奇異に感じた諸君も多くいたのではないだろうか。しかし，これには正当な理由がある。元来 must は古期英語 mōtan の過去形である mōste が近代英語として発達したのである。即ち must はそれ自体が過去形であり，その為に，過去形は存在しないことになる。このように，英語の語彙はその歴史的な観点から分析すると，極めて多くの変化を遂げてきたといえる。

最後の不定冠詞 an についての（12）はどうだろう。中学校では元の形が a で，これが母音で始まる名詞の場合，an apple, an egg のように an になると教わらなかっただろうか。確かに教育的な観点からはこの方が覚えやすい。しかし，歴史的には an というのは one を意味し，これが先の形で，12 世紀半ばあたりから，子音で始まる名詞の場合に n が脱落して，a になったのである。言語変化には挿入（insertion）と削除（deletion）という2つの過程（process）がある。当然ながら，もともと無い n を挿入するよりは，an のようなすでに存在した形から n を削除すると考える方が理に叶っている。というのも，もし n が挿入されたとしたならば，なぜ n 以外の音，たとえば，m, t, s などの可能性が排除されたのか。つまり「なぜ，n が挿入されたのか。」という説明は極めて難しくなるであろう。

以上，見てきたように，英語や英国について皆さんがどの程度知っているかと言えば，案外知らない事情が多いということが判っていただいたはずである。言語学とは，我々が話す言語の研究を行う学問であるが，英語学とは，以上，見てきたように，「英語」という言語に焦点をあて，英語の特徴を始め，音声，構造，意味など色々な観点から英語を分析，研究する学問である。次章では，皆さんがまだ知らないであろう英語の特徴についてさらに詳しく見ていくことにしよう。

第 2 章　英語とはどんな言語か

　英語学を学習する上で，現在までに英語という言語を分析した言語学者を知っておく必要がある。中でもデンマークの言語学者であるイェスペルセン（Otto Jespersen）は，その業績と卓越した英語分析によりよく知られている。ここでは彼の分析した英語の特徴を参考にしながら，英語とはどんな言語なのかを見ていこう。

1.　混種語（Mixed Language）
　英語の歴史的変遷を見てみると，英語は以下のような種々の言語の混成によって，大いなる変化を被った混種言語であるといえる。

　　（1）Mixed Language
　　　　Anglo Saxon（Old English）　　5th Century
　　　　Greek and Latin　　　　　　　　6th Century
　　　　Old Norse　　　　　　　　　　　11th Century
　　　　Norman, Norman French　　　　11th Century
　　　　Revival of English　　　　　　　11th Century
　　　　Inflow of Classical Languages, i.e., Greek & Latin 14-16th Centuries
　　　　Shakespearian English　　　　　17th Century
　　　　Birth of American English　　　18th Century
　　　　Modern English　　　　　　　　20th Century

　英語という言語は，5世紀に始まるアングロ・サクソン族の侵略に

よりその，誕生をみる。6世紀には聖アウグスティヌス（Augustinus, St. Augustine）とその弟子たちによるキリスト教への改宗による，ギリシャ語とラテン語の影響がある。さらに11世紀になるとデーン人，いわゆるヴァイキングによるブリテン島の征服により，古期英語に古ノルド語（Old Norse）の要素が加えられる。引き続き，ノルマンディー公ウィリアム（征服王ウィリアム）（William the Conqueror）によるイングランド征服により，ノルマン・フランス語（Norman French）を話すノルマン人達により，ブリテン島の上層階級はフランス語が色濃く影響するアングロ・フランス語（Anglo French）を使用するようになる。これによって，今までゲルマン語派であった英語は，ロマンス語派の要素を多分に取り入れた言語に変化していく。しかし，14世紀に入り，ノルマン人に対する反感感情が昂じると共に，百年戦争といわれる英仏戦争の結果，英語という言語への回帰，英語の復権（Revival of English）が起こる。その後，ルネッサンスの時代の波とともに，抽象語彙を始めとする，さまざまな分野の語彙が英語に流入し，語彙の増大という現象が生じる。これに続くエリザベス朝時代にはたぐいまれな劇作家であるシェークスピアの誕生により，英語の語彙や文法に更なる磨きがかかる。それ以後，現代英語のグローバル化に大いに寄与したと言われる英国民のアメリカ大陸への移住により，アメリカ英語の誕生となる。このように，当初ゲルマン語の一派として誕生した英語は，同じ語派である古ノルド語，次には姉妹関係にあるロマンス語派のフランス語に影響され，再び英語としての回帰をみる。そこへさまざまなヨーロッパ語の語彙が流入し，さらには新大陸としてのアメリカへ渡った人たちによる新語の造語などが加わり，複数の言語による混種状態が続く。その結果，ようやく現代英語へと発達することになるのである。その意味で，英語の一般的な特徴としては，ドイツ語やフランス語が多言語からの影響をあまりうけず，単一言語の中で発達したのとは異なり，さまざまな言語が入り込んだ「混種語」（mixed language）として発達した点があげられる。

2. 分析言語（Analytic Language）

　英語が誕生した頃の古期英語には，ラテン語や現代ドイツ語に見られるような名詞の格変化が存在していた。それにより，語順も SOV が多く用いられ，それぞれの語彙の意味は格変化により容易に判断できた。しかし，現代英語は，格変化と呼ばれるのは代名詞，それも主格，所有格，目的格のみがその機能をとどめており，他の名詞には所有格の 's を残し，格変化という名詞の曲折（declension）（語尾変化）はない。格変化，屈折語尾をもって意味理解ができる言語を総合言語（Synthetic Language）と呼ぶが，英語は語順により，その語彙や文の意味理解につながるという点で，それぞれの語彙を他の語彙との関係で分析しなければならない言語に発達した。このような屈折語尾を持たない言語を分析言語（Analytic Language）と呼ぶ。

　英語は (2) に見られるような分析言語としての特徴をもつ。

(2) a　The dog's tail.　　　　　　　The tail of the dog.
　　b　I made her a coat.　　　　　I made a coat for her.
　　c　Domino amabimur.　　　　　By Load we shall be loved
　　d　Das Märchen meines Lebens.　The story of my life.

　(2a) では dog's という所有格は of the dog のように格を用いないで，of を用いて具現され，同じく (2b) の間接目的格 her は for her と前置詞を用いて置き換えられている。また (2c) のラテン語の例では ama ＋ bi ＋ mur と amo (love) の未来形受動形が動詞の変化を用いて一語で具現されているのに対し，英語では shall be loved と 3 語が用いられ語の内容が分析的に具現されている。同様に，(2d) のドイツ語の例では meines（mein の単数 2 格）を用いて meines Lebens で of my story を具現するが，英語ではさらに of my story と of を用いて「私の物語の」を表現しており，全ての英語の例では意味・内容に関して一語一語があてられており，語句を分析的に理解することができる。

3. 単純文法 (Simple Grammar)

英語が動詞の屈折や名詞，形容詞の曲折（語尾変化），さらには文法性を消失したことによって，その文法は極めて単純化された。その結果，英語の文法は「単純文法」と呼ぶことができる。

3.1 曲折の消失 (Loss of Declension)

(3) The declension of OE stān (stone)

	Nom(主格)	Gen(属格)	Dat(与格)	Acc(対格)
Sing.	stān	stān-es	stān-e	stān
Pl.	stān-as	stān-a	stān-um	stān-as

古期英語の名詞は (3) で見るように，単数形 (singular) 複数形 (plural) ともに，主格（が）属格（の）与格（に）対格（を）と格変化をもって具現されていた。

また，(4a) の英語では，形容詞 good の格変化はないが，(4b) のドイツ語や (4c) のフランス語では good に相当する gute, bon は guter, bonnes. のように修飾する語の数（この場合は複数形）によって変化していることがわかる。

(4) a. The actions of the two *good* men. (good)
　　b. Die zwei *guter* Menschen Aktionen. (gut)
　　c. Les actions des deux *bonnes* personnes. (bon)

3.2 文法的性の消失 (Loss of Genders)

英語の文法的性が消失したことにより，数による冠詞変化も消失し，その結果，定冠詞 the と不定冠詞 a, an のみが現存している。しかし，フランス語には (5a) のように，男性形定冠詞は le, 女性形定冠詞は la という2つの文法的性があり，ドイツ語では (5b) に見るように，定冠詞には男性形 (der), 中性形 (das), 女性形 (die) という3つの定冠詞がある。これに関しては，以下のフランス語とドイツ語

(「しかし，しかし」と言葉を返すのはやめてくれ。)
She *yes'ed* me　　　　yes 動詞
(彼女は私に「はい」と言った。)

4.2　属性名詞（Attributive Noun）

品詞の自由転換が許される英語では，名詞が形容詞のように他の名詞を修飾して，その属性を表すことが許容される。したがって，名詞と名詞の複合語であっても修飾語としての機能をもつ名詞は，あたかも形容詞のような役割を担って理解され，これを属性名詞（attributive noun）と呼ぶ。

(7) Attributive Nouns
　　a. a steam ship　　　　un *bateau à vapeur*
　　b. a straw hat　　　　un *chapeau à paille*

　　c. a catch copy,　　　　a ticket collector
　　　 a light house keeper
　　　 a toll gate supervisor examination

(7) の例で見るように，英語は名詞を複数個連ねることで，基本となる名詞の修飾語として用いることが可能である。一方，フランス語などでは，(7a) steam ship は *bateau à vapeur* と蒸気を出す（à vapeur）船（bateau）であり，(7b) straw hat は *chapeau à paille* のように，麦わらで編んだ（à paille）帽子（chapeau）と2つの名詞の間には前置詞の *à* が必要とされ，語彙の連結は英語ほど単純にはいかない。

4.3　省略（頭字語）（Abbreviation (Acronym)）

複数の語彙からなる複合語もその頭文字を用いて，あたかも一語のように表現することができる。これを頭字語（Acronym）と呼び，これによって長い単語を一語で表現することが可能となる。

の文法的性を比較してみるとよい。

(5) a. フランス語（定冠詞）は男性，女性の2つの文法的性
le soleil, le tour, le Japon, le Pacifique
la lune, la mer, la France, la Seine
b. ドイツ語（定冠詞）は男性，中性，女性の3つの文法的性
der Mond, der Rhine,
das Mädchen, das Weib,
die Sonne, die Blume

4. 実務的，実践的言語（Business, Practical Language）
英語は，極めて単刀直入で実務的，実践的な文法様式と共に，簡潔で精力的な表現形式を備えた言語である。

4.1 品詞の自由転換（Free Conversion of Parts of Speech）
以下の例に見るように，英語の品詞は時と場合によっては，いかようにでも変化することが可能である。要は，名詞，形容詞，動詞といった単語がその品詞分類に絶対的に分類されることなく，一つの語彙はさまざまな品詞に転換して用いることができる。これを品詞の自由転換（Free Conversion of Parts of Speech）と呼ぶ。

(6) *round* の品詞転換

a round of seasons	名詞
a round ball	形容詞
to round the cape	動詞
to spin round	副詞
to go round the house	前置詞
as round as (as well as)	接続詞
But me no *buts*	but 動詞　　buts 名詞

(8) 頭字語（Acronym）
    MIT = Massachusetts Institute of Technology
    NATO = North Atlantic Treaty Organization
    AIDS = Acquired Immune Deficiency Syndrome
    Scuba = Self Contained Undersea Breathing Appratus.

4.4 群属格（所有格）と群複数形（Group Genitive & Group Plurals）

群属格とは，(9) に見るように，連続する複数の語彙を一語の如く扱い，それ全体が属格（所有格）として名詞を修飾する表現を可能とすることができることをいう。また同様に，群複数形とは，(10) のような形式としては単数であっても，意味的には複数の意味であるような複合語は，文法的には複数形として扱われる。

(9) 群属格（Group Genitive）
    a. The king of Denmark's castle.
        (= the castle of (the king of Denmark))
    b. Some of our faults (= faults of (some of us))
    c. The bishop and the Duke of Gloucester's men
        (= The men of (the bishop and the Duke of Gloucester))
    d. The son of the Pharaoh's daughter was the daughter of the Pharaoh's son. (= The son of (the Pharaoh's daughter) was (the daughter of the Pharaoh)'s son. = Moses)

(10) 群複数形（Group Plurals）
    a. Many kind of animals（動物の種の多く）
    b. These sort of plants（これらの植物）
    c. There are no end of people here that I don't know（George Eliot)
    No end は many と同じ意味であるから複数の動詞を取る。

5. 論理的言語（Logical Language）

5.1 論理的調和（Logical Concord）

論理的な観点から見て，たとえ複数形の名詞が主語であっても，それが一つのまとまりのある単位と見なされる場合は，その複数形を単数の動詞で一致させ，逆に単数形であったとしても，それが複数の概念である場合，動詞は複数形となる。

(11) a. Logical Concord （複数形だが単数形扱い）
   The club all knows that he is a disappointed man.
   （そのクラブの全員）
   Three years is but short.（Shakespeare）
   （3年間は本当に短い）
   For a quiet twenty minutes （静かな20分間）
   Ten minutes is heaps of time
   （10分間は少なからざる時間である。）

   b. Logical Concord （単数形だが複数形扱い）
   There are no end of people that I don' know.
   （知らない多くの人々）
   The Quarterly are going to review me.
   （季刊誌（4冊）が論評する）

5.2 論理的語順（Logical Word Order）

格変化等によって，意味理解が可能となる総合言語や，下記のドイツ語の例にみられるように，語順が自由に変化する言語と異なり，英語は分析的言語の特徴を生かし，その語順は極めて論理的であるといえる。これに関しては，有名な Heine の *Loreley* の書き出しの部分を比較することにするが，(12b) にあげた英語は，(12a) のドイツ語の語彙を同じ語順（たとえば *Ich weiß nicht* を I know not のように）で並

べたものである。しかし，これでは英語としては理解できない。

 （12）a. Ich weiß nicht, was soll es bedeuten,
    Daß ich so traurig bin.
    Ein Märchen aus alten Zeiten.
    Das kommt mir nicht aus dem Sinn.
          Heinrich Heine *Loreley*

   b. *I know not, what shall it mean.
    *That I so sad am.
    *A legend out of old times.
    *That comes to me not out of the mind.
    （* は英語としては非文を表す）

（なじかは知らねど心わびて昔のつたえはそぞろ身にしむ。）

6. 簡潔で精力的な表現法（Brief and Energetic Expression）

 英語の表現法は語彙を並列に並べることにより，その意味を簡潔に伝えることが可能であるが，その語彙の配列が簡潔かつ精力的な表現方法を創りだしていると言える。

 （13）First come, first served.（早い者勝ち）
   Practice makes perfect.（習うより慣れよ）
   Penny-wise and pound-foolish.（一文惜しみの百文損；
       小事にこだわって大事なことが抜けている）

   To be or not to be: That is the question.
             Shakespeare
   To meet, to know, to love, and then to part
             Coleridge

7. 豊富な語彙 (Rich Vocabulary)

英語は先述したように混種語であるが、それ故に英語の語彙は極めて豊富な状況を見せてくれる。英語がアングロ・サクソン語起源であることとは別に、英語の語彙の大部分を形成しているのは、ラテン語やフランス語（ノルマン・フランス語）である。その語彙層に、他の言語、たとえば、スペイン語、ドイツ語、ロシア語、さらに日本語などが加わって英語の語彙層を形成している。その結果、英語は現在50万語というヨーロッパ言語の中でも突出した語彙数を誇っているのである。以下に示す (14) は、英語の語彙の語源のおおよその言語別の割合を示したものである。

(14) Anglo-Saxon words　　　　　20%
　　 Latin and French words　　　60%
　　 Other foreign words　　　　　20%

この状況により、英語の語彙の特徴として、一つの意味を表すのに、ゲルマン語系とロマンス語系という2つの経路を経て定着した語彙があり、これらはコンテクストによって適切に使い分けられている。この点に鑑みると英語とは二重言語特徴 (bilingual character) を有した言語であるといえる。

(15) | Germanic | Romance | Germanic | Romance |
| --- | --- | --- | --- |
| wedding : | marriage | answer : | reply |
| get : | obtain | buy : | purchase |
| bloom : | flower | luck : | fortune |
| brotherhood : | fraternity | hearty : | cordial |

Hearty welcome is warmer than a cordial welcome.
　（心暖かい (hearty) 歓迎は、心温まる (cordial) 歓迎よりもより暖かいものである。）

同じ「心暖かい」という意味の hearty（心暖かい）と cordial（心温まる）でも前者がゲルマン系の語彙であるため，英語を母語とする人々にとっては，本当に「心暖かいおもてなし」とは hearty welcome を用いた表現であるとの皮肉をこめた言い回し。

さらに，英語の語彙の中にはフランス語と英語，英語とフランス語との混種語彙が多く見られる。

(16) partake（参加する）　　partaking / partaker からの逆成
　　 pastime（娯楽）　　　　passé-temps の翻訳
　　 piecemeal（少しづつ）　pece + mele
　　　　　　　　　　　　　　（古期英語の styccemælum から）
　　 falsehood（虚言，うそ） fals（Anglo French, *false*（Latin）
　　 overturn（覆す）　　　　over + turn（フランス語 *tourner*）
　　 streamlet（小川）　　　　stream+let（*elet* diminutive（指小辞）

8. 男性的，真面目言語（Masculine, Sober Language）

　英語が「男性的で真面目な言語である。」とはイェスペルセンのことばであるが，そもそも言語に男性的とか女性的とかいう分類があてはまるかと言うと，はなはだ疑問である。しかし，一般にはドイツ語は男性的で，フランス語は女性的であるなどとよく言われる。

　文法的な観点からはドイツ語もフランス語もあまり女性的であるとは言い難いが，特にこのような言説が生じるのは，その言語がどのように聞こえるかという点からではないだろうか。そこで，英語の音声的特徴を見てみると，下記のように，英語は子音性が強く，かつ単音節表現が多い言語といえる。一方，女性的言語の代表格に挙げられるフランス語は，母音に鼻母音が多く，やさしく甘美に聞こえるのであろう。さらにイェスペルセンは，母音が多く，単語が母音で終結する言語であるハワイ語やイタリア語，スペイン語を例にとり，これらが

女性的に聞こえる点をあげている。これらの言語は CV という音節を持つことから「開音節言語（Open Syllable Language）」と呼ばれ，英語のように子音性が強く，単語が子音で終結する言語（CVC）は「閉音節言語（Closed Syllable Language）と呼ばれる。

8.1 男性的言語（Masculine Language）
男性的と感じられる英語の音声的特徴には，子音性や単音節性がある。これについては，以下の例（17, 18）から見ることができる。(17) の子音的とは，母音に比較して声道内での気流の妨げが多く，聴覚的には耳障りな音＝子音を多くもつことをいう。英語の子音的とは，このような子音が連続する子音連続（consonant clusters）が多く見られるという意味である。

(17) 子音的（Consonantal）
anxiety, breakfasted, health, shaft, sixths, these, result

以下のテニスンの詩の例では，and, there を始めとして，この節に見られる全ての単語は単音節から成っている。

(18) 単音節的（Monosyllabic）
And there a while it bode; and if a man
Could touch or see, he was heal'd at once
By faith, or all his ills

Tennyson

8.2 真面目な言語（Sober Language）
真面目な言語とは，特にフランス語との比較で，英語の表現には大言壮語的な表現が少ないという点があげられる。下記（19a）の例にみるように，フランス語では最初に合った挨拶から「私は貴女に会えてうっとりとしてしまう」という歯が浮くような表現と感じられるも

のがある。しかし，これに対する英語では単音節語の Glad to see you. が普通で，最近の若者達なら Hi! という一言で十分なはずである。以下，(19b, c) にみられる rather や half bad などの表現は「むしろ」や「まんざら悪くない」という意味で，イギリス人のあまりに熱心にならず，極度に自身を疎んじることもなく，過度に感情を表すことがないという性質が言語表現に反映されていると見るべきであろう。一方フランス語では，恐ろしいことを表現するには，「なんと身の毛もそだつほど恐ろしい」となってしまう。最後の例 (19d) も英語では rather good looking（まあ，良い方じゃない。）と，淡泊な表現となっているのに対し，フランス語では *charmante*（魅惑的），*ravissante*（うっとりするほどすばらしい），*adorable*（賞賛されるべき）と大言壮語と取られる賞賛のことばのオンパレードである。これら英語とフランス語の表現例を比較しても，いかに英語が真面目で控えめな言語であるかが分かるというものである。

(19) a. Glad to see you.　　*Je suis ravi de vous voir.*
　　　　　　（あなたにお目にかかってうっとりとしてしまう。）
　　b. That's rather a nuisance.
　　c. That's not half bad.　　*Quelle horreur.*
　　　　　　　　　　　　　（なんと恐ろしいことよ。）
　　d. She is a rather good looking girl.
　　　　　　　　Elle est charmente, ravissante, adorable.
　　　　（彼女は魅惑的で，うっとりとするほど賞賛に値する。）

9. 非音楽的, 木訥な言語（Non-Musical and Non- Elegant Language）
　英語の英詩はリズムを重視し，頭韻や脚韻といった技法が使われることはよく知られている。しかし，イタリアの詩人ダンテの著した『神曲』地獄編の一節をロングフェローの英語の訳詞と比較してみると，英語の非音楽性というのが良く判るはずである。

(20) a. Nel mezzo del cammin di nostra vita
mi ritrovai per una selva oscura
chè la diritta via era smarrita.

　　　　　　　　　　Dante,　*Divine Comedy*　*Inferno*

b. Midway upon the journey of our life
I found myself within a forest dark
For the straightforward pathway had been lost

　　　　　　　　　　　translated by　Longfellow

　(20a) に見るイタリア語には *vita, oscura, smarrita* など行末の全ての語が *a* で終わるという整然とした脚韻 (rhyme) が使われている。また, この詩をローマ字通りの発音で読んでみても, その流れの良さに容易に気付くはずである。これに対し, 上にあげたイタリア語に相当する英語語彙 (20b) は, life, dark, lost など脚韻とはほど遠い語彙が用いられている。Longfellow のような詩人でも内容重視となると, 音声やリズムには余りこだわらなかったようであるが, これが非音楽的と言われるゆえんであろう。

　もっとも, 脚韻を保ったまま翻訳が出来ないからと言って, 英語が単純に非音楽的であると主張するのは早計であるかも知れない。英詩には弱強五歩格 (iambic pentameter) のようにリズム体系の確立された型があるのは周知の事実である。また古期英語には頭韻 (alliteration) と呼ばれる, 詩文のひとつの語群の2つ以上の語を, 同じ音で統一するという技法もよく知られている (ex. *a*pt *a*lliteration's *a*rtful *a*id)。しかし, 英詩にリズムがあったとしても, それが音楽的かどうかというのは似て非なる感覚である。それ故, 「英語が非音楽的である」という表現があることも知るべきであろう。

10.　不規則綴字と不規則アクセント (Irregular Spellings and Accents)
　英語の中には, アルファベットの音価通りに発音すれば正しい発音

となる語彙も存在する一方で,かなりの割合の英単語が文字通りの発音とは大きく異なっている。これも歴史的経緯にその原因を見いだすことができるが,現代英語を学ぶ者にとっては大きな障害となっている。英語を母語とする子供達も Kindergarten や Primary School では *Phonics* という教科書を用いて,文字と発音との関係性,あるいは単語と発音の乖離現象を習得しているのが教育現場の現状である。これがなければ,英語を話すことは出来ても,読むことはできず,ましてや書くことは至難の業ということになってしまう。この点から不規則綴字と不規則アクセントも英語の特徴にあげることができる。

　先ずは,綴字を発音通りに読む例（21）を見てみよう。

　　（21）Phonetic spelling:
　　　　　frank, fulfill, literal, soft, splendid,

次に綴字と発音とが乖離している例（21）を見てみよう。

　　（22）Non-phonetic spelling :
　　　　　aisle,　　anxiety,　　bother,　　buoy,　　choir,　　cleanse,
　　　　　forehead,　glamour,　　hymn,　　heighten,　ironmonger,
　　　　　lieutenant, mortgage,　paradigm, psalm,　　righteous,
　　　　　Stephen,　thoroughfare, tomb,　　urine,　　weird,

　(22) にあげた各単語は,どのように発音すべきかを辞書で調べて,よく理解しておいて欲しい。また,このように綴字と発音との乖離から,バーナード・ショーによると,ghoti と綴られた語（英語の単語ではない）が [fiʃ] と発音することが可能であるとの皮肉めいた発言もある。これは,enough, women, station という 3 語にある gh[f], o[i], ti[ʃ] という綴字部分の発音を合わせた架空の語であることは言うまでもない。

さらに英語を母語とする子供達を悩ます綴字と発音の多様性は下記の例から見るように，たとえばaやoという文字の音価 (phonetic value)，いわゆる「読み方」にはそれぞれ，10通り，12通りあることから，英語の文字と発音の関係が難解であるのも一つの特徴としてあげることができる。

(23) 文字の音価の多様性（Varieties of Phonetic Value of Letters）

a as 10 values

about,	cottage,	father,	goal,	hat,
[ə]	[i]	[ɑː]	[u]	[æ]
many,	Mary,	swallow,	take,	water,
[ɛ]	[eə]	[a]	[ei]	[ɔː]

o as 12 values

button,	comfort,	cot,	corn,	dog,	hot
[Ø]	[ʌ]	[ɑ]	[ɔː]	[ɔ]	[a]
most,	Portugal,	tomb,	women,	wolf,	word
[ou]	[o]	[uː]	[ɪ]	[u]	[əː]

ch as 6 values

chat,	chaotic,	choir,	chivalry,	Greenwich,	loch (Bach)
[tʃ]	[k]	[kw]	[ʃ]	[dʒ]	[x]

s as 4 values,

dogs,	said,	sure,	usual
[z]	[s]	[ʃ]	[ʒ]

特に，ch の発音では，Greenwich はロンドンの自治区の地名としては，今でも [grinidʒ] と発音されるが，アメリカのニューヨークにある Greenwich Village は [grenitʃ] である。さらに，loch や Bach は Loch Ness など，現地語に近い発音の場合は [x] を用いる場合が多いが，これらは教養ある発音とされ，Bach などは一般にはまだ [k] を用いて [bak] と発音されることも多くあるので注意が必要である。

以上，英語の特徴について，10の大項目とその中での小項目10をあげて見た。これについてイェスペルセンはその著, *Growth and Structure of the English Language* で，以下のように述べ，さらに英国の桂冠詩人である Alfred Tennyson のことばを引用して，英語の特徴について論じた第1章を締めくくっている。

　The English language is a methodical energetic, business-like, and sober language, that does not care much for finery and elegance, but does care for logical consistency and is opposed to any attempt to narrow-in life by police regulations and strict rules either of grammar or of lexicon. As the language is, so also is the nation.　（Jespersen 1935 p.16）

　（英語は組織的で（理路整然とした），精力的，実務的，かつ真面目な言語であり，それは，華美や優雅さにはさほど気にかけることはないが，論理的な首尾一貫さを気にかけ，文法もしくは語彙の権威的規則や厳格な法則によって，人生を偏狭化しようとする如何なる試みにも対抗するものである。この言語の存在が，またこの国民の存在となる。）

　　　　　　For words, like Nature, half reveal
　　　　　　And half conceal the Soul within
　　　　　　　　　　　　　　　Alfred Tennyson（1809-92）

　　　　　（ことばとは，自然のように，内なる魂を
　　　　　　半ば現し，半ば隠している。）
　　　　　　　　　　　　テニスン　英国の桂冠詩人

　以上，英語という言語の特徴について色々な観点から見てきたが，次章ではさらに，これらの特徴を踏まえて，英語学の諸分野を通し，どのように分析するのかを見ていくことにしよう。

第3章　英語学の分野

　英文学といえば，英国の文学を指すということを小学生でも知っている。しかし，英語学とは何かというと，案外知らない人が多い。これは英語と英語学との違いが分からないからではないだろうか。英語というと，狭義では英国で話されている言語のことだが，英語学というと，その英語を音声・音韻，形態，文法（統語），意味という言語学の領域から研究する学問領域のことである。さらに，英語の歴史や英語の用法といったものも研究対象になる。言語学というのは世界の言語を研究する学問だが，英語学は，その中で英語に絞って研究する学問である。したがって，英語を科学的に分析する学問というのが英語学である。第2章で，英語についてさまざまな観点から見てきたが，さらに学問的に英語を分野別に研究するとなると，どのような分野が必要となるのか。ここでも英語学とはどのような英語の領域を対象としているかを下記にあげた記述を参考に見ていきたい。

1.　英語を英語学的に考えよう。

   1. 英語の発音が正しければ，英語の音声が正しく理解されたことになる。
   2. pen, spell, sip に見える p 音はすべて同じである。
   3. 英語の構成素では，単語が一番小さい単位である。
   4. John is easy to please と John is eager to please の John は共に主語である。

5. dog の意味とは「犬」である。
6. A:「今何時」B:「土曜ワイド劇場が始まったばかり」：この会話は成立しているのか。
7. boot と言えば，連合王国の母語話者にはすぐ理解されるが，米国でも同じく容易に理解される。
8. 英語は変遷してきたのか，否，古くからその文法や音声には大きな変化はなかった。
9. 言語事象については，どの方向から見ても「その表現はすべて同じだ。」と言うことができる。
10. 英語とインドで話されていたサンスクリット語は同じ仲間の言語ではない。
11. Peel the apple. Then put it in a bowl. と言った時に it は apple だと理解できるが，この it で表された apple は最初の発話の apple と同じ物なのか。

2. 英語学の諸分野

以下では，言語学での研究分野を紹介することにより，言語の分析にはどのような分野があるかを紹介することにするが，英語学では特に英語という言語に焦点をあてて研究する分野であることに留意して欲しい。

2.1 音声学（Phonetics）

英語の音声を研究する領域が音声学と呼ばれる研究分野であるが，ここでは音声の調音，すわなち，言語音がどのように作られるのかを研究し，また分類する分野である。そのために，調音音声学（articulatory phonetics）と呼ばれる。一方で，音声が聴覚でどのように知覚されるのかを研究する聴覚音声学（auditory phonetics）と呼ばれる分野もあるが，これの多くは耳鼻咽喉科を主とする医学の分野で研究されている。また，音声の物理的特性について機械を用いて分析する分野は音響音声学（acoustic phonetics）と呼ばれる。したがって，(1) の英語

の発音とは，正しく発音することも大切だが，それのみではなく，音声がどのように調音されるのか，またそれらの音がどのように分類されるのかを知らなければ，正しい発音ができることにはならない。

2.2　音韻論（Phonology）

英語の音声と意味との関係を研究する分野を音韻論と呼ぶ。英語の発音がネイティブスピーカーと同じように発音ができたとしても，その発音の意味が分からなければ，英語を理解しているとは言えない。たとえば，pen と Ben とが異なる意味であるのはなぜだろう。これは［p］と［b］という2つの音の違いが意味の違いに関わっているからで，これが音声と意味との関係ということである。また，(2) で見るように，pen, spell, sip の［p］は全て同じ音かという点である。今までこれらの音が異なる音であるなど言われたこともないだろうし，諸君もこれらが異なる音などとは認識していないはずである。しかし，実際には，これらが英語の母語話者によって発音されると，すべて異なった音となって発音されている。このような音声と意味，また同じ音声と思われてきた音でも異なる音声として発音される音声仲間の研究などが音韻論で扱われる。

2.3　形態論（Morphology）

語の形式や成り立ちを研究する分野を形態論と呼ぶ。ここで，(3) にある「単語」について考えるなら，英語の文としての構成を見るときに，その最小単位は単語であると思っている諸君は少なくないはずである。しかし，簡単な例として，cat, dog という単数形に対する複数形を作るときに用いる s はどのように分析すればよいのだろう。明らかに複数形を具現させる要素が s であることは諸君も承知しているはずである。このような s については当然ながら単語と呼ぶわけにはいかず，この要素の分析についても考えなければならない。長い語を分割して考えるとき，意味の単位で分析することになるが，この意味の単位で分析し，語よりも小さい単位を用いて分析する分野が形態論

と呼ばれる分野であり，単語より小さな単位についての分析も含めて形態論で詳しく見ていくことにしょう。

2.4 統語論 (Syntax)

文法とは英語を話したり，書いたりするときに用いる「規則」であると思っている諸君が少なくないと思う。しかし，諸君が学習してきた規則とは，受動態の作り方，進行形や完了形の作り方で，これらはあたかも「右折禁止」や「制限速度 40 km」という交通規則よろしく，それのみで確立した規則である。しかし，この規則が成立するまでにはいくつかのプロセスがあるはずである。当然ながら右折禁止には，この場所で右折をすると極めて危険であるから右折行為が禁止となっている。そこで，英語学的に言うなら，単なる規則というより，文の生成過程を探る必要がある。そのため，従来の統語論は「文法」という狭義の術語と同一視されていたが，最近では文の生成や意味との関係をも視野にいれた，もっと広範囲な問題を扱う分野が必要とされ，これを統語論と呼ぶ。たとえば，(4) である。例文にあげた John が共に主語であるかどうかという点であるが，英語の母語話者なら誰も間違えることなく，この 2 つの John は異なる機能を持った語彙であると答えることができる。この点，母語話者なら直観的に異なる機能を持っているというのも英語学では重要な点であるが，ここではこの点は置くとして，どのように分析すれば，この 2 つの John が異なっているといえるのか。まさしく，この 2 つが異なる機能を持っているということを明示的に表すという分析を行うのが生成文法と呼ばれる分野である。この分析法については統語論で詳しく見ていくことにするが，ここでの解答として，「2 つの John は同じ主語ではない」ということだけは言っておこう。

2.5 意味論 (Semantics)

英語の意味を扱う分野を意味論と呼ぶが，意味研究の歴史は古く，言語哲学の根源がここにあったと言っても過言ではない。要は「意味

とはなんぞや」という問いに，現在の言語学でも正確に定義づけすることは容易でない。それほど意味の定義とは難解な分野である。伝統的な意味論では哲学的，心理的な意味の研究が盛んであり，その点から多くの哲学者や意味論学者が意味の定義を試みてきた。しかし，どの分析をとっても，意味の定義という適切性には今ひとつ問題を抱えている。そこで，最近の研究では語彙の意味をその素性（意味素性）をもって分析することが行われ，それを基に，単語同士の意味関係という観点からの分析も進められてきた。また，意味も言語構造の一部であるという観点からの理論的な研究が盛んに行われ，統語論との結びつきが強いという点で「統語論と意味論」という一体化された研究を行う学者も多く見られる。したがって，(5)に述べられているように，dog の意味は「犬」という単純な解答でないのは，明白である。これは単に英単語の dog を日本語の「犬」に置き換えたに過ぎず，dog が意味する内容説明＝意味とはなっていない。この点に留意して意味という問題を研究するのが意味論である。

2.6　語用論 (Pragmatics)

英語が通じる，会話が成立するというのは話し手と聞き手の中で正しく意思の疎通ができていると言うこと。言い換えれば，意味が正しく理解できているからこそ，コミュニケーションが成立するということに他ならない。では，(6)に見る A，B の会話は成立していると言えるのか。すなわち，A は「今何時」と時刻を聞いているのに対し，B はあるテレビ番組の名前を言っている。当然ながら，B の正しい応答はその時の時刻を告げること。たとえば，「9 時（午後の 9 時）」である。しかし，ここで，多くの日本人ならテレビ朝日系列で放映されている「土曜ワイド劇場」が午後 9 時から始まることを知っているのだから，時刻を言わなくても番組名を言われれば，現在の時刻を知ることができる。しかし，これは意味という観点からだけでは決して分析できない要素が含まれているのは明白であろう。他の例として，「赤」といっただけで，「赤ワイン」や「赤紙包みのキャンディー」な

どと理解されるとしたら，これは話し手と聞き手の置かれた状況から判断されたと分析する以外に，従来の意味的な分析だけでは決して理解できる内容ではない。いわゆる言外の意味や前提，会話の原則など，従来の意味論では扱えなかった分野を扱うのが語用論と呼ばれる分野である。

2.7 英語の変種（Varieties of English）

今や英語はグローバル言語として世界で最も多くの人たちによってコミュニケーションの手段とされている。英語を母語とする人たちだけでも，すでに見たように連合王国，米国，カナダ，オーストラリアなどに広がっている。その他，インド，東南アジア，アフリカ諸国など地球上のさまざまな地域で話されている。しかし，そこで話されている英語は決して一様ではなく，連合王国と米国，カナダ，オーストラリアでは文法や語彙の点からも著しく異なった様相を呈している。このような異なった言語をある基盤言語（ここでは「英語」）の変種（variety）と呼ぶ。この考え方によると，英語という基盤言語から誕生したさまざまな変種（British English, American English, Canadian English, Australian English）について分析する必要があり，これらの研究をするのが「英語の変種」という分野である。

(7) にある boot とは British English の語彙で，これは日本人がよく知っている単語でいえば，American English でいう「自動車の trunk」のことである。したがって，アメリカ人の間では boot という表現は日常的でないのは言うまでもない。

2.8. 英語史（English History）

英語は 5 世紀（449 年）にアングロ・サクソン族のブリトン島への侵略により，現代英語の基語となる古期英語の誕生をみるが，それ以後，中期英語，近代英語というさまざまな歴史的変遷を経て，現代英語となる。このような英語が辿った歴史的事実，文法変化，音韻変化，語彙変化などを通時的（diachronic）な観点から分析する方法論と，

その歴史的変遷を研究する分野を総じて英語史と呼ぶ。因みに英語のある時点（たとえば2015年の英語）に限って分析する方法は，共時的（synchronic）研究と呼ばれる。

2.9　認知言語学（Cognitive Linguistics）

言語をどのように捉えるかはその理論的枠組みによって異なるが，最近の枠組みの一つでは言語は人間の認知活動を反映するものと考え，その意味や構造の問題を認知の特性という観点から捉え直そうとしている。例えば，「コップに液体が半分入っている。」という状態を表すのに，The glass is half empty. と The glass is half full. という2つの表現がある。この表現は，結果として同じ意味を表していても，どの側面を際だって表現しようとするかにより，このような2つの表現が生じてくる。この場合は，酒好きの人にとっては，酒が少なくなってくれば，「グラスはもう半分空になった。」と言うであろうが，下戸の人なら，「グラスにはまだ半分も酒が残っている。」と言うことになるであろう。このように，言語と人間の認知活動に焦点を合わせ，色々な状況を言語学的に分析しようとする方法論が，認知言語学と呼ばれる分野である。これには意味分析のメタファーやイメージスキーマという観点から，最近大いに研究が進んでいる。

2.10　比較言語学（Comparative Linguistics）

英語との親近関係がある言語，たとえばギリシャ語，ラテン語，ドイツ語，フランス語との関連を歴史的な観点から見て，分析していく方法論を比較言語学と呼ぶ。(8)での問題点は「英語の仲間」の問題である。英語とインドで話されていたサンスクリット語（現在は死語である）が同じ仲間か否かという点。インドと言えば，ヨーロッパ大陸から遠く離れた地域であり，そのインドでは数キロ離れれば全く異なった言語が話されている状況からみれば，英語とサンスクリット語が同じ仲間の言語である，即ち言語の同族性は当然ながら否定されるはずである。しかし，意に反して，これらの言語に親近性があると言

われるのは，19世紀末にインドに上級裁判官の判事として赴任したウィリアム・ジョーンズ（Sir William Jones）によって，サンスクリット語と古代ギリシャ語やラテン語との共通起源を有する可能性があることを指摘した点に端を発する。その結果，サンスクリット語と英語には親近関係があることが証明され，英語は単にヨーロッパ地域で話されている言語（ドイツ語，フランス語，ロシア語など）との同族語のみならず，遠く離れたインドで話されていたサンスクリット語とが同族語であることが証明されたのである。これにより，英語が属する語族（これは我われがいう家族のようなもので，言語間の親近性をいう）は Indo European language family（インド・ヨーロッパ語族。印欧語族）と呼ばれるようになった。

　以上，英語について，これから学ぼうとするいくつかの領域について見てきたが，このように，音声，音韻，形態，統語，意味，語用論，さらにグローバルな観点からみた英語の変種などについて分析し，研究するのが英語学という学問である。このような主たる分野の他に，最近とみに盛んになってきた分野に「談話論（Discourse Analysis）」がある。これは最後の (11) にあるように，いくつかの文の集合体を談話（discourse）と呼び，その複数の節や文にまたがる関係を分析する方法論である。ここでは語や文の相互関係や離脱関係などがその分析対象になり，たとえば，(11) の it は apple を指してはいるが，この it はすでに皮がむかれたリンゴのことであり，先の apple とは同じ状態の物ではない。従来，代名詞とは先行詞と同じものを指しているものを言うが，ここでの it は異なる状態のものとなっているが，談話構造を判断した上で，it という代名詞を用いていることができる点が重要なのである。このような談話と呼ばれる複数の文からなる集合体の分析を談話分析と呼ぶ。ちなみに，場所を表す there なども，それが発せられた以前の文の内容がなければ，そこがどこを指すのか理解できない点からも文としての集合体が言語分析には大切な観点であることがわかるだろう。

他にも,「文体論（Stylistics）」,「辞書論（Lexicography）」,「方言論（Dialectology）」などと呼ばれる分野もあるが，これらはその分野の術語が示すとおりの分析法による領域であるので紹介のみにとどめておく。特に「方言論」と呼ばれる分野は，最近では「方言」という表現が，先に紹介した「変種」にとって変わられつつあるので，注意が必要である。それは言語学では，世界で話されている多くの言語や方言を偏見のない観点から分析することを旨としているからである。その意味では，「方言」という表現には，言語の優劣を想起させる偏見が伴うことがある。そのために，最近の言語学では「方言」という語彙を偏見のない「変種」という術語をもって言い換えているのである。

　これら英語学の諸領域に関して，英語の分析法について，これから一歩一歩，歩を進めて行くことにしたい。

参考文献（第1章，第2章，第3章）

Bolinger, Dwight. 1968. *Aspects of Language*. New York: Harcourt, Brace & World Inc..

Francis, Nelson. 1965. *The English Language*. New York: Norton.

Fromkin, Victoria, Robert Rodman and Nina Hyams. 2014. *An Introduction to Language*. 10th edition. Boston: Wadsworth.

Hudson, R. 1984. *Introduction to Linguistics*. London: Martin Robertson & Co..

Jespersen, Otto. 1935. *Growth and Structure of the English Language* 8th edition. Leipzig: B. G. Teubner.

Marckwardt, Albert H. 1968. *Introduction to the English Language*. New York: Oxford University Press.

McCrum, Robert, Robert Macneil and William Cran. eds.. 2002. *The Story of English:* Third Rivised Edition. New York: Penguin Books

Mihalicek,Vedrana and Christina Wilson. eds.. 2011. *Language Files: Materials for an Introduction to Language and Linguistics* 11th edition. Ohio: Ohio State University Press.

Potter, Simeon. 1966. *Our Language*. London: Penguin Books

Pyles, T and J. Algeo. 1970. *English: An Introduction to Language*. New York: Harcourt, Brace & World Inc..

Sapir, Edward. 1921. *Language*. Harcourt, Brace & World Inc..

第4章　英語の発達（1）
―揺籃期，古代英語から中世英語―

　英語は現在，国際語としての確固たる地位をもった言語である。しかし，もともとは北ドイツ地方に住む一部の部族が使っていた方言にすぎなかった。本章では，そうした北ドイツの方言が，独自の発展をとげて近代的な英語の姿に変貌する1500年ごろまでの道すじをたどり，当時の英語の紆余曲折の歩みを概観したい。

1.　英語の起源

1.1　英語揺籃の地
　英語は元来，北ドイツから南デンマークにかけての地方に住んでいた人々のことばであった。English という名称自体がそれを物語っている。English という語は，語源的には「Engle (=Angle) 人のことば」という意味をもっており，このアングル人（Angles）とは，デンマークとドイツの国境にあるシュレースウィッヒ（Schleswig）地方にかつて住んでいたゲルマン民族の一派を指す。この地が「釣針（angle）」の形をしていたため，Angle 人と呼ばれるようになったらしい。English は，厳密には，アングル人だけでなく，サクソン人（Saxons）やジュート人（Jutes）の話していたことばをも含む（本章2.2参照）が，いずれにしても，彼らの居住地はこのユトランド半島を中心とした地方にあったと考えられている。

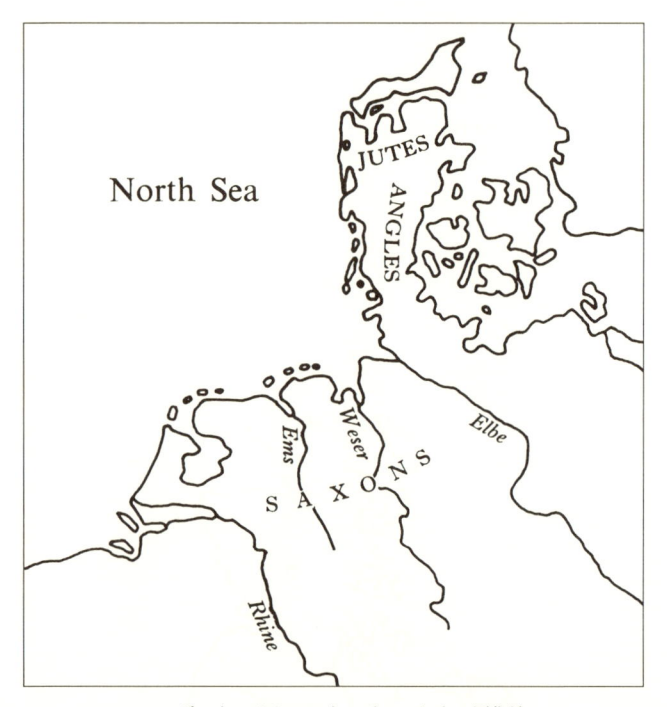

アングル人，サクソン人，ジュート人の原住地

　しかし，その彼らのことばを独立した言語としてはぐくみ，現代の姿に成長させたのは「イギリス」である。その意味で，English の揺籃の地は，やはり England と言えよう。
　日本語の「イギリス」（または「英国」）という名称は多義的で，(i) the United Kingdom, (ii) Britain, (iii) England のいずれにも解釈できる。しかし，第1章で見たように，この3つは同義ではなく，特に the British Isles（ブリテン諸島）という地名も日本では「イギリス諸島」と呼ばれていることに注意すべきである。

第 4 章　英語の発達 (1)　*41*

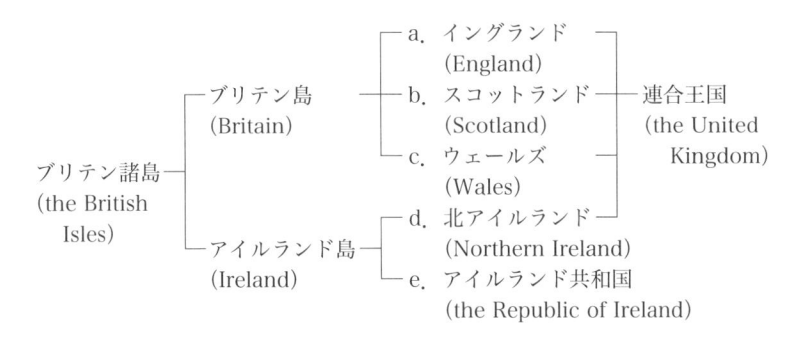

```
                        ┌─ a. イングランド ──┐
                        │    (England)      │
         ┌─ ブリテン島 ──┤─ b. スコットランド ├── 連合王国
         │   (Britain)   │    (Scotland)     │   (the United
ブリテン諸島┤              └─ c. ウェールズ ──┘    Kingdom)
(the British│                   (Wales)
 Isles)    │                ┌─ d. 北アイルランド ─┘
         └─ アイルランド島 ─┤    (Northern Ireland)
             (Ireland)      └─ e. アイルランド共和国
                                (the Republic of Ireland)
```

ブリテン諸島

左の図に示されるように，ブリテン諸島はブリテン島，アイルランド島という2つの大きな島を中心に成っている。その中には2つの独立国，「連合王国」（公式名称は the United Kingdom of Great Britain and Northern Ireland）と「アイルランド共和国」が含まれる。前者は単に「イギリス」という名称でしばしば呼ばれるが，実際には4つの首府をもつ連合王国であり，これらの3つはブリテン島に位置している。そのうちのひとつであるイングランドこそが，厳密な意味での英語誕生・揺籃の地なのである。

1.2 英語の系譜

言語にも人と同じく祖先がある。これを「祖語（proto-language）」という。ここで英語の系譜を簡単にたどってみよう。

英語の最古の祖先にあたるのは，「印欧祖語」である。これは，紀元前5000〜3000年ごろ，黒海北岸から中央ヨーロッパにかけての地域のどこかで話されていたと推定される仮定の言語のことを指す。この言語が，その後，東はインドから西はヨーロッパにまたがる広大な地域にしだいに拡散し，各々が独自の変化をとげて個別の言語として成長した。これらの諸言語が，現在，「印欧語族（または，インド・ヨーロッパ語族）」という，世界の語族の中でも群を抜く一大語族を形成している。

その系譜の大要は次の通りであるが，この語族にはその名が示す如く，インド亜大陸の言語であるヒンディー語やベンガル語を始めとして，ペルシャ語や現ヨーロッパ大陸で話されているロシア語，フランス語，スウェーデン語など多くの言語が含まれている。一方で，ここにはフィンランド語やハンガリー語は含まれていない。これらは，フィン・ウグリック（Finn-Ugric）語族と呼ばれる別の語族である。このことから，言語というのは，近隣にあっても同じ仲間ではなく，距離の遠近に関係なく，音韻対応や構造，単語の類似をもって親近関係が成立することがわかる。したがって，第3章で見たように，英語とサンスクリット（現在ならヒンディー語）のように，遠く離れていて

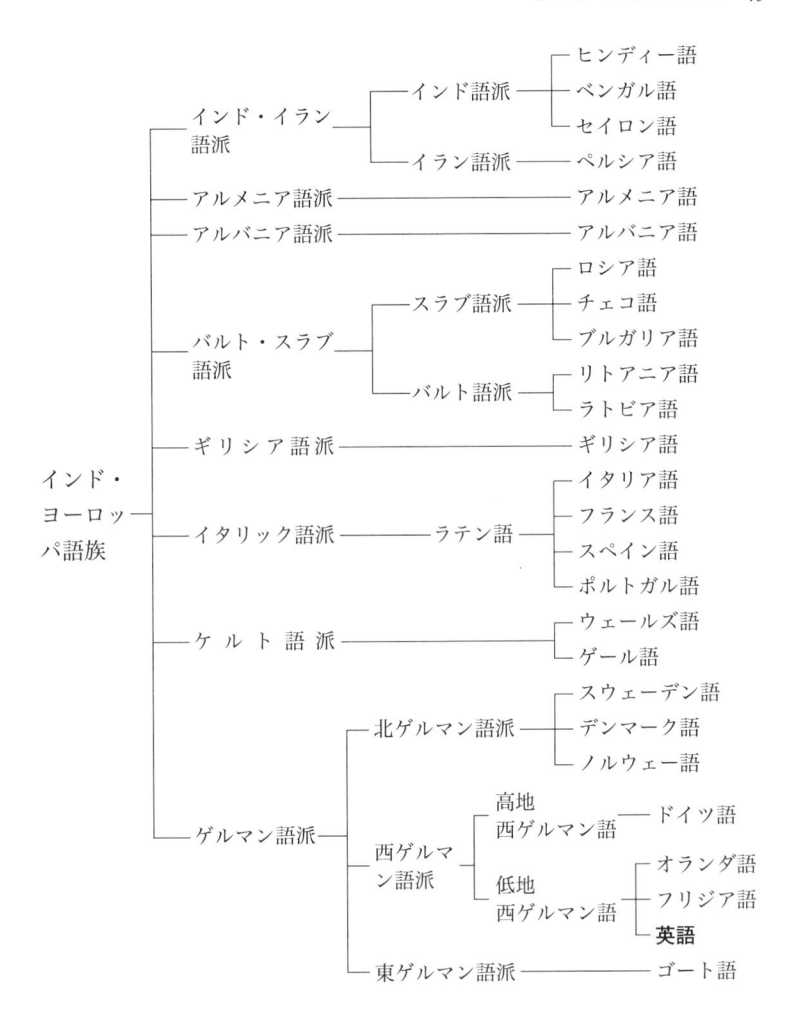

```
インド・ヨーロッパ語族
├─ インド・イラン語派
│   ├─ インド語派
│   │   ├─ ヒンディー語
│   │   ├─ ベンガル語
│   │   └─ セイロン語
│   └─ イラン語派 ── ペルシア語
├─ アルメニア語派 ── アルメニア語
├─ アルバニア語派 ── アルバニア語
├─ バルト・スラブ語派
│   ├─ スラブ語派
│   │   ├─ ロシア語
│   │   ├─ チェコ語
│   │   └─ ブルガリア語
│   └─ バルト語派
│       ├─ リトアニア語
│       └─ ラトビア語
├─ ギリシア語派 ── ギリシア語
├─ イタリック語派 ── ラテン語
│   ├─ イタリア語
│   ├─ フランス語
│   ├─ スペイン語
│   └─ ポルトガル語
├─ ケルト語派
│   ├─ ウェールズ語
│   └─ ゲール語
└─ ゲルマン語派
    ├─ 北ゲルマン語派
    │   ├─ スウェーデン語
    │   ├─ デンマーク語
    │   └─ ノルウェー語
    ├─ 西ゲルマン語派
    │   ├─ 高地西ゲルマン語 ── ドイツ語
    │   └─ 低地西ゲルマン語
    │       ├─ オランダ語
    │       ├─ フリジア語
    │       └─ **英語**
    └─ 東ゲルマン語派 ── ゴート語
```

も同じ印欧語族であるという関係が成立するのである。

　現在の英語は，印欧祖語に端を発し，ゲルマン祖語から，西ゲルマン語の一派である低地西ゲルマン語を経て成立している。そして，その変遷の中での「英語」の始まりは，低地西ゲルマン語というゲルマン語の一方言を話す北ドイツ地方のゲルマンの部族（アングル人，サ

クソン人，ジュート人）が，今から1500年ほど前にイングランドに移民を開始したことにある。この地において，このゲルマン語の一方言は独自の歩みを始め，しだいにヨーロッパ大陸のゲルマン語とは離れてひとつの言語として独立する。これが「英語」の誕生であり，ここから英語の歴史が始まる。

2. 古期英語の成立

ここで視点をブリテン島に移し，英語が誕生する以前のブリテン島の様子や，英語がこの島で個別の言語として確立されていく過程を，歴史の流れをおって見ていくことにする。

2.1 英語誕生以前のブリテン島

ブリテン島は大陸に面した部分（南東部）がなだらかに傾斜した平野となり，海に向かって開けている。しかも，大陸との境界をなすドーバー海峡は，わずか30数kmの距離にすぎない。こうしたブリテン島やその周囲の地形は，大陸からの侵入にさらされやすい条件を備えていた。したがって，同じ島国でも日本の場合とは異なり，ブリテン島の16世紀までの歴史は，まさに繰り返して起こった被征服の歴史と言えるのである。

有史以前のブリテン島の住民は，一般には地中海系人種の「イベリア人（Iberians）」であったと考えられている。ストーンヘンジ（Stonehenge）等の巨石文明の跡は，彼らが残したものであるらしい。

次にブリテン島にやってきたのは，「ケルト人（Celts）」であった。ケルト人は，ヨーロッパ西部一帯の広大な地域に住んでいた遊牧民族で，紀元前6世紀ごろからブリテン島への移動を始めたと考えられている。彼らの使っていたケルト語（Celtic）は，ブリテン島で最初に話された印欧語族の言語であった。「ブリテン」という名称も，島に住みついたケルト民族の一派であるブリトン人（Britons）に由来し，元来「ブリトン人の国」という意味をもっている。

ケルト人がブリテン島の住民として定住した後，次に攻め入ってき

たのはローマ軍であった。ローマ軍は最初はジュリアス・シーザー（Julius Caesar, 前100-44）に率いられて，紀元前55年と54年の2度にわたってブリテン島を攻撃し，勝利をおさめた。しかし，実際にブリテン島がローマ帝国の属領となり，版図に加えられるのは，紀元43年のクラウディウス皇帝（Claudius I, 前10-後54）の攻略以降となる。そして，その後，最後のローマ軍団がブリテン島を撤退するまでの約400年の間，国土はローマ化され，優れたローマ文明があらゆる分野で移入された。今日でもイングランドの各地にローマ時代の道路や要塞の跡が見られるが，それはこのときの名残である。また，ローマ人の言語であったラテン語（Latin）は，軍隊の用語や行政上の公用語として使われるようになった。しかし，一般庶民の日常語には，依然としてケルト語が用いられていたようである。

　一方，ブリテン島がローマ帝国の支配下にあった2, 3世紀ごろから，ヨーロッパではゲルマン民族の移動が始まる。栄華を誇ったローマ帝国も，ゲルマン民族の移動によって圧迫を受け，内部からの崩壊と相まって，395年にはついに東・西ローマ帝国に分離した。このような事情から，ローマ帝国には僻遠のイングランドなどに兵力をとどめておく余裕がなくなり，410年ごろには最後のローマ軍団も島を撤退した。

2.2　アングロ・サクソン民族の侵入

　こうして無防備の状態になったイングランドは，スコットランドやアイルランドに住む別のケルト民族（ピクト人やスコット人）からの攻撃の的となった。そこでイングランドのブリトン人たちは，北欧に住むゲルマン民族に助けを求めた。これが引き金となり，ブリテン島の歴史の中でもっとも画期的な変遷が起こる。

　最初はブリトン人側の援兵として呼び寄せられたゲルマン人が，雇主に反旗をひるがえしたのである。その時期は449年とされ，このときからゲルマン民族のブリテン島定住が始まる。これもゲルマン民族の大移動のひとつの流れであった。ブリテン島にやって来たゲルマン

民族は，アングル人，サクソン人，ジュート人の3つの部族から成っており，通例，アングロ・サクソン民族（Anglo-Saxons）と呼ばれている。この彼らの持ち込んだ言語がイングランドに定着し，その後の変遷を経て今日の英語に成長するのである。

　イングランドに移住してきたアングロ・サクソン民族は，先住民であったブリトン人を殺りくし，ローマの影響下で発達した彼らの文化をことごとく破壊した。追放されたブリトン人は，スコットランドやウェールズ，アイルランドなどの僻地に逃れた。当時の殺りくと破壊の様子は，イギリス史上でもっとも重要な古文書のひとつであるビード（The Venerable Bede, 673-735）の『英国民教会史（*Historia Ecclesiastica Gentis Anglorum*, 731）』にもラテン語で生々しく描写されている。また，後に集成される『ァーサー王伝説（*King Arthurian Legends*, 12世紀ごろ集成）』も，この6世紀におけるアングロ・サクソン民族との闘争の中で生まれ，ブリトン人の王を美化したものである。

　こうして，アングロ・サクソン民族は，移住を開始して約100年ほどの間に，イングランドの主要部分をほとんど占有した。そして，そこにいわゆる「アングロ・サクソン七王国（the Anglo-Saxon Heptarchy）」を打ち立てたのであった。

　Heptarchy の hepta とはギリシャ語で数字の7を意味するが，これには次の図に示すごとく，北から Northumbria, Mercia, East Anglia, Essex, Kent, Wessex, Sussex の7ヶ国が存在していた。

アングロ・サクソン七王国

2.3 キリスト教への改宗

このような時代にあって，イングランドの歴史においても，英語の歴史の上でも，たいへん重要な出来事がもうひとつ起こった。それはイングランド全土のキリスト教への改宗である。

イングランドに移住してきた当初のアングロ・サクソン人の社会は異教社会であった。彼らが崇拝していた多神教の神々の中で比較的よく知られているのは，軍神のティウ（Tiw），アングロ・サクソン諸王の始祖で主神として崇められているウォーデン（Woden），雷神のトール（Thor），繁栄の女神フリッグ（Frigg）などである。これらは

今でも，それぞれ曜日の Tuesday, Wednesday, Thursday, Friday という名称にその名残をとどめている。

しかし，597年に聖オーガスティン（St. Augustine, ?-604）がイングランドに上陸して布教を始めたことが契機となり，キリスト教はそれから100年も経たないうちに，イングランド全土に根を下ろす。そして，イングランドはヨーロッパ・キリスト教国の一員として，ローマ教会の支配下に統一されるようになるのである。

このイングランド全土のキリスト教改宗は宗教精神と文化をはぐくみ，アングロ・サクソン文化の発展に大きく寄与する結果となった。当時のローマはヨーロッパの文化の中心地で，その教会で用いられたラテン語は学問の言語としても重んじられていた。キリスト教伝播にともない，イングランドは再びこのラテン語やラテン文化の影響を受けることになった。修道院には学問の火がともされ，特にハンバー川以北の地はその中心地となって，前出のビードや，アルクィン（Alcuin, 735-804）をはじめとする，多くの優れた学者が現われた。

2.4 古期英語の誕生

ここで，当時の言語のことをもう一度ふり返ってみよう。ブリテン島に侵入した3つのゲルマン民族は，もともと多少異なったことば（ゲルマン語派の系統の方言）を話していた。しかし，ブリテン島に持ち込まれた彼らのことばは共通して English と呼ばれるようになった。このときから，「英語」は独立した言語としての歩みを始める。

しかし，その始まりの時期をいつと考えるかについては，学者によって意見が異なる。英語の歴史の流れは，一般には次のように大きく3期に分けて考えるのが普通である。

 (i) 古期英語（Old English, 略して OE）　　〜1150
 (ii) 中期英語（Middle English, ME）　1150〜1500
 (iii) 近代英語（Modern English, Mod E）　1500〜

この時代区分の際に，古期英語の始まりを450年ごろ，すなわちアングロ・サクソン民族がブリテン島に移住を開始したころと考えるのがひとつの説である。もうひとつの説は，古期英語の時期を700年から始めようとするものである。これは，700年ごろになって初めて，現在知られている最古の英語の記録が見られること，古期英語最大の長編叙事詩である『ベーオウルフ（*Beowulf*）』もこのころ完成したと考えられること等，文献資料に基づく理由による。

　いずれの立場をとるにしても，8世紀ごろには，英語は親言語であるゲルマン語の特徴を受け継ぎつつも，ブリテン島固有の事情のもとに独自の歩みを始めていたことは確かである。

2.5　デーン人の侵入

　このようにして確立されたブリテン島のアングロ・サクソンの文化も，再び海外からの侵入者に脅かされる事態となる。この次の侵入者は北欧からの，いわゆる「ヴァイキング（Vikings）」と呼ばれる一団であった。ヴァイキングは，スカンジナヴィア半島やデンマークを居住地とするゲルマン民族から成っていたが，イングランドを襲ったヴァイキングのことを，当時のアングロ・サクソン人は「デーン人（Danes）」と呼んだ。

　デーン人のブリテン島への侵攻は8世紀末から始まる。当初は散発的なものであったが，しだいに組織的な侵略に拡大し，9世紀後半には植民が始まる。海の支配権を完全に握っている彼らに対してアングロ・サクソン人はなす術がなく，イングランドの東部および北部地方は次々に占拠された。デーン人はさらにイングランド全域を征服しようとしたが，そのようなとき，名君アルフレッド大王（Alfred the Great, 在位871-99）が，イングランド南部のウェセックス（Wessex）王国の王として出現する。彼はアングロ・サクソン人を鼓舞し，勇敢にデーン人に立ち向かった。しかしながら，結局デーン人を追放するには至らず，878年にデーン人と「ウェドモアの協定（Treaty of Wedmore）」を結んで，チェスター（Chester）からロンドン（London）

を結ぶ線の北東側をデーン人の領土として認めることになる。この地域は「デーン法地域（Danelaw）」と呼ばれ，デーン人はここでデーン法のもとに自由に生活できるようになった。かわりに，デーン人の王はキリスト教を受け入れるという条件に同意した。

デーン法地域

このデーン法地域が設定されたおかげで，アルフレッドを国王とするウェセックス王国はヴァイキングの脅威から守られ，アングロ・サクソン文化を保持することができたのであった。

　これは束の間の平和にすぎなかったが，この平和の期間にアルフレッド大王は，軍事，政治面だけでなく，学術面においても偉大な業績

を残した。古期英語で書かれた年代史としてきわめて貴重な『アングロ・サクソン年代記（*The Anglo-Saxon Chronicle*）』は彼が編纂を命じたものであるし，彼自身もその時代の歴史を口授したようである。また，ビードの『英国民教会史』をはじめとする，ラテン語で書かれたいくつかの著作も英語に翻訳した。こうした点から，アルフレッド大王は英語散文の創始者とも言われている。

　しかし，アルフレッド大王が亡くなると，彼の支配領域であったイングランド南部も再びデーン人の侵略に苦しめられた。そして，ついに1016年には当時のデンマーク王の弟であるクヌート（Canute，在位1016-35）がイングランド全土の王として即位するに至り，デーン人のイングランド征服は完成されたのであった。

　しかし，本来デーン人はアングロ・サクソン人ときわめて血縁の近いゲルマン民族の一派であり，言語も共通のゲルマン語から発達したものを使っていた。そのため，デーン人によるイングランド征服は，人種的にも言語的にもあまり大きな混乱や変革を招かなかった。デーン人は新しい国に同化し，周囲のアングロ・サクソン人と融合していったようである。そして，26年後にはイングランドの王朝は再びアングロ，サクソン人の王を迎えることになる。

2.6　古期英語の方言

　古期英語は，もともと多少異なったことばを話していたアングロ・サクソンの各民族がそれぞれに定住した地域に基づいて，主として次の4つの方言に区分される。

(1) ノーサンブリア方言（Northumbrian）
　　ハンバー川以北のアングル人の方言
(2) マーシア方言（Mercian）
　　ハンバー川からテムズ川までの，イングランド中央部におけるアングル人の方言
(3) ウエスト・サクソン方言（West Saxon）

テムズ川以南のサクソン人の方言
(4) ケント方言（Kentish）
イングランド南東端のジュート人の方言

古期英語の方言図

　この4つの方言のうち，8世紀ごろは文化の中心地が北部にあったので，ノーサンブリア方言が優位を占めていた。ビートをはじめとする学者たちが活躍したのも，この地方のジャロー（Jarrow），ウィトビー（Whitby）などの修道院においてであった。
　しかし，デーン人の襲来による打撃を受けて，イングランドの文化の中心地はしだいに南下し，アルフレッド大王の統治する南部のウェセックス王国に移った。この地方で使われていたウエスト・サクソン

方言は，アルフレッド大王の学問奨励のおかげで，9世紀末から12世紀にかけては一種の共通文学用語となり，当時の「標準英語」と認められるようになった。今日残っている古期英語時代の記録は，ほとんどがウエスト・サクソン方言で書かれたものである。他の方言で書かれた多くの著作はデーン人の侵略によって消滅し，その中でウエスト・サクソン方言に書き換えられたものだけが現在に残っている。したがって，一般に「古期英語」という場合には，このウエスト・サクソン方言のことを指すのが普通である。

3. 古期英語の特徴

これまで古期英語の成立にまつわる外的な歴史を見てきたわけであるが，ここで古期英語そのものに目を向け，当時の英語がどのようなものであったかを概観してみよう。

3.1 古期英語の文字と発音

アングロ・サクソン人がブリテン島に移住した当初の英語の文字は，ルーン文字（Runic Alphabet）が使われていた。

ルーン文字とは，ゲルマン民族が2〜3世紀ごろからヨーロッパ大陸でほぼ共通に使用されていた文字である。スカンディナヴィア地域では，ラテン文字に取って代わられる中世後期まで使用され，一部の地域では初期近代まで民間に残存していたといわれる。ルーン（rune）という語の語源は，ゴート語の「秘密」を意味する runa だと言われる。個々の文字をルーンと呼ぶが，次のようなルーン文字表に見るように，最初の6つのルーン f, u, þ, a, r, k から「フサルク」と呼ばれる。

共通ゲルマンルーン文字

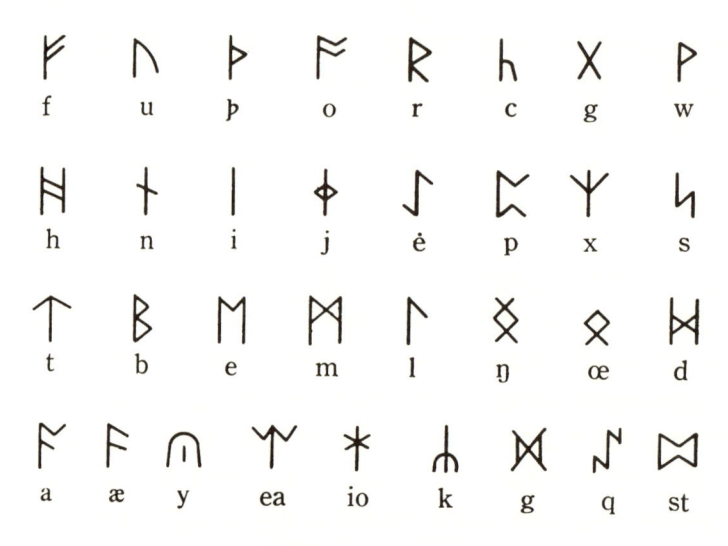

古期英語のルーン文字

このルーン文字をアングロ・サクソン人がブリテン島に持ち込み，5 世紀頃からイングランドで使用されたのであった。この文字は石碑や剣，装身具，小箱などに刻まれたので，それに適するように，主として直線を組み合わせた形をしていた。

今日の英語の母体となっているローマ文字（Roman Alphabet）は，6 世期末にキリスト教の伝来とともにイングランドにもたらされ，採用されるようになったものである。ただし，古期英語の時代には，ローマ文字に混じってルーン文字の中からも，þ (thorn といい，[θ] の音を表わす)，ð (eth, [ð] の音)，p (wynn, [w] の音) などの文字が使われた。当時のアルファベットを示すと，次のようになる。

a, æ, b, c, d, e, f, g, h, i, l, m, n, o, p, r, s, t, þ, ð, u, p, y

次に発音に関して述べると，古期英語の発音は概して綴り字の通りに発音されるのが原則であった。綴り字と発音が著しく異なる現代英

語とは違って，その点でははるかに表音的であったと言える。たとえば，現代英語では「知る」という動詞 know は [nou]，「かじる」という動詞 gnaw は [nɔː] と発音され，k や g は黙字となっているが，これらは古期英語の時代にはそれぞれ，cnāwan [kná:wan]，gnāwan [gná:wan] と綴り字通りに発音されていたわけである。

3.2　古期英語の語彙

古期英語の語彙は現代英語の語彙よりはるかに少なく，3万〜4万語程度であったと推定されている。しかも，そのほとんどがゲルマン語起源の語であったため，当時の英語はゲルマン語系の言語としての純粋性を比較的よく保っていた。当時の語彙の大半（約85％）はその後の変遷の中で消滅してしまうが，今日まで生き残った語の中には，現在の日常生活においてもっとも頻繁に用いられる身近なものが多い。たとえば，家族関係を表わす語（e.g. father, mother, brother, son, daughter），人体の部分を表わす語（e.g. head, hand, finger, foot），天体を表わす語（e.g. sun, moon, star, earth），住居を表わす語（e.g. house, room, door, floor），人間の基本的な行為を表わす語（e.g. live, eat, drink, sleep, walk, come, have, love）などである。

しかし，このような英語の初期の時代においてさえ，後の英語を大きく特徴づけることになる外国語からの語彙の借入（borrowing）の習慣がわずかながら始まっていた。

まず，ブリテン島の先住民であるケルト人が使っていたケルト語の影響であるが，これは当時の英語には驚くほど少ない。アングロ・サクソン人はケルト人よりも高い文化をもっていたので，ケルト語からの借入語（loan word）は，地名を除くと，bin（ふた付きの大箱），crag（ごつごつした岩角），combe（深く険しい谷）など，ほんの10数語であった。

一方，ラテン借入語の方は古期英語の中にもかなり見られるが，これには次の3つのルートが考えられる。

(i) アングロ・サクソン人がヨーロッパ大陸でローマ人から借入したラテン語が，彼らとともにブリテン島に入ってきたもの
(ii) ローマ帝国占領下のブリテン島に流入したラテン語をケルト人を介して取り入れたもの
(iii) アングロ・サクソン人のキリスト教への改宗とともに流入したもの

このうち，(i) のルートから入って現代英語に残っている語には，butter, cheese, bishop, church, mile, pound, wine などがある。(ii) のルートのラテン借入語は先にも述べたように意外に少ないが，Manchester, Winchester, Lancaster 等のイングランドの地名に見られる -chester (-caster) などが挙げられる。これは元来，ラテン語の castra (陣営)，つまり英語では camp に相当する意味をもっている。ローマ軍の陣営があったところに，後に都市が発達したことから，古期英語では -chester は「都市」を表わす語として定着した。(iii) のルートから入ったラテン語はもっとも数も種類も多く，ことに宗教関係の語がたくさん見られる。現代英語の中に残っているものの中では，abbot (大修道院長), altar (祭壇), anthem (聖歌), angel, candle, disciple, school, master, silk 等が挙げられる。

最後に，デーン人の話していた北欧語 (厳密には古ノルド語，Old Norse) からの借入についてはどうであろうか。北欧語は英語と近親関係にあったため，2つの言語はよく混ざり合い，現代ではどれが北欧語でどれが英語であったのかを識別できない場合もしばしばある。けれども，きわめて明確な相違として挙げられるのは，北欧語には [sk] の音をもつ語が多いことである。英語では -sc (後の -sh) の発音は早くから [ʃ] となっていたが，北欧語では古い音が保持されて [sk] のままであった。したがって，ship, fish, shirt などは [ʃ] の音をもつので本来の英語であるが，sky, skill, skirt, skin, bask などは [sk] の音を含むので北欧借入語ということになる。北欧借入語は日常生活に関する語が主体で，egg, root, sister, ill, low, weak, call, get, take など，語彙の中心部に属する語が多く挙げられる。現在用いられている三人称複数の代名詞 they, their, them でさえも北欧語からの借入である。これらの北欧借入語は，古期英語時代の後期から取り入れられていたものと思われるが，実際に文献に現われるのは主として中期英語以降である。

　北欧語はイングランドの地名にも大きな影響を与え，特にデーン法地域（イングランド北東部）には北欧系の地名が多い。北欧語起源の地名はイングランド全体で1,400以上もあると報告されており，たとえば，北欧語で town を意味する -by のついた地名だけでも，Derby, Rugby, Whitby 等，600以上に及んでいる。また，人名については，-son で終わる多くの姓（e.g. Anderson, Nelson, Johnson）が北欧系である。

3.3　古期英語の文法

　古期英語の文法の特徴を一言で述べると，一種のドイツ語の方言の文法，すなわち，ゲルマン語本来の特徴をそのままに保持した文法であると言える。古期英語は現代英語とはおよそ似ても似つかない言語で，ことに文法に関しては，むしろ現代ドイツ語の方に共通する点が多いのである。

　当時の英語が現代英語ともっとも異なるのは，語尾変化の複雑な言語，つまり「屈折言語（inflectional language）」だった点である。語が他の語に対するかかわり方を表わすために語形を変えることを「屈折（inflection）」というが，古期英語は主としてこの屈折によって文法関係を表現する言語であった。屈折には2種類あり，名詞，代名詞，形容詞などの性・数・格による屈折を「語形変化（declension）」，動詞の時制・態・法・数・人称による屈折を「活用（conjugation）」という。古期英語はこのいずれにおいても，現代英語よりもはるかに複雑なしくみをもっていた。

　古期英語の屈折の例を見てみよう。現代英語の文法では代名詞だけが he, his, him のように格変化をするが，古期英語では代名詞はもち

ろん，名詞や形容詞や冠詞に至るまで，4つないしは5つの格変化をした。しかも単数と複数によって，その格変化の語尾も異なった。したがって，たとえば現代英語では the good boy, the good boys と2つの形態で表わされる内容も，古期英語では次のようにいく種類もの語形変化をともなった形で表現されたわけである。

	単　　　数	複　　　数
現代英語	the good boy	the good boys
古期英語 　主格（〜は） 　対格（〜を） 　属格（〜の） 　与格（〜に） 　助格（〜で）	sē gōda cniht þone gōdan cniht þæs gōdan cnihtes þæm gōdan cnihte þȳ gōdan cnihte	þā gōdan cnihtas þā gōdan cnihtas þāra gōdra cnihta þæm gōdum cnihtum ────────

　しかも，名詞には各々それ自身のもつ意味とは無関係に文法的な性 (grammatical gender) があり，たとえば sun は女性名詞，moon は男性名詞，wife は中性名詞というように，すべての名詞が3つの性に分類されていた。前出の cniht は男性名詞であったが，これが女性名詞や中性名詞であると，また語形変化が異なったのである。さらに，名詞の変化には強変化と弱変化の区別もあり，その各々が男性，女性，中性の違いによって異なった語形変化をするので，上記のような名詞の格と数に基づく変化表が少なくとも6通りできたことになる。
　そのうえ，形容詞にも強変化と弱変化があった。定冠詞や指示代名詞が先行する場合は弱変化，無冠詞または不定冠詞が先行する場合は強変化となり，それぞれで語形が異なった。

　　　　sē gōda cniht (=the good boy)────弱変化
　　　　ān gōd cniht (=a good boy)────強変化

しかも，この2種類の変化に加えて，形容詞は名詞が表わす性・数・格のあらゆる変化に応じて形を変えた。そのため，現代英語ではいか

なる場合も good というひとつの形で通用するのに，古期英語の gōd (=good) は次の表に示すような複雑な語形変化をもつことになり，9 つもの異なった形を呈していた。

	形容詞（強変化）			形容詞（弱変化）		
	男性	中性	女性	男性	中性	女性
単数・主格	gōd	gōd	gōd	gōda	gōde	gōde
対格	gōdne	gōd	gōde	gōdan	gōde	gōdan
属格	gōdes	gōdes	gōdre	gōdan	gōdan	gōdan
与格	gōdum	gōdum	gōdre	gōdan	gōdan	gōdan
具格	gōde	gōde	...	...	...	...
複数・主・対格	gōde	gōd	gōda	gōdan	gōdan	gōdan
属格	gōdra	gpdra	gōdra	gōdra	gōdra	gōdra
与格	gōdum	gōdum	gōdum	gōdum	gōdum	gōdum

　次に動詞の活用について言えば，動詞にも強変化動詞（strong verb）と弱変化動詞（weak verb）の区別があった。強変化動詞とは，語幹の母音を変化させることによって過去形や過去分詞形をつくる動詞のことで，印欧祖語の動詞の基本的な活用の型を表わすものである。古期英語の時代には強変化動詞は 300 以上もあったが，その大半が使われなくなったり，弱変化動詞にかわったりして，現代英語に残ったものは不規則動詞と呼ばれている。一方，弱変化動詞は d または t を含む語尾をつけて時制を変化させる動詞を指す。この活用の型がしだいに支配的になって，今日の規則動詞に受け継がれている。

　また，古期英語の時代には動詞の過去形にも単数過去と複数過去の 2 つの形があり，たとえば，rīdan（=ride），hīeran（=hear）は次のように変化した。

	不定詞	単数過去	複数過去	過去分詞
強変化	rīdan	rād	ridon	riden
弱変化	hīeran	hīerde	hīerdon	hīerde

　さらに，仮定，義務，願望といった話し手の心的態度を表わす際の接

続法 (subjunctive mood) も今日より確立しており，直説法と命令法に加えて，接続法独自の動詞の活用形があった。したがって，動詞の活用も現代よりはるかに複雑で多岐に及んでいた。

しかしながら，こうした屈折の豊富さのおかげで，古期英語の語順は，現代英語に比べると比較的自由であった。なぜなら，語順にあまり依存しなくても，屈折によって文法関係が表現できたからである。古期英語の時代にも，現代英語の場合と同様，基本的な語順は 'S+V+O' の型としてかなり固定されてはいたが，イェスペルセン (Jespersen (1933)) の指摘によると，'S+V+O' の語順は，19世紀の代表的作家の文章には 82〜97％見られるのに対し，古期英語の時代には，『ベーオウルフ』の中で 16％，アルフレッド大王の散文でも 40％しか見られなかったようである。

3.4 古期英語の実例

では，ここで最後に古期英語の実例を見てみよう。まずは，古期英語最大の文学と言われる『ベーオウルフ』からの引用である。この作品は 3,182 行から成る長編叙事詩で，スウェーデンの英雄ベーオウルフが怪物を退治するという武勇談を題材としている。この詩が完成したのは 8 世紀ごろとされているが，現存の唯一の写本は 1000 年ごろのもので，ウエスト・サクソン方言で書かれている。当時の英語が現代英語といかにかけ離れたものであったかがわかるであろう。

  Ic pæt londbūend, lēode mīne,
   I it land-dwellers people mine
  selerǣdende, secgan hȳrde,
  hall counselors say heard
  þæt hīe gesāwon swylce twēgen
  that they saw such two
  micle mearcstapan mōras healdan,
  great march-steppers moors hold

ellorgǣstas. Dǣra ōðer wæs,
alien spirits The one was
þæs þe hīe gewislīcost gewitan meahton,
which they most certainly know could
idese onlīcnes; ōðer earmsceapen
woman's likeness other wretched
on weres wæstmum wræclāstas træd,
in man's form exile-paths trod
næfne hē wæs māra þonne ǣnig man ōðer;
except that he was more than any man other
þone on gēardagum Grendel nemdon
him in days of yore Grendel named
foldbūende.
earth-dwellers   (*Beowulf*, 11. 1345-55)

(I have heard land-dwellers, my people, counselors in hall, say like this: they have seen two such big border-haunters, spirits from elsewhere, occupy the moors. One of them was in the likeness of a woman, so far as any man could clearly see; the other wretched one trod the paths of an exile in human form except that he was larger than any other man. In earlier days the people of the region named him Grendel.)

次に，聖書の古期英語訳を散文の例として挙げておく。引用する箇所はルカ伝第15章の「放蕩息子のたとえ話 (the parable of the Prodigal Son)」からである。これはギリシア語の原典からではなく，当時広く西ヨーロッパで使われていた『ウルガータ (*Vulgata*)』というラテン語訳聖書から古期英語のウエスト・サクソン方言に訳されたものである。なお，同じ箇所の中期英語訳（本章5.4参照），近・現代英語訳（第五章2.4参照）とも比較対照して，英語の変遷をたどっていただきたい。

Hē cwæð, Sōðlice sum man hæfde twēgen suna. þā cwæð sē
He said truly some man had two sons Then said the
gingra tō his fæder, "Fæder, syle mē mīnne dǣl mīnre ǣhte þe
younger to his father Father give me my part of my property which
mē tō gebyreþ." þā dǣlde hē him his ǣhte. Ðā æfter
me to belongs Then divided he him his property Then after
fēawum dagum ealle his þing gegaderude sē gingra sunu, and
few days all his things gathered the younger son and
fērde wrǣclīce on feorlen rīce, and forspilde þār his ǣhta,
went abroad to far country and wasted there his properties
lybbende on his gǣlsan.
living in his luxury

(St. Luke, XV, 11-13)

4. 中期英語の成立

　古期英語は，以上で見たように，あらゆる点でゲルマン語本来の特徴をよく保持した言語であった。それがなぜ現在のような言語に姿を変えたのだろうか。この英語の内的な変化にもっとも大きな影響を及ぼしたのは，1066年に起こったノルマン人の征服 (Norman Conquest) である。この事件を契機として，英語は1150年ごろから1500年までの350年間に，英語史上でもっとも広範で根本的な変化を受ける。この激変期の英語を中期英語という。

4.1　ノルマン人の征服

　イギリスはさまざまな民族による侵略を繰り返し受けてきたが，最後の侵略者は，デーン人と同じ祖先をもつノルマン人 (Normans) であった。「ノルマン人」という語は，語源的には「北の人 (Northman)」からきており，北欧のヴァイキングのことを指す。ヴァイキングの一派（デーン人）がブリテン島を侵攻していたころ，別の一派はフランス北岸地帯に襲来し，10世紀のはじめにはセーヌ川下流の一帯を占

領した。この地方は「ノルマン人の国」という意味で「ノルマンディー（Normandy）」と呼ばれるようになり，この地に定住したヴァイキングの子孫たちはフランス人に同化していった。

　1066年，イギリスの国王エドワード（Edward the Confessor, 在位1042 − 66）が子どものいないまま亡くなると，その王位継承をめぐって，義弟ハロルドと，エドワードの血縁であるノルマンディー公ウィリアムが対立する。そして，ヘイスティングスの戦い（Battle of Hastings）において，ウィリアムの率いるノルマンディーの大軍がハロルドを破るのである。かくしてノルマン人であるウィリアムがイギリスの王位につき，ウィリアム征服王（William the Conqueror, 在位1066-87）と称されるようになった。これがイギリスにおけるノルマン王朝の始まりである。

　ノルマン人の征服は，イギリスの住民構成，文化，言語などにきわめて重大な影響をもたらした。ノルマン人はすでに自国語をすて，「ノルマン・フランス語（Norman-French）」と呼ばれるフランス北西部の方言を話すようになっていたため，デーン人の場合と違って言語的にはラテン語系であった。しかも文化の面でも優れた民族であった。そうした高い文化をもつノルマン人の貴族が，イギリスの政治や社会の上層に支配者として君臨するようになり，土着のイギリス人は下層階級に押し込められた。以後およそ300年の間，イギリスでは支配者階級の話していたフランス語が公用語として用いられ，英語は被支配者の言語として威信を失ってしまう。この時代にイギリスで用いられたフランス語を「アングロ・フランス語（Anglo-French）」といい，この言語が英語の語彙や文法に非常に大きな影響を及ぼすことになるのである。

4.2　英語の復権

　しかし，ノルマン人の征服とともに始まったフランス語優位の情勢も，13世紀以降，衰えの兆しを見せ始める。そのひとつの契機となったのは，1204年にジョン王（King John, 在位1199-1216）がフラン

ス国王との戦いに敗れ，本拠地であるノルマンディーを失ったことである。この事件によって，イギリスとノルマンディーの両方に領地をもっていた貴族はいずれかを選択する必要に迫られ，イギリス側を選んだ貴族たちは自分がイギリス人であるという自覚を強めた。このころから，英語は少しずつ上層階級にも浸透し始める。

　フランス語の勢力も急には衰えなかったが，イギリス人の母国語意識の高揚により，14世紀には英語の優勢の色が濃厚になってくる。このころ，これに拍車をかけるような事件が2つ起こった。ひとつはイギリスとフランスの間で起こった百年戦争（1337-1453）である。この戦争を契機に，敵国の言語であるフランス語には反感がつのるようになり，イギリスにおけるフランス語の権威は失墜する。また今ひとつは，当時のイギリスの人口の30〜40％は減少させたと言われる黒死病（Black Death）の流行（1348-50）である。これによってイギリスの農業労働力の不足と賃金の上昇がもたらされ，労働者階級の重要性が増し，それにともなって彼らの話していた英語の重要性も高まった。また，都市においては職人や商人が富裕な中産階級を形成するようになり，彼らもまた英語だけを話したので，英語の威信はますます強められた。

　そのような情況の中で，1362年にはついに議会で初めて英語が使用される。また同じ年，法廷の公用語にはフランス語でなく英語を用いるという法令もつくられた。ノルマン人の征服以降フランス語を使っていた学校にも，英語を用いる習慣が広まりつつあった。こうして14世紀末ごろには，フランス語は公用語としての特権的地位を失い，かわりに英語が国語としての地位を回復したのであった。

　この14世紀後半の時期は，英語の復権にともなって，英語の大作家を一挙に生み出した時期でもあった。なかでもとりわけ重要なのは，詩人チョーサー（Geoffrey Chaucer, 1340?-1400）である。彼は『カンタベリー物語（*The Canterbury Tales*, 1391ごろ）』などの作者として有名で，英文学史上では「英詩の父」として不朽の名を残す詩人であるが，同時に，彼の作品は中期英語の模範を示すものとして英語史

の上でもきわめて重要である。したがって，チョーサーの作品は，英語および英文学の完全な復活を象徴しているとも言えよう。また同じころ，聖書もウィクリフ（John Wycliff, 1320-84）によって初めて英語での完訳版が出された。（チョーサーとウィクリフの英語の実例については，本章 5.4 参照。）

4.3 標準英語の確立

中期英語は，長い間フランス語に圧迫されて劣勢に陥っていたため，初期の時代には標準語の発達する余地もなく，方言間の格差が激しかった。中期英語の方言区分は，古期英語の方言区分からの推移で見ると，ほぼ次の通りである。

〔古期英語〕　　　　　　　　　〔中期英語〕
ノーサンブリア方言 ──→ 北部方言（Northern dialect）
マーシア方言 ──┬─→ 東中部方言（East Midland dialect）
　　　　　　　　└─→ 西中部方言（West Midland dialect）
ウエスト・サクソン方言 ──→ 南部方言（Southern dialect）
ケント方言 ──→ ケント方言（Kentish dialect）

これらの方言の中で，古期英語の時代に優位を占めていたのはウエスト・サクソン方言であった。しかし，中期英語の時代にはマーシア方言の系統をひく東中部方言（ことに首都ロンドンの方言）がしだいに優勢となり，英語の復権にともなってイギリスの標準語としての基礎を築いていった。東中部方言が優位を占めるようになったのは，主として次のような理由による。

(i) 首都ロンドンを含み，政治的・経済的な条件に恵まれていたこと
(ii) 地理的にも北部方言と南部方言の中間に位置していたこと
(iii) 他の方言地域より面積が広く，人口も多かったこと
(iv) チョーサーやウィクリフなどの当時の傑出した著作家がこの地方の方言を用いたり，オックスフォード大学やケンブリッジ大

学が存在し，文化の中心地となっていたこと

このうち，もっとも影響力が強かったのは (i) の要因である。そして，こうして発達したロンドン方言は，チョーサーなどの作品に用いられることによって文学用語としての威信をも高め，まだ共通語をもたなかった当時の英語にひとつの基準を設定する役割を果たして，標準英語の確立に貢献した。

ノルマン人の征服以降，約3世紀ものあいだ国語としての地位を奪われ，各地方に方言として分散していた英語も，このようにして完全に勢いをまき返した。14世紀末に書きことばとして優勢を占めるようになった東中部方言，特にロンドン英語は，15世紀のうちには，話しことばとしても書きことばとしても標準英語と認められるようになった。そして，このことばが現代の標準英語の基礎となっているのである。

5. 中期英語の特徴

中期英語の時代は英語史の上でもっとも変化の激しい時代であった。ことに英語の語彙と文法はこの時代に根本的な変化を経験し，大きく性質が変わった。なかでも中期英語の主要な特徴は，フランス語のおびただしい流入と，屈折の単純化である。そして，このことは他のいくつかの英語の内的変化の要因ともなっている。

5.1 中期英語の発音と綴り字

中期英語の発音は，基本的には古期英語の発音とあまり違いはなかった。ただ，屈折語尾にある母音 a, o, u, e が弱くあいまいに発音されるようになり，綴り字もたいてい -e に変わってしまう。このことが，屈折の単純化（本章5.3参照）に結びつくのである。

また，中期英語の特色のひとつとして，フランス語の影響による綴り字法の変化が挙げられる。新しい文字（e.g. j, k, q, v, w, z）が発音に応じて導入されたのみならず，これまでになかった綴り字の組み

合せ（e.g. ou, ow, gh, ch, sh, th, wh）も見られるようになる。したがって，次に挙げるような綴り字の変化が起こったわけである。

古期英語	中期英語	現代英語
hūs	hous	house
cwēn	quēn	queen
sceal	shal	shall
gēar	yeer	year
þing	thing	thing

　このような新しい綴り字は，英語の発音を書き表わす場合に，フランス語の発音を表わす綴り字を代用したために導入されたものが多い。たとえば［uː］の音を表わす場合，古期英語ならば表音的な ū の綴りで表わしたが，中期英語になると，フランス語で［uː］を表わす ou, ow の綴りが用いられるようになった。したがって，古期英語の hūs は，［huːs］という発音のままで中期英語の時代には hous と綴られたわけである。その結果，古期英語の時代には発音と綴り字がよく一致していた英語も，ノルマン人の征服でフランス語が流入して以来，本来の綴り字法に混乱を招くようになった。

5.2　中期英語の語彙
　語彙の面での中期英語の最大の特徴は，おびただしい量のフランス語が英語の語彙に吸収されたことである。古期英語の時代にも英語は他の言語から語彙を取り入れてはいたが，中期英語の時代になると，それとは比較にならないほど多くの語が借入された。この時代に英語に入ったフランス語の数は約1万語と言われ，そのうちの75％は現代英語にも残っている。フランス語からの借入は，ノルマン人の征服以後100年を経たあたりから顕著に増加しはじめ，1400年ごろまでが最盛期であった。中期英語の始まる時期が，一般にノルマン人の征服の起こった1066年よりも約100年遅い1150年からとされているのはこのためである。

当時のフランスはヨーロッパ文化の中心地であったため、英語に流入したフランス語には高い文化を表わす語が多い。ことに、次のような専門用語が圧倒的に多いわけである。(綴りはすべて現代英語で示す。)

 (i) 政治用語：e.g. minister, government, reign
 (ii) 法律用語：e.g. justice, court, accuse
 (iii) 宗教用語：e.g. religion, prayer, mercy
 (iv) 軍事用語：e.g. army, soldier, battle
 (v) 商業用語：e.g. customer, purchase, bargain
 (vi) 服飾用語：e.g. fashion, dress, costume
 (vii) 料理用語：e.g. dinner, soup, sauee
 (viii) 芸術用語：e.g. art, beauty, design

なかでも注目に値するのは、食肉の種類を表わす語である。家畜名は本来の英語で、ox（牛）, swine（豚）, sheep（羊）, calf（子牛）などと呼ばれるのに、食卓に料理として出されるときには、いずれもフランス借入語である beef（牛肉）, pork（豚肉）, mutton（羊肉）, veal（子牛肉）が使われるようになった。これらのフランス借入語は、本来は家畜と食肉の両方を意味するものであったのに、英語に流入してから食肉だけを意味するものに限定されたわけである。こうして英語において2種類の語が使い分けられるようになった事情に関しては、食用の家畜を飼うのがイギリスの農民で、それを料理にして食べるのがノルマン貴族であったためであるという指摘もあるが、語彙に当時の社会状況が映し出されているようで興味深い。
　また、中期英語の時代には、フランス語の母体であるラテン語も学問の言語として多く借入された (e.g. discuss, library, complete)。さらに、ギリシア語からの借入もラテン語またはフランス語を通して行なわれた (e.g. climate, chaos, echo)。
　英語はこのようにして、古期英語以来のゲルマン語系の語彙の中に

フランス語・ラテン語系の借入語を大量に取り入れることにより，その表現力を大きく高めたのであった。したがって，英語の語彙の豊かさは，英語本来の語，フランス語，ラテン語の3つが混じり合ってそれぞれの特色を発揮していることにも深く関係する。これらは二層，三層の同義語を形成している場合も多いが，その際にも，英語本来の語は民衆的かつ口語的・フランス借入語は文語的，ラテン借入語は学術的というように，各々が異なったニュアンスを表現している。

	英語本来の語	フランス借入語	ラテン借入語
尋ねる	ask	question	interrogate
神聖な	holy	sacred	consecrated
火	fire	flame	conflagration
隠す	hide	conceal	――
始める	begin	commence	――
心からの	hearty	cordial	――
助け	help	aid	――
友情	friendship	amity	――

　中期英語の時代には，フランス語やラテン語の流入によって使われなくなってしまった英語本来の語も多いのであるが，全体として見ると，英語の語彙はフランス語・ラテン語系の語彙を吸収することによってたいへん豊かになり，多様性を増すことになった。

5.3　中期英語の文法
　中期英語の文法の特徴を一言で述べると，屈折の単純化である。古期英語時代の高度な屈折の体系が，中期英語の時代には非常に単純化され，屈折語尾は一様の形をとるようになった。この現象を屈折の水平化（levelling）という。中期英語の大きな特徴のひとつは，屈折が完備した段階から水平化の段階へと移行した点である。
　古期英語では名詞は男性，中性，女性に分かれており，それぞれが異なった屈折をしたが，中期英語になると語尾の母音は属格と複数を除けばすべて -e になった。また同様に，複雑な語尾変化をしていた

形容詞も語尾の母音が -e に水平化された。そして，こうした名詞，形容詞，冠詞などの屈折の水平化にともない，「文法的性」そのものの区別も失われていくことになった。英語はこのことによって，文法的性を保持し続けている他のヨーロッパの諸言語とは決定的な文法上の差をつけるのである。また，この文法的性の消失と相まって，名詞の変化語尾はさらに脱落し，-s で終わる単数属格と複数形だけが残ったような状態となった。

　屈折が消失した原因については，外的なものと内的なものとが考えられる。外的な要因とは，デーン人の侵入やノルマン人の征服を受けたことによって生じた言語間の接触である。異なった言語でお互いの意志の疎通をはかろうとする場合，通常は相手の言語の主要な部分のみに注意が集中し，煩雑な語尾屈折などは無視されがちになる。侵入者であるデーン人やノルマン人が英語の語幹のみを用いて伝達をはかろうとした傾向は否定できないであろうから，これが屈折を消失させるひとつの原因となっていることは確かである。

　しかし，言語変化を考える場合には，その原因を言語そのものの内部にも求めなければならない。英語本来の語は，元来，語の最初の部分にアクセントを置き，アクセントのある母音は強く，アクセントのない母音は弱くあいまいに発音される傾向があった。したがって，アクセントのない語尾が軽視され，労力節約のために消えていったとしても，それは英語独自の内的な発展として十分予測しうることである。したがって，外的な要因と内的な要因が互いに助長し合って，英語はその屈折の大部分を消失していったのだと考えるのが妥当であろう。

　屈折の消失はさまざまな形で中期英語の文法に影響を及ぼした。なかでも重要なのは 'S+V+O' の語順の確立である。豊富な屈折によって語形だけで文法関係を示すことのできた古期英語の時代とは異なり，屈折をほとんど消失した中期英語では，主語や目的語などの文法関係を表わすために語順を固定する必要が生じてきた。そうした必要性に迫られて，1500年ごろまでには，'S+V+O' の語順が英語に定着するようになった。さらに，屈折の消失を補うもうひとつの手段として，

前置詞の用法も発達し，格を区別する機能の欠如を補った。

　また，屈折がなくなると品詞の転換（conversion）が促進され，ひとつの単語がそのままの形で別の品詞として用いられるようになった。たとえば，fast や slow は同じ形で形容詞にも副詞にも用いられるようになったし，もともとは名詞であった promise, picture などの語にも動詞の用法が加わった。こうして，屈折の消失によってひとつの語がいくつかの品詞としての機能をもつことが可能となり，実質的には英語の語彙を増加させることになった。

5.4　中期英語の実例

　以上で見たように，中期英語の時代は英語がさまざまな変遷を経て近代的な姿へと生まれ変わっていく時代であった。すなわち，ゲルマン語の特徴をそのままに備えた古期英語が，多様な語彙と単純化された文法をもつ近代英語へと変化していく過渡期の時代だったのである。したがって，中期英語の後期に書かれたチョーサーの作品あたりになると，一応の教育を受けたイギリス人ならばそれほど抵抗なく読めるほどに，近代の英語の姿に近づいてきている。

　ここで参考例として，チョーサーの代表作『カンタベリー物語』のプロローグの冒頭部分を挙げておく。これは，当時の標準英語の樹立に寄与したと言われる，14 世紀末の典型的な中期英語の見本である。

>　Whan that Aprill with his shoures soote
>　The droghte of March hath perced to the roote,
>　And bathed every veyne in swich licour
>　Of which vertu engendred is the flour;
>　Whan Zephirus eek with his sweete breeth
>　Inspired hath in every holt and heeth
>　The tendre croppes, and the yonge sonne
>　Hath in the Ram his halve cours yronne,
>　And smale foweles maken melodye,

That slepen al the nyght with open ye
(So priketh hem nature in hir corages);
Thanne longen folk to goon on pilgrimages,
And palmeres for to seken straunge strondes,
To ferne halwes, kowthe in sondry londes;
And specially from every shires ende
Of Engelond to Caunterbury they wende,
The hooly blisful martir for to seke,
That hem hath holpen whan that they were seeke.

(*The Canterbury Tales*, General Prologue, ll. 1-18)

(When April with its sweet showers has pierced the drought of March to the root and bathed every vein in such moisture, from which power the flower is engendered; when Zephyr also with his sweet breath has breathed upon the tender shoots in every holt and heath, and the young sun has run his half course in the Ram and small birds make melody that sleep all the night with open eye-so Nature incites them in their feelings; then people long to go on pilgrimages, and palmers (long) to seek strange strands. To far-off shrines, known in sundry lands, and specially, from the end of every shire of England, they go to Canterbury, to seek the holy blissful martyr, who has cured them when they were sick.)

最後にウィクリフの英訳聖書からの引用を見てみよう。引用箇所は 3.4 に挙げた古期英語の英訳聖書と同じく、ルカ伝第 15 章の「放蕩息子のたとえ話」からである。まだまだ現代英語とはかけ離れているが、古期英語のころよりは、少しはなじみやすい英語になっていることがわかるであろう。

Forsothe he seith, Sum man hadde tweye sones; and the ʒongere seide to the fadir, Fadir, ʒyue to me the porcioun of substaunce, `ethir catel, that ʾbyfallith to me. And ʾthe fadir departide to him the substaunce. And not aftir manye dayes, alle thingis gederid to gidre, the ȝongere sone wente in pilgrymage in to a fer cuntree; and there he wastide his substaunce in lyuynge leccherously.

(St. Luke, XV, ll-13)

第 5 章　英語の発達 (2)
―近代英語から現代英語へ―

　前章で見たように激変を経て成立した中期英語も，チョーサーの死（1400 年）以降，しだいに次の段階へ移行する。そして，この移行の中で，語形変化の単純化はさらに進み，ついに英語はその屈折のほとんどを消失してしまうのである。こうして英語がほぼ近代的な様相を呈するようになったのは，1500 年ごろとされている。これ以降の英語を，英語史の時代区分の上では近代英語（Modern English）と呼ぶ。本章では，この近代英語成立の時代から，今日国際語として活用されている現代英語（Present-Day English）が形成されるまでの英語の変遷の歴史をたどってみたい。

1.　近代英語の成立

　中期英語から近代英語への移行の過渡期にあたる 15～16 世紀は，暗黒時代と言われた中世が終わり，ルネッサンス，宗教改革，印刷術の発明，アメリカ大陸の発見など，大事件が相次いで起こった時代であった。また，商業や交通，通信手段なども，このころにめざましい発達をとげた。1500 年をもって近代英語の時代に入った英語も，この大きな近代の波の影響を受けつつ成長していくことになる。

　近代英語の時代の中でも，1500 年～1700 年にかけてはとくに変化の多い時期であった。この時期の英語は初期近代英語（Early Modern English）と呼ばれ，1700 年～1900 年の後期近代英語（Late Modern English）や 1900 年以降の現代英語とは区別される。この初期近代英語の時代に英語の発達にとくに大きく寄与したと考えられるのは，次

の3つの要因である。

(i) 印刷術の導入
(ii) ルネッサンスと宗教改革
(iii) エリザベス朝文学の開花

本節ではこの3つの要因をひとつひとつたどりながら，近代英語成立の様子を見てみることにしよう。

1.1 印刷術の導入

書き物の多量な複製を可能にした印刷術の発明は，古今における発明の中でも最大のもののひとつである。ドイツのグーテンベルク (Johanul H. Gutenberg, 1394-1468) によって活版印刷の方法が発明されて以来，この印刷術はヨーロッパ諸国の言語や文芸の発展に多大な影響を及ぼしてきた。イギリスにおいては，1476年にカクストン (William Caxton, 1422-91) によって印刷術が導入され，約1世紀後にはこれまでの旧式な筆写本がほとんど見られなくなるほどに，急速に普及した。そして1640年ごろには，印刷された英語の書物の種類は2万点を越えるまでとなり，以前は少数の人々の占有物であった本が，一般の人々の手にも届くようになったのである。

この印刷術の導入と普及は，英語の標準化に非常に大きな役割を果たした。中期英語の後期にロンドン方言が優位を占めるようになり，標準英語としての地位を確立しつつあったことはすでに述べたが（第4章4.3参照），印刷術の導入のおかげで，このロンドン英語はますます普及するようになった。標準英語の最初の洗練であると考えられるチョーサーの用いたロンドン英語も，彼の死後，その著作が印刷された（1485年）からこそ，数多くの人々に広まったのである。このように，ロンドン英語は印刷術の導入という画期的な事件を経て，中期英語時代の終わり（15世紀末）には，まず書きことばとして他の方言にとって代わるようになった。そして，近代英語の時代に入ると，

商業の発達や人口の増加にともなって首都ロンドンの政治的・社会的重要性が増し、それにつれて、ロンドン英語は書きことばとしても話しことばとしても、標準英語の地位をますます確固たるものとしていくのである。

また印刷術の導入は、単にロンドン英語を普及させたばかりか、綴り字や文体を定着させたり、文法の統一を促す上でも重要な貢献をした。たとえば、それまで混乱していた英語の綴り字も印刷されることによって固定化されたし、英語の散文体も印刷本の普及とともに形成されていったのである。印刷術の貢献は、その他のあらゆる文化的・社会的側面でも認められるが、英語史の観点から見れば、印刷術の導入が標準英語の確立に寄与した度合ははかりしれない。

1.2 ルネッサンスと宗教改革

次に、近代英語の成立を語る際に欠かすことのできないルネッサンスと宗教改革の影響について述べよう。

ルネッサンス（Renaissance）——文芸復興——は、14世紀から16世紀にかけてイタリアを中心として起こった文化運動で、ギリシア・ローマの古典文化を指導理念として、中世の暗黒時代に抑圧されてきた人間性を主張しようとするものであった。この運動はイギリスにも広まった。その結果、古典文学や古典語であるギリシア語・ラテン語に対する新たな関心が高まり、数多くのラテン語やギリシア語が英語の中に流入した。ことにラテン語は当時のヨーロッパでは共通語として用いられていた言語であり、学問の言語としても威信をもっていた。当時はまだ自国語が高く評価されない時代であったため、ルネッサンスによってラテン語の勢力は一時的にますます強められる結果となった。

しかし、この風潮もしだいに変化する。ルネッサンスのもたらす成果を享受したいという欲求が多くの人々の間で起こるようになると、古典語から英語への翻訳が発達し、ギリシア・ローマの古典が次々と英語に訳されるようになった。そうしたことの結果、英語の信用はし

だいに高まり，人々の間には自国語に対する愛護の精神がめばえて，英語による著作も急激に増加するようになる。つまり，当初はラテン語やギリシア語の影響を強く英語に及ぼしたルネッサンスも，究極的にはイギリス人の自国語に対する国民的自覚を強めさせる結果となったのである。

　このことをもっとも明確に表わしているのは，宗教改革（Reformation）を契機として盛んになる聖書の翻訳である。宗教改革は 16 世紀にドイツに端を発した宗教運動で，中世のローマ・カトリック教会の独裁的支配から脱却し，聖書の真の精神に基づいた新しい教会を成立させようとする試みであった。人間性の尊重とその回復を求めるルネッサンスの精神が，宗教改革の気運を促進させたのだと言える。この運動の結果，プロテスタント教会が確立され，宗教改革はルネッサンスとともにヨーロッパの近代を開いたという歴史的意義をもつのであるが，このころプロテスタントの諸国で国民運動さながらに発達したのが聖書の翻訳であった。

　宗教改革の気運が高まるにつれ，各国ともローマ・カトリック教会のことばであるラテン語よりも自国語を通して聖書や神学書を読もうとするようになる。英訳聖書に関しては，すでに 14 世紀にウィクリフによってラテン語訳からの完訳版が出されてはいたが（第 4 章 4.2 および 5.4 参照），この企ては近代英語の時代になると宗教改革のあおりを得て，ティンダル（William Tyndale, 1492?-1536）やカヴァデール（Miles Coverdale, 1488-1568）などに引き継がれる。ことにティンダルの訳した『新約聖書』は，ギリシア語の原典から直接に訳されたものであり，印刷された最初の英訳聖書でもあるという 2 つの点で画期的であった。このティンダルの聖書は，一般庶民にもよくわかるように平易な語句で書かれており，その後の英語の散文の発達を方向づけた。

　このティンダルの簡潔で力強い訳文に大きく影響を受けつつ，当代の英訳聖書の頂点として現われたのが，ジェームズ 1 世（James I, 在位 1603-25）の勅命のもとに 1611 年に完成した『欽定訳聖書（The

Authorized Version of the Bible)』である。この聖書は，使用されている1万語あまりの語彙のうち90〜96％が英語本来の語であると算定されており，平易で親しみやすい文章や，簡潔で素朴な表現から生じる文体的な力強さを特色としていた。そして，教会に集まる無数の一般庶民に自国語の尊厳を感じさせたのであった。そうした点から，この『欽定訳聖書』は，次に述べるシェイクスピアと並んで，近代英語の性格を決定する上で重要な役割を果たしたと言われている。（ティンダルの『新約聖書』と『欽定訳聖書』の実例については，本章2.4を参照。）

1.3 エリザベス朝文学の開花

ルネッサンス期のイギリスで自国語に対する関心が高まるにつれ，近代英語の成長のひとつの大きな証として，エリザベス朝文学（Elizabethan Literature）とエリザベス朝英語（Elizabethan English）が誕生する。16世紀半ばから17世紀初頭にかけて花開いたエリザベス朝文学の担い手たちの中には，スペンサー（Edmund Spenser, 1552-99）やシドニー（Sir Philip Sidney, 1554-86），ベーコン（Francis Bacon, 1561-1626）などがいた。また，これに続く時代には『失楽園（*Paradise Lost*, 1667）』で有名なミルトン（John Milton, 1608-74）の名も挙げられる。

しかし，他の誰にもまして重要なのはシェイクスピア（William Shakespeare, 1564-1616）である。シェイクスピアは英文学においてはもちろんのこと，世界の文学においても最高の位置を占める作家のひとりであるが，その作品が英語に及ぼした影響の大きさについても比類がない。シェイクスピアの用いた語は約2万語に達すると言われており，ミルトンの8千語，一般のイギリス人の4千語という語彙数と比べても，シェイクスピアのもつ語彙の豊富さは驚嘆に値する。しかもその中で，彼は独創の才を生かして縦横無尽に新しい語や句をつくり，それが今日まで残って英語の語彙や表現を豊かにしているのである。エリザベス朝時代は，そもそも新語が無数につくられ，英語の

語彙が増加した時代であったが，その中でもシェイクスピアに帰せられる語は群を抜いて多い。このような点から，シェイクスピアは「ことばの魔術師」とも呼ばれている。

また，シェイクスピアの用いた語彙は，使用頻度から見ると86〜90％がゲルマン語系の英語本来の語であると算定されている。このことは，彼の作品が非常に多くの人々に愛読された大きな要因のひとつを成していると考えられる。英語本来の語の占める割合の高さという点では，シェイクスピアの英語と『欽定訳聖書』の英語には相通じるものがあり，いずれにしても，この2つがルネッサンス期の英語の性格を大きく特徴づけているのである。（実例は，本章2.4を参照。）

以上のことから，ルネッサンス期にあたる初期近代英語の特徴をもう一度概観してみると，主として次のような点が特色として挙げられるであろう。まず第1は，印刷術その他の影響で英語にひとつの基準のようなものが与えられ，近代的な標準語をもつようになったことである。その結果，英語はこの時期に，現代の読者にとってもさほど困難を感じさせないような姿に生まれ変わっている。第2に，自国語に対する関心の高まりである。英語は長い間ラテン語やフランス語の勢いに押されて軽視されてきたが，この時期に及んでその価値が認識され，国民一般の間にも母国語愛護の精神がめばえた。そして，多くの書物が英語で書かれ，印刷されるようになった。第3には，英語を磨き育て，文学用語としての基準を作り上げようとする努力がなされたことである。柔軟で自由なエリザベス朝英語を駆使して，シェイクスピアを筆頭とするルネッサンスの大作家たちがエリザベス朝文学を見事に開花させたことが，この文学用語の育成に大いに貢献した。これ以降，イギリスの文学史は目まぐるしく華やかなものへと育っていく。

2. 近代英語の特徴

次に，近代英語（特に初期近代英語）の内面的な特徴に目を向けてみよう。この時期の英語の主な特徴は，発音の大変革，語彙の増大，屈折のさらなる消失，という3点にまとめられる。こうした変化をこ

の時代に経ることによって，英語はますます現代の姿に近づいていく。ここでは，これらひとつひとつの要因を簡単に見てみることにしよう。

2.1 近代英語の発音と綴り字

近代英語のもっとも顕著な特徴は，発音上の変化である。英語は，古期英語から中期英語への移行の際には，屈折の単純化という文法上の大変革をとげたが，次に中期英語から近代英語に移行するにあたっては，「大母音推移（Great Vowel Shift）」と呼ばれる発音上の大変革を経ることになった。

大母音推移は15世紀ごろから約200年ほどの長い期間にわたって起こった変化で，これにより，中期英語の時代にアクセントをともなった7つの長母音は，すべて次のように変化した。

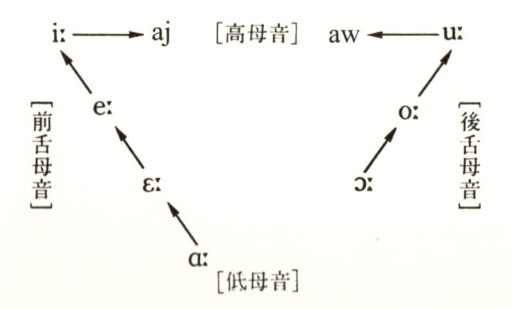

$$\begin{array}{c}
\text{i:} \longrightarrow \text{aj} \quad [\text{高母音}] \quad \text{aw} \longleftarrow \text{u:} \\
\uparrow \qquad\qquad\qquad\qquad\qquad \uparrow \\
[\text{前舌母音}] \quad \text{e:} \qquad\qquad\qquad \text{o:} \quad [\text{後舌母音}] \\
\uparrow \qquad\qquad\qquad\qquad\qquad \uparrow \\
\varepsilon\text{:} \qquad\qquad\qquad\qquad \text{ɔ:} \\
\nwarrow \qquad\qquad \nearrow \\
\text{ɑ:} \\
[\text{低母音}]
\end{array}$$

この変化の直接の原因は発音習慣の変化に求められる。話し手が以前よりも下あごを少し上げ気味に発音するという現象が何らかの事情で生じ，それぞれの母音の調音点が少しずつ高い位置へ推移したために，母音の音質が変化したのであろうと考えられている。口腔内でもっとも高い位置にある［i:］と［u:］は，それ以上高くすることができないので，それぞれ［aj］，［aw］と二重母音化した。また，長母音だけでなく短母音の発音も変化をこうむり，結局，主な母音20のうちの18までが変化したのであった。これは，英語史上もっとも激しく広範にわたる発音の変革であったと言える。

次に，大母音推移の一例として，中期英語から近代英語，現代英語に至る発音の推移の例を示しておく。中期英語から近代英語への移行の際に大きな発音上の変化が見られ，現代英語の発音に急速に近づいているのがわかるであろう。

中期英語		近代英語	現代英語	
綴り	発音	発音	発音	綴り
fyf	[fi:f]	[fəjv]	[fajv]	five
clene	[klɛ:nə]	[kle:n]	[kli:n]	clean
name	[na:mə]	[nɛ:m]	[neim]	name
stoon	[stɔ:n]	[sto:n]	[stoun]	stone
hous	[hu:s]	[həus]	[haus]	house

また，子音にも，母音の変化ほどではないにしても，発音の変化が見られた。その結果，たとえば次の例のイタリック体の部分の子音は，この時代に発音されなくなってしまった。

s*w*ord [sɔ:d], clim*b* [klaim], *k*now [nou], *g*nat [næt], eig*h*t [eit], cas*t*le [kæsl]

このような大規模な発音上の変化にともなって顕著になってきたひとつの問題は，発音と綴り字の不一致であった。大母音推移によって発音が大きく変化したのに対し，綴り字の方は印刷術の導入等の影響により固定化されてしまったため，古期英語・中期英語の時代には比較的よく一致していた発音と綴り字も，近代英語の時代になってついに分離してしまったのである。その後，この英語の発音と綴り字の不一致を改善しょうとして，綴り字改革の試みが幾度となく行なわれてきたが，ほとんどが失敗に終わった。そして，この問題は現代でも多くの英語学習者の頭を悩ませ続けているのである。

2.2 近代英語の語彙

近代英語の時代に入ると,英語の語彙はこれまで以上に増大し,多様化することになる。というのは,ルネッサンス期のヨーロッパはさまざまな分野で躍進・変動の時代を迎え,人間の活動が活発になり,文化の拡大する時代であったからである。したがって,英語の語彙もそうした文化の拡大に対応するべく増加の一途をたどる。

ルネッサンス期に英語が外国語から借入した語彙は約1万語と言われるが,そのうちの大半を占めるのがラテン語からの借入語であった。この時代のラテン借入語としては,genius, species, appendix, series, formula, focus, data, stimulus, antenna, apparatus などが挙げられる。また,ルネッサンスの影響でギリシア古典の研究が盛んになったため,ギリシア語からの借入語もたくさん見られた。たとえば,climax, enthusiasm, alphabet, crisis, camera, drama, theory などがそうである。これらのギリシア借入語には,ラテン語やフランス語を通して間接的に英語に入ったものが多い。ラテン語やギリシア語からの借入語は学術的な専門用語が中心であったため,学者や文人たちの博識ぶった「インキ壺語(inkhorn terms)」として皮肉られたりもした。しかし,これらの借入語のおかげで,結果的には英語の語彙が豊かになり,英語が洗練された学問用語,文芸用語として確立されていくための素地ができあがったのだと言える。

また,古典語以外の外国語からも,英語はこの時期に数々の語彙を借入している。ことにフランス語から借入したものはラテン語に次いで多く,たとえば pioneer, machine, madame, unique, ballet などが例として挙げられる。近代英語の時代に借入したフランス語の語彙は,中期英語時代のフランス借入語とは異なり,発音や綴り字にフランス語本来の姿を反映しているものが多い。さらに,イタリア語(e.g. concert, traffic, piano),スペイン語(e.g. banana, guitar, cigarette),ポルトガル語(e.g. flamingo, buffalo, Verandah)をはじめ,その他の言語からも英語は語彙を借入するようになる。こうして英語の語彙はしだいに国際色豊かに増大し,その後のイギリスの世界進出とともに,

ますますこの傾向は強まるのである。

最後に，ルネッサンス期の英語の語彙に関して見逃せない点は，この時代の文人たちの語彙への貢献である。聖書の訳者や，シェイクスピアなどの作家によって，多くの新語や句が柔軟に生み出され，英語を活気に満ちたものにした。その中には，scapegoat, good Samaritan, tender mercy（以上，聖書の英訳より），mind's eye, household word, women's weapons, Love is blind（以上，シェイクスピアより）等，今日でもよく親しまれている表現が数多く見られる。

2.3 近代英語の文法

英語の文法の主要な骨組みは，中期英語の終わりごろまでにほぼ出来あがっていたが，近代英語の時代に入ってもなお，多少の変化や発展が見られた。その主たるものは，屈折のさらなる単純化，消失である。名詞や形容詞の格や性にともなう語形変化は，この時期を中心にほぼ完全に消滅した。わずかに屈折のなごりとして残ったのは，名詞では複数形と所有格を示す -s，形容詞では比較級，最上級を示す -er, -est のみとなった。

また，人称代名詞も初期近代英語の時代に，今日の英語で用いられている形式が確立された。その過程には，(i) 二人称単数代名詞としてそれまで用いられていた thou, thy, thee が使用されなくなったこと，(ii) その代わりに使われるようになった従来の二人称複数代名詞 ye, your, you のうち，主格の ye が目的格と同じ you の形に変化したこと，(iii) it の所有格として its という形が新しく形成されたこと，という3つの変化が含まれている。

動詞の活用においても，単数過去形と複数過去形がひとつの形に統一されたり，三人称単数の活用語尾に -s が確立されたりした。また，屈折の消失を補うために，助動詞や前置詞が発達し，語順もますます重要視されるようになった。とは言っても，初期近代英語の時代には，後には消失してしまう語形や用法がまだ生き残っており，文の組み立て方にも現代英語との相違がいろいろと見られた。この点が，むしろ

この時代の英語の文法的特徴であったとも言えよう。

いずれにしても，英語の歴史における文法面でのもっとも顕著な変遷は，元来，語形変化や活用の完備した「屈折言語 (inflectional language)」であった英語が，時代を経るにつれて，前置詞などの機能語 (function word) や語順によって文法関係を示す「分析言語 (analytic language)」に変化した点である。古期英語は full inflection の時代とも言われるように，きわめて複雑な屈折を備えていたが，中期英語では屈折は水平化し，levelled inflection の時代に入る。そして，近代英語になると，no [lost] inflection の時代と呼ばれ，屈折の大半が消失してしまうのである。

2.4 近代英語の実例

ではここで，近代英語の実例をいくつか見てみよう。まずは，シェイクスピアの『ヴェニスの商人 (*The Merchant of Venice*, 1596 ごろ)』からの引用である。裁判官に扮したポーシャが，法廷でユダヤ人の高利貸しシャイロックに慈悲の徳を説く場面を引用してある。このころになると，かなり現代英語に近づいてきてはいるものの，やはり今日の英語とは相違のある点に注目しよう。たとえば，動詞の三人称単数の活用語尾にも，新しい形である -s とともに，古い形の -eth も使われている。

> The quality of mercy is not strain'd,
> It droppeth as the gentle rain from heaven
> Upon the place beneath; it is twice bless'd;
> It blesseth him that gives and him that takes:
> 'Tis mightiest in the mightiest; it becomes
> The throned monarch better than his crown.
> 　　　　　　　　(*The Merchant of Venice*, IV. i. 184-89)

「慈悲はその性質から言って，強いられるべきものではない。そ

れは穏やかな雨のごとく,天よりこの下界に降りそそぐものである。そこには二重の祝福がある。慈悲はそれを与える者をも,受ける者をも,ともに祝福する。これこそ,もっとも強いもののうちでも最強のもの。それは王者にとって,王冠よりも似つかわしいものである。」

次に,古期英語の時代からずっと変遷をたどってきた聖書の「放蕩息子のたとえ話」の訳文を,近代英語訳で見てみよう。まず,ティンダルの『新約聖書』の訳を,次に『欽定訳聖書』の訳を挙げ,最後に参考までに現代英語訳の例を示しておく。近代英語から現代英語への微妙な変遷に注意をはらいたい。

(1) ティンダルの『新約聖書』(1534)

And he sayde: a certayne man had two sonnes, and the yonger of them sayde to his father: father geve me my parte of the goodes that to me belongeth. And he devided vnto them his substaunce. And not longe after, the yonger sonne gaddered all that he had to gedder, and toke his iorney into a farre countre, and theare he wasted his goodes with royetous lyvinge.

(2) 『欽定訳聖書』(1611)

And hee said, A certaine man had two sonnes:

And the yonger of them said to his father, Father, giue me the portion of goods that falleth to me. And he diuided vnto them his liuing.

And not many dayes after, the yonger sonne gathered al together, and tooke his iourney into a farre countrey, and there wasted his substance with riotous liuing.

(3) 『聖書(改訂標準版)』(1952)

And he said, "There was a man who had two sons; and the younger of them said to his father, 'Father, give me the share of property that falls to me.' And he divided his living between them. Not many days later, the younger son gathered all he had and took his journey into a far country, and there he squandered his property in loose living.

(St. Luke, XV, ll-13)

3. 現代英語への道

これまでは近代英語の時代の中でも，主として初期近代英語のころの事情に焦点をしぼって英語の発達の様子を見てきたが，英語はその後，後期近代英語から現代英語の時代にかけてますます豊かに成長し，国際語としての基盤を築いていく。ここで最後に，そうした英語の現代に至るまでの道すじを概観したい。

3.1 アメリカ英語への分岐

17世紀の初めに，英語の発展途上において非常に重要な出来事が起こった。それはアメリカ英語への分岐である。1620年にイギリスの清教徒たちがメイフラワー号で新大陸に向かったことを契機として，イギリス人のアメリカ植民が始まる。そして，そのとき以降，彼らが持ち込んだ英語は，「アメリカ英語（American English）」として本国イギリスの英語とは独自の発展をとげていくのである。

アメリカ英語は，イギリスにはなかった新しいものや概念を表現するために，アメリカ・インディアン諸語やフランス語，スペイン語，オランダ語，ドイツ語などから語彙を借入したり，複合（composition）や派生（derivation）によって新語を生み出したりした。こうした柔軟さの反面，アメリカ英語には古い特徴を保持する傾向も認められ，イギリス英語（British English）においてすでに使われなくなってしまった単語や語義，発音などがアメリカ英語に保たれている例も多い。また，アメリカ英語は広大な地域で話されているわりには，地理的にも階級的にも，方言間の差が少なく統一性があることも，大きな特徴のひとつである。

アメリカ英語は，300年以上もの間，イギリス本国とは異なった状

況のもとで独自の発展を続けたため,イギリス英語とは違った特徴がさまざまな面で見られる。このままで進めば,イギリス英語とアメリカ英語の差はますます大きくなるのではないかと考えられたこともあった。しかし,コミュニケーションの手段が急速な進歩をとげつつある今日では,イギリス英語とアメリカ英語の一体性はむしろ強まっていく現状にあり,両者の相違は方言的な域を出てはいない。(イギリス英語とアメリカ英語の特徴や相違点に関しての詳細は,第14章を参照。)

いずれにしても,当初は植民地の英語としてスタートしたアメリカ英語も,その後のアメリカ合衆国の独立や政治的・経済的発展にともなってしだいに威信を増し,今日では世界においてもイギリス英語に勝るとも劣らない英語の変種(variety)に成長している。現在,英語が国際語としての地位を築いている背景にも,アメリカ合衆国の国力の増大やアメリカ英語の発展が大きく寄与していることを忘れてはならない。

3.2 英語の標準化

次に,後期近代英語の時代のイギリス本国に再び目を移そう。

自由で開放的であったルネッサンス期の英語に対する反動が,社会情勢の移り変わりとともに,17世紀後半ごろからしだいに見られるようになる。このころになると英語はかなり洗練されてはきていたが,まだ統制されてはおらず,基準というものが欠如していた。当時の詩人ドライデン(John Dryden, 1631-1700)はこのような英語の放任状態を慨嘆し,英語の整備を目的とするアカデミーの設立を熱心に提唱した。

18世紀に入ると,英語に何らかの規範を求める声はますます聞かれるようになり,英語の標準化への気運が高まった。18世紀における標準英語確立のための試みは,主として,(i) 英語の規則化,(ii) 英語の洗練,(iii) 英語の固定化,という3点に要約される。つまり,英語を規則化して正しい用法の基準を定め,英語そのものを洗練し,

その理想的な形を永久に固定することが，当時の人々の願いだったのである。そして，イタリアやフランスでアカデミーの設立がすでに成功していることも誘因となり，イギリスにおけるアカデミー設立運動はますます盛んになる。なかでも『ガリヴァー旅行記 (*Gulliver's Travels*, 1726)』の著者として知られているスウィフト (Jonathan Swift, 1667-1745) は，もっとも明白な形でアカデミー設立の趣旨を表明した。

結果的にはアカデミーは設立されないまま，イギリスにおけるアカデミー設立運動は挫折するのであるが，英語を向上させ，固定化させたいという要望は，別の形で実を結んだ。そのひとつは，*Johnson's Dictionary* (1755) の出版であり，もうひとつは，18世紀半ば以降の英文法書の出版である。

サミュエル・ジョンソン (Samuel Johnson, 1709-84) によって編纂され，1755年に出版された *A Dictionary of the English Language* (いわゆる *Johnson's Dictionary*) は，イギリスで最初の本格的な英語辞典であった。収録語数は約4万3千語で，発音はアクセントを示すにとどまったが，綴り字や語義・用法において当時の英語に標準的な範を示し，権威のある存在となった。ことに綴り字に関しては，この辞典でほぼ現在の形が決定されたのであるから，その功績は大きい。そうした点から，ジョンソンの辞典はアカデミーに匹敵する役割を演じたと言えよう。もちろん現在の基準からすれば，いくつかの問題点も認められる。ジョンソンの辞典の編纂方針は概して保守的・規範的であり，また，しばしば客観性を欠いて個人的な好悪を反映した定義も見られた。しかし，このような点にもかかわらず，ジョンソンの辞典は英語辞典の編纂史上，画期的な辞典であり，英語の標準化に果たした役割も大きい。

18世紀後半はまた，いわゆる文法家が次々と現われ，英文法というものに初めて真剣な注意が向けられた時代でもあった。当時の文法家の目指すところは，言語の正しい用法を規定し，誤った用法を排斥することにあった。この種の文法は一般に「規範文法 (prescriptive grammar)」と呼ばれている。この時期には数々の文法書が出版されたが,その中でも代表的なものとして,プリーストリー (Joseph Priestley, 1733-1804) の *The Rudiments of English Grammar* (1761) と,ラウス (Robert Lowth, 1710-87) の *A Short Introduction to English Grammar* (1762) が挙げられる。ことに後者は当時において人気を博し,22 版を数えたほどであった。

　ラウスの文法は,いわゆる「学校文法 (school grammar)」の源をなすものであったが,それをさらに発展させて,18 世紀末に学校文法のもっとも代表的なものとして現われたのが,マレー (Lindley Murray, 1745-1826) の *English Grammar* (1795) である。この書は少なくとも 2 百版 2 千万部は出たであろうと推定されるほど広く普及し,英語圏全体に非常に大きな影響を及ぼした。そして,このような文法書のおかげで,英語の語形や構文も統一され,体系が完成されるに至ったのである。(英文法理論のその後の変遷に関しては,第 6 章を参照。)

3.3　英語の成熟

　18 世紀後半は文法の規則や辞書が権威をもつようになった時代であったが,この時期はまた,イギリスにおいて産業革命が世界に先がけて始まった時代でもあった。おかげでイギリスは,19 世紀には「世界の工場」と呼ばれる地位を占めるようになり,政治的にも経済的にも最強の時期を迎えた。イギリスの対外関係は世界的に拡大し,それにともなって英語が世界各地に運ばれた。また逆に,ヨーロッパ圏以外の諸外国語 (e.g. アラビア語,ヒンディー語・マレー語,アメリカ・インディアンの諸語,中国語,日本語など) からも数多くの語彙が英語に流入し,後期近代英語の時代には英語の語彙はますます国際色豊かになった。

　さらに,それに加えて英語の語彙の増大に大きく寄与したのは,19 世紀における科学のめざましい進歩である。科学の進歩にともなって新しい専門用語がつくられ,おびただしい新語が生まれた。医学,物

理学，化学などの分野での新しい専門用語の増大は言うに及ばず，自動車・映画・ラジオ・テレビなどの発明も，19世紀から20世紀にかけての新語の造成に大きな影響を与えている。

そうした中で，1884年に *A New English Dictionary on Historical Principles*（略称 NED）の第1分冊が出版された。この辞典は1895年に *The Oxford English Dictionary*（略称 OED）と改名されて以来，その名で広く親しまれている。1933年になってようやく完成したこの辞典は，全13巻（普及版）から成り，収録語数は約42万語・用例約180万，引用された作家数は約5千名にのぼる。歴史的原理に基づいて語の変遷を克明に記録した最高権威の英語辞典であり，世界の辞典界の一大金字塔となっている。そのうえ，1933年以降の新語や新語義を補うために大規模な補遺の編纂が企画され，1985年に収録語数約7万2千語からなる全4巻の新補遺が完成した。古期英語の時代には約4万語あまりしか語彙をもたなかった英語が，今や50万語に近い語彙を辞典におさめる言語に成長したのであるから，いかに英語が豊かな姿に発展をとげたかは明らかであろう。

このイギリスの OED に対して，アメリカでは1890年以降ウェブスターの大辞典が刊行され，改訂されてきている。現行のものは，*Webster's Third New International Dictionary of the English Language*（1961）で，一般には『ウェブスター第3版』と呼ばれている。収録語数は約45万語である。歴史的原理に基づいた OED とは異なり，図版を多数組み込んで百科辞典的な性格をもたせたことが特色となっている。現在のアメリカにおけるもっとも権威ある大辞典である。

英語はこのように豊かに発展をとげた結果，単にコミュニケーションの手段としての国際語となったばかりか，文学用語としての名声をも確立させ，洗練された書きことばを世界に示している。そのことを顕著に現わす一例として，英語圏からのノーベル文学賞受賞者の名を次に挙げておこう。（カッコ内は受賞年と出身国を示す。）

Rudyard Kipling（1907：英），William Butler Yeats（1923：英），George

Bernard Shaw (1926：英), Sinclair Lewis (1930：米), John Galsworthy (1932：英), Eugene G. O'Neill (1936：米), Pearl Buck (1938：米), Thomas S.Eliot (1948：英), William Faulkner (1949：米), Bertrand Russell (1950：英), Winston Churchill (1953：英), Ernest Hemingway (1954：米), John Steinbeck (1962：米), Samuel Becket (1962：英), Patric White (1973：豪), Saul Bellow (1976：米), William Golding (1983：英)

　以上　第4章と第5章を通して，英語の発達の軌跡を概観してきた。それは，元来北ドイツ地方の一方言であったことばが，今日の国際語としての姿に成長するまでの道のりであった。ここで最後に，もう一度そうした英語の歩みを簡単にふり返ってみよう。
　英語の歴史は，5世紀半ばのアングロ・サクソン民族のブリテン島侵入を発端として始まる。それ以降，英語はブリテン島において独自の発展を始め，イングランドのキリスト教改宗にともなうラテン文化の流入や，デーン人の侵攻などの影響を受けつつ成長する。しかし，この古期英語の時代には，英語は概して母体であるゲルマン語の諸特徴をよく保持し，豊富な屈折を備えた言語であった。
　ところが，ノルマン人の征服を契機として，中期英語の時代に，英語はブリテン島固有の事情を反映するべく根本的な変化を経験する。そのひとつは，ラテン語系の言語であるフランス語からの語彙の大量借入であり，今ひとつは，屈折の単純化である。この時代に，こうした大きな変革をとげることにより，英語は大陸の他のゲルマン諸語とは決定的な差をつけることになったのである。
　近代英語の時代に入ると，躍動的なルネッサンスの精神やイギリスの海外進出のおかげで，英語の語彙はますます国際色豊かに増大する。また，文法面では屈折がほぼ消失し，それを補う意味で，語順の確立，前置詞の発達などが見られた。すなわち，英語はその発達の歴史を通じて，屈折言語から分析言語へと移行したのであった。このようにして，英語はその変遷の過程の中で平易な文法体系と豊富な語彙を獲得

していった。

　今日における英語の国際語としての地位が築かれた背景には，18世紀から19世紀にかけてのイギリスの世界進出や，昨今にいたるアメリカの政治的・経済的発展が深く関与していることは疑う余地がない。しかし，それらの外的要因に加えて，内的要因をも考慮する必要がある。英語が発達の過程において複雑な屈折の体系を捨てたこと，柔軟に諸外国語から語彙を取り入れたこと，等の言語の内的特徴も，世界の言語としての英語の普及に大きく寄与しているのである。したがって，こうした外的要因と内的要因が互いにプラスに作用しあっているからこそ，英語は現在，国際語としての資格を自らの手にしているのだと言える。

参考文献（第4章，第5章）

Alexander, Henry. 1969. *The Story of Our Language*. Revised ed. Toronto: Thomas Nelson and Sons.
Anderson, Marjorie and B. C. Williams. 1935. *Old English Handbook*. Cambridge, Mass.: Houghton Mifflin Company.
Barbar, Charles L. 1964. *The Story of Language*. London: Pan Books.
Baugh, Albert C. and T. Cable. 1978. *A History of the English Language*. 3rd ed. Englewood Cliffs, N. J.: Prentice-Hall.
Bradley, Henry. 1968. *The Making of English*. Revised by Simeon Potter. London: Macmillan.
Emerson, Oliver F. 1894. *The History of the English Language*. London: Macmillan.
Geist, Robert J. 1974. *A Short History of English*. Edited with Bibliography and Notes by Akio Oizumi. Tokyo: Nan'un-do.
市河三善・松浪有．1986．『古英語・中英語初歩』東京：研究杜．
Jespersen, Otto. 1933. *Essentials of English Grammar*. London: George Allen and Unwin.
Jespersen, Otto. 1938. *Growth and Structure of the English Language*. 9th ed. London:Macmillan.
北村達三．1980．『英語を学ぶ人のための英語史』東京：桐原書店．
Marckwardt, Albert H. 1942. *Introduction to the English Language*. New York :

Oxford University Press.
Moore, Samuel. 1951. *Historical Outlines of English Sounds and Inflections.* Revised by A. H. Marckwardt. Ann Arbor, Michigan: George Wahr Publishing Co.
Mossé, Fernand. 1958. *Esquisse d'une histoire de la langue anglaise.* 2ème édition Lyon : IAC.
中島文雄．1979.『英語発達史』(改訂版) 東京：岩波書店．
中尾俊夫．1979.『英語発達史』東京：篠崎書林．
Nist, John. 1966. *A Structural History of English.* New York: St. Martin's Press.
大塚高信・中島文雄監修．1982.『新英語学辞典』東京：研究社．
Potter, Simeon. 1950. *Our Language.* Harmondsworth: Penguin Books.
Pyles, Thomas and J. Algeo. 1982. *The Origins and Development of the English Language.* 3rd ed. New York: Harcourt Brace Jovanovich.
芹沢栄．1978.『英語の輪郭』東京：開拓社．
Serjeantson, Mary S. 1935. *A History of Foreign Words in English.* London: Routledge and Kegan Paul.
Stevick, Robert D. 1968. *English and its History: The Evolution of a Language.* Boston: Allyn and Bacon.
Ueno, Naozo. 1969. *Historical Outlines of the English Language.* Revised ed. Tokyo: Nan'un-do.
Weekley, Ernest. 1952. *The English Language.* With a Chapter on the History of American English by John W. Clark. London: Andre Deutsch.
Wyld, Henry C. 1907. *The Growth of English: An Elementary Account of the Present Form of our Language and its Development.* London: John Murray.
The Oxford English Dictionary.
Webster's Third New International Dictionary of the English Language.

第6章　音　声　学

音声学とは

　この本の読者にとって，この内容が理解できるのは，「文字」という媒介によってである。なるほど，文字とは人間のコミュニケーションをいかようにも拡げ，かつ，我われが作った歴史を記録として後生に残すことができる大変重宝なものである。しかしこのように便利な文字も読むことができなければなきに等しい。日本では殆どの人が文字を読むことができるが，世界へ目を向けると，未だ文字の読めない人々の割合が高い国が多いのに気が付く。ところが文字の読めない人達も立派にコミュニケーションを行なって日常生活を営んでいる。すなわち，人間のコミュニケーションを可能にしている最大のメディアは「音声」なのである。言い換えれば，文字のない言語集団は存在するが，音声のない言語集団は存在しないことになる。最近は，マスメディアの発達により，世界中の情報がいち早く我われのもとに伝えられる。その際，最も迅速，かつ，正確に感情をも含めたコミュニケーションを行なうとすれば，携帯電話やスマートフォン，あるいはパーソナル無線などの通信機器を駆使することになるが，ここでも音声が最大の媒介となっている。

　以上のことからも分かるように，我われのコミュニケーションを可能にしている音声こそ，言語の研究には欠かすことのできない基本的，かつ，重要なものなのである。この人間が発し，言語に用いる音声を記述し研究する分野を音声学 (Phonetics) と呼ぶ。ここで言う音声とは，人間が作る言語学的に有意義な言語音 (speech sound)（あるいは，

単に「音（おん）」のことをいい，うめき声，叫び声，泣き声，笑い声，その他，げっぷ，いびきなど意味のない音は，たとえ人間がそれらを発してもここでは除外する。

1. 発声器官（有声音と無声音）

人間の声は喉頭（larynx）と呼ばれる気管（trachea）の上端にある軟骨が合わさってできた箱のようなものの中で作られる。図1に示すように，ここには4つの軟骨があり，それらは上方から甲状軟骨（the thyroid cartilage），披裂軟骨（the arytenoid cartilage）（2つ），そして輪状軟骨（the cricoid cartilage）と呼ばれる。甲状軟骨は成人男子の頸部の前方に突き出して見える部分，喉仏（Adam's apple）と呼ばれる箇所で，下角（lower horn）で輪状軟骨に接続する。輪状軟骨は喉頭の土台を成すもので宝石台のように斜めの角度のついたものである。披裂軟骨は2個あり，小さいが，その形は石器時代の石斧を思い起こさせるような軟骨で，輪状軟骨につき，その上で前後左右，及び上下回転運動が可能である。

喉頭を形成している軟骨の内部には，2つの小さな筋肉状の弦のような靱帯がある。これは声帯（vocal chords）と呼ばれ，声を生成するもとになる。声の生成は，先ず披裂軟骨の外転（abduction）により，2つの声帯の間に開口部が生じる。このすきまは声門（glottis）と呼ばれる。次にここを空気が通り抜ける際，空気の圧力により摩擦が生じ，声帯が振動する。この声帯の振動により，言語音が作りだされるのである。ここでの空気は，肺（lungs）から送り出された流動している気流（air stream）のことをいう。このように肺から出る気流により声を出す過程を発声（phonation）と呼び，同じ肺から出る気流（この場合は呼気（exspiration）と呼ぶ）による呼吸（respiration）とは区別して用いる。

声門の開口度の程度により，声帯の摩擦の度合も様々に変化する。すなわち，開口度の大きい順に，囁き声（whisper），普通の声（normal voice），そして，しゃがれ声（creaky voice）というように声の質（voice

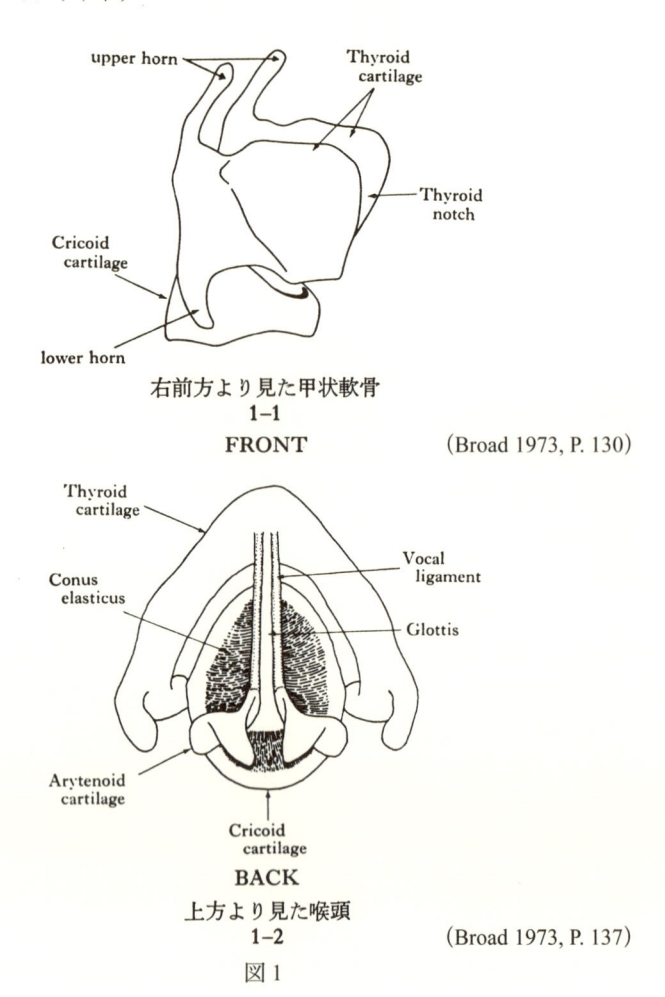

右前方より見た甲状軟骨
1-1
FRONT　　　　　　　　　(Broad 1973, P. 130)

上方より見た喉頭
1-2　　　　　　　　　　(Broad 1973, P. 137)
図1

　quality) が変化するのである。声帯の振動は，喉元に指をあてることにより，容易に感知できる。例えば，囁き声，すなわち，声を伴わない音の発声では，指に全く振動が感じられないが，普通の声や，しゃがれ声のように声を伴う音での発声では，強い振動が感じられる。
　以上のように，人間が発声するのに必要なエネルギーは，肺からの

気流であり，それが声帯を摩擦することによって，声が生成されるのである。しかし声帯の摩擦だけでは，音質の変化は得られても，人間の音声がもっている様々な言語音を区別できることにはならない。ここまでの音声の区別は，次の2点である。

(1) 声帯の摩擦がなく，息（breath）だけで生成される音
(2) 声帯の摩擦による周期的な振動によって生成される音楽的な音

(1) は無声音（voiceless sound），(2) は有声音（voiced sound）と呼ばれるが，これが音声の基本的な2分類なのである。またここまでの発声には，喉頭とその中に位置する声帯が重要な役割を担ったが，このように人間が音声を発声する機能を担う器官を発声器官（organs of speech）と呼ぶ。そこで次節からは，人間の持つ様々な言語音を生成するのにこの他にどのような器官が必要なのか見ていくことにする。

2. 調音器官と音の分類

　様々な音を作るのには，それに必要な変化を起こす必要がある。音色を変えるのには，気流が通過する場所の形状を変え，その為に生じる共鳴の程度を変化させる必要がある。また，気流の動きをある程度妨害したり，あるいは，完全に閉鎖状態にした後それを開放したりすることによっても音は色々に変化する。このように色々な音を生成することを調音（articulation）と呼び，声門より上方での言語音の生成を担う器官を調音器官（articulatory organs）と呼ぶ。それでは人間の調音器官として，どこがこのような機能を担っているのであろうか。まず，声門を通過した気流の行く先は，咽頭（pharynx）と呼ばれるところである。ここを過ぎると気流は3方向に分かれることができる。1つには，口（mouth）の内部に入り，そのまま唇（lips）を経て外部へ出てしまうもの，いま1つは，鼻（nose）の内部に入り，鼻孔（nostrils）から外部に出るもの。そして，その両方を通過した結果外部に出るものである。咽頭腔へ入った気流が口へ行くか，鼻へ行くか

を決定する役目を担うのは，口蓋垂（uvula）と呼ばれる喉の奥に垂れ下がっている，小さな棒状の肉片である。ところで，いま挙げた3つの器官は，総てが頭部内で腔（cavity）となっており，それぞれは咽頭腔（pharyngeal cavity），口腔（oral cavity），そして，鼻腔（nasal cavity）と呼ばれている。これらの腔は，調音活動に共鳴室（resonant chamber）として重要な機能を果たすもので，総称して，声道（vocal tract）と呼ばれている。咽頭腔と鼻腔は，その形状がほとんど変化しないのに対し，口腔は，その形状が様々に変化する。これは，口腔を構成している下顎（lower jaw/mandible）とその内部にある舌（tongue）が自由に動くためである。口腔の形状が変化するということは，共鳴室の形状が変化するということに他ならず，これは，個々の言語音の調音に際し，その音質の変化に深く係わりあってくるのは言うまでもない。上述したように，違った音声を生成するには，声道内での気流を「どこが」，「どこで」，「どのように」変化するかが分かればいいことになる。特に形状を自由に変えることができる口腔は，調音作用において重要な機能を果たすことになる。声道内での気流を「どこが」変化させるのかというのを調音者（articulator），「どこで」変化させるのかは調音点（point of articulation），そして，「どのように」変化させるのかという方法を調音法（manner of articulation）と呼ぶ。ここでの気流の変化とは，声道内で各調音者と調音点により，気流が妨害をうけることをいうのである。

2.1 調音者

これは術語が示すように，調音作用に際して自ら自由に動くことによって機能する可動器官（movable organs）のことである。自由に動くことが可能な器官といえば，頭部前面における唇がある。これは，広げたり，まるめたり，突きだしたり，その形状を様々に変化させることができるが，下顎にある下唇（lower lip）のみを調音者と呼ぶ。次に，口腔内における舌（tongue）がある。これは，前後，上下に早さも自由に変えて移動が可能であり，後方に巻くことができるなど極

めて繊細な動きをすることができる。舌は，最先端の部分を舌尖 (apex/tip of the tongue)，その周辺部分，すなわち，安静時に上の歯茎に接触する部分を舌端（blade）と呼ぶ。舌端の後ろ，すなわち，舌のほぼ中央部を前舌（front of the tongue），その後ろに続く部分を後舌／奥舌（back of the tongue）と呼び，前舌面と後舌面の境界付近を中舌（center of the tongue）と呼ぶ。また，前舌面，中舌面，後舌面を併せて舌背（dorsum）と呼ぶこともある。そして，舌の最後部は舌根 (root of the tongue) と呼ばれる。したがって，舌は最前部から，舌尖，舌端，舌背，舌根と分類されるが，前舌面とは，舌の中央部のことをいい，最前部ではないことに注意する必要がある。

2.2 調音点

調音点とは，主に調音者である舌が接触をおこす箇所をいい，したがって，これらは，静止器官である。頭部前面から，上唇（upper lip），上歯（upper tooth），歯茎（alveolar ridge），口蓋（palate），口蓋垂（uvula），咽頭（parynx），および声門（glottis）と呼ばれる器官がこれにあたる。口蓋部は，さらに前部から硬口蓋（hard palate）と軟口蓋（soft palate/velum）に二分割される。硬口蓋とは，歯茎の直後から口蓋が最も高くなるところまでをいい，舌で追っていくと，その部分は硬いので容易に感知することができる。この硬い部分に続く柔かい部分が軟口蓋と呼ばれる部分である。そして口蓋垂は，その軟口蓋の最後部に垂れ下がっている柔らかい部分をいう。

調音者と調音点は種々の音声が調音される場所として音声学では特に大切な要素である。言い換えれば，これが分からないと音声の分類ができないことになる。下唇から始まり，舌の分類が表示された調音者と，上唇から始まり，喉の奥に向かって存在する調音点は，以下の図2に示されている。この図をよく理解して，各々の箇所について確かめてもらいたい。

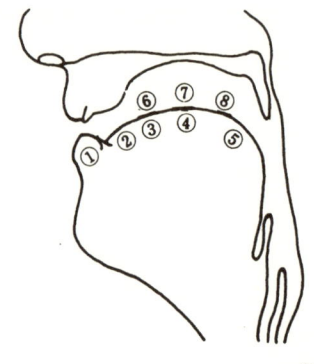

① 下 唇 (lower lip)
② 舌 尖 (apex of the tongue)
③ 舌 端 (blade of the tongue)
④ 舌 背 (dorsum of the tongue)
⑤ 舌 根 (root of the tongue)
⑥ 前 舌 (front of the tongue)
⑦ 中 舌 (center of the tongue)
⑧ 後 舌 (back of the tongue)

調音者

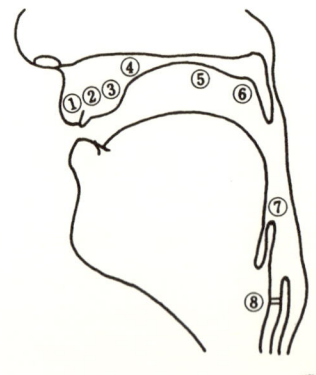

① 上 唇 (upper lip)
② 上 歯 (upper tooth)
③ 歯 茎 (alveolar ridge)
④ 硬口蓋 (palate)
⑤ 軟口蓋 (velum)
⑥ 口蓋垂 (uvula)
⑦ 咽 頭 (pharynx)
⑧ 声 門 (glottis)

調音点

図 2

2.3 調音法

声道内における様々な気流の動きが違った音を生成するのであるが，英語の音の分類には以下にあげる7つが必要である。

(1) **閉鎖音**（stop）あるいは，**破裂音**（plosive）：呼気が声道のある部分で完全に閉鎖された後，一気にその気流が開放される際に調音される音。

(2) **摩擦音**（fricative/spirant）：呼気が声道のある部分で狭窄を受け，気流がその位置を押し出される際に摩擦を起こして調音される音。

(3) **破擦音**（affricate）：閉鎖により気流が一時的に止められた後，ゆっくりと開放される際に生じる音で，閉鎖と摩擦との組み合わせによって調音される音。

(4) **鼻音**（nasal）：口蓋垂を下げることにより，咽頭壁にすきまが生じ，気流が自由に鼻腔に流出するようにして調音される音。

(5) **流音**（liquid）：舌の位置により，口腔内の形状を変化させ気流が舌の両側あるいは，片側から流出するようにして調音される音。これには側音（lateral）と呼ばれるものと，そり舌音（retroflex sound）と呼ばれるものがある。

(6) **わたり音**（滑脱音）（glide）：調音点Aから調音点Bへと舌が移動する際にその舌の滑りによって生じる音で，一方が顕著な音の場合，その音に向かうか，その音より離れる際に調音される音。

(7) **母音**（vowel）：呼気が声道，特に口腔内でなんらの妨害も受けずに自由に流出されて生じた音で，音色の変化は，口腔の形状の変化によって調音される。

以上の分類で明らかなように，音の生成には，呼気が声道内のどこかで調音器官による妨害を受けて調音されるものと，ほとんど妨害を受けずに調音される音の2種類がある。そこで，前者のグループ，すなわち，(1)から(6)までのそれぞれを総称して，子音（consonant）と呼び，後者，すなわち，(7)を母音（vowel）と呼ぶのである。この2分類は，言語音の分類の最も基本的なもので，世界中のどの言語でもこの2分類を欠く言語はない。しかし，母音及び子音の分類については，各言語によって様々であり，特に子音は上に挙げた他に，言語により数十種類を数えることができるものもある。

本節で学ぶ調音者，調音点，そして，調音法の3つは，子音が生成

される上で特に重要な概念である。そこでこの3つに上述の声帯振動の有無を加え、これらを「子音生成パラメータ」と呼ぶことにする。

次節では具体的に英語に生じる音を挙げて、個々の音について、子音生成パラメータを基に、それらがどのように分類されるかを見ていくことにする。

3. 子音

子音とは、声道内での呼気がなんらかの妨害を受けて調音される音であるというのが分かった。それではこの子音を分類するのに、どれだけのカテゴリーが必要なのかを見てみよう。まず第1は、上述のごとく、その音の声帯振動の有無というパラメータにより、有声音か無声音に分類されるカテゴリーがある。第2は、前節で見た調音者と調音点という2つの調音器官というパラメータによる分類カテゴリーである。さらに第3としては、閉鎖、摩擦、破擦など種々の調音法というパラメータによって分類されるカテゴリーがある。そして最後に第4のカテゴリーとして、呼気が口腔内でなんらかの妨害を受けてから外部へ流出されるか、あるいは、ほとんど妨害を受けず、鼻腔を経て外部へ流出されるかというのがある。鼻腔内では、さらに鼻音化共鳴という別の要素も加わることになる。言い換えれば、なんらかの阻害の有無、あるいは、鼻音化共鳴の有無というパラメータにより、阻害音（obstruent）と共鳴音（resonant）というカテゴリーに分類されるのである。そこで以上の4つを子音の分類に関する「子音分類カテゴリー」と呼ぶことにする。

それでは、以上4つの子音分類カテゴリーを基に英語の子音の音韻目録（speech sound inventory）を作成してみよう。音声学での子音分類に際しての一般的な約束事は、第2カテゴリーの調音器官パラメータの内、頭部前部、すなわち、唇を始発パラメータとして順次、後部に向かって分類することである。したがって、英語の場合は、口腔内では軟口蓋が最後部パラメータとなり、調音器官としては声門が最終パラメータの取り扱いをうけることになる。

(1) 第1カテゴリー
　　無声音：[p, t, k, tʃ, f, θ, s, ʃ, h]
　　有声音：[b, d, g, dʒ, v, ð, z, ʒ, m, n, ŋ, l, r, j, w]
(2) 第2カテゴリー
　　（調音者）（調音点）　　（生成音）
　　　下唇　　上唇　　　両唇音（Bilabial）：[p, b, m]
　　　下唇　　上歯　　　唇歯音（Labiodental）：[f, v]
　　　舌端　　上歯　　　歯擦音（Dentalfricative）：[θ, ð]
　　　舌尖　　歯茎　　　歯茎音（Alveolar）：[t, d, s, z, n, l]
　　　舌端　　歯茎硬口蓋　歯茎硬口蓋音（Alveo-palatal）：[ʃ, ʒ, tʃ, dʒ]
　　　舌背　　軟口蓋　　軟口蓋音（Velar）：[k, g, ŋ]
　　　声帯　　声門　　　声門（Glottal）：[h]
　　　舌背　　軟口蓋　　わたり音（Glide）：[w]
　　　舌背　　硬口蓋　　わたり音（Glide）：[j]
(3) 第3カテゴリー
　　閉鎖音（Stop）：[p, b, t, d, k, g]
　　摩擦音（Fricative）：[f, v, θ, ð, s, z, ʃ, ʒ, h]
　　破擦音（Affricate）：[tʃ, dʒ]
　　鼻音（Nasal）：[m, n, ŋ]
　　流音（Liquid）：[l, r]
　　わたり音（Glide）：[j, w]
(4) 第4カテゴリー
　　阻害音（Obstruent）：[p, b, t, d, k, g, f, v, θ, ð, s, z, ʃ, ʒ, tʃ, dʒ, h]
　　共鳴音（Resonant）：[m, n, ŋ, l, r, j, w]

以上英語の子音を4つのカテゴリーに分類して見てきたが、第3カテゴリーの調音法による分類の中で、[s, z, ʃ, ʒ]のように噪音のエネルギーが大きいものは、特に歯擦音（sibilant）と呼ばれ、[s, z]はスー音（hissing sound）、そして[ʃ, ʒ]はシュー音（hushing sound）と呼ぶ分類法もある。
　以上をまとめると、英語には24の子音があり、表1のように分類

English Consonant Chart

Articulation \ manner		Labial bilabial	Labial labio-dental	Dental	Alveolar	Alveo-palatal	Palatal	Velar	Glottal
Stops	voiceless	p			t			k	
	voiced	b			d			g	
Fricatives	voiceless		f	θ	s	ʃ			h
	voiced		v	ð	z	ʒ			
Affricates	voiceless					tʃ			
	voiced					dʒ			
Voiced	nasals	m			n			ŋ	
	lateral				l				
	retroflex				r				
	semivowels	(w)					j	w	

表 1

される。表1に使用している記号は音声記号（phonetic symbol）と呼ばれるが，この音声記号も各国で共通に使用されるものと，アメリカで主に使用されるものなど色々な種類がある。ちなみに，この2つにおいては，[ʃ : š]，[ʒ : ž]，[tʃ : č]，[dʒ : ǰ] などの違いがあるが，本書では国際音声学協会（International Phonetic Association）（略して IPA）によって考案された前者の記号を用いることとし，これは国際音声字母／国際音標文字（International Phonetic Alphabet）（これも略してIPA）と呼ばれる。

　表1を見れば明らかであるが，各音は，例えば以下のように，第1―第3カテゴリーを用いて表わすのが普通である。

　　［p］：無声両唇閉鎖音（voiceless bilabial stop）
　　［f］：無声唇歯摩擦音（voiceless labiodental fricative）
　　［z］：有声歯茎摩擦音（voiced alveolar fricative）
　　［dʒ］：有声歯茎硬口蓋破擦音（voiced alveo-palatal affricate）
　　［ŋ］：有声軟口蓋鼻音（voiced velar nasal）
　　［l］：有声歯茎側音（voiced alveolar lateral）
　　［h］：無声声門摩擦音（voiceless glottal fricative）
　　［j］：有声硬口蓋わたり音（voiced palatal glide）

4．母　音

　子音は，4つの子音生成パラメータを基礎として，4つの子音分類カテゴリーに基づき，それぞれの細分化されたパラメータを用い，24に分類された。その際の共通点は，声道内での呼気がなんらかの妨害を受けることであった。それに反し，母音（vowel）とは，呼気が声道内でほとんど妨害を受けず，自由に流出されて生成される音のことをいう。気流の変化を生じる調音点や調音法が関与しないならば，母音の音色の変化はどのようにして生じるのであろうか。本節ではこの点に留意しながら母音の生成について見ていくことにする。

4.1 共鳴とフォルマント

　音が，われわれの耳に聞こえるは，それが伝わる際に空気を振動させるからである。その際，発音体からでる音は，空気を振動させるそれぞれ決まった固有の基本振動や倍振動をもっている。これらは，固有振動数（natural frequency）と呼ばれ，その中でも，最低の振動数は基本振動数（fundamental frequency）と呼ばれるが，これが変化すれば，当然音色は変化することになる。また，発音体は，その基本振動数と等しい振動数の音波を受けるとその振動数で鳴り出す。これは共鳴（resonance）としてよく知られている現象であるが，子音の生成時に見られたような，種々の気流の変化なしに違った音色の母音が生成されるのは，声道がこの共鳴体として働いているからである。人間の声道は，約17 cmあり，それは，母音を生成するときには，その一端（声門）は閉じ，他端（唇）は開いている管とみなすことができる。この長さで太さが一様な管の場合，最低の共鳴振動数は500Hzであり，その他の共鳴振動数は，1500Hz, 2500Hz, 3500Hz, 4500Hzであることが知られている。呼気が声帯を振動させれば，有声音を生じることは既に述べたが，このことは，我われが話をするのに常に声帯の厚さ，長さ，あるいは緊張度，さらに呼気の空気圧を変化させ，適当な振動数をもった音を作っていることに他ならない。このような音が，声道に送り込まれると，上述のように，声道はそれがもつ固有振動数，あるいは，その共鳴振動数と同じ振動数の音波に容易に反応し，共鳴を起こすことになる。この声道内で共鳴をおこした成分が強められて，声道の種々の固有振動数の特徴をもった音として生成されるのである。このような声道の共鳴は，フォルマント（formant）と呼ばれ，それらの振動数はフォルマント振動数（formant frequency）と呼ばれる。母音の生成に際しては，このフォルマントが重要な役割を演じることになる。すなわち，声道の形状が変化するとそれぞれに応じた特有なフォルマント振動数の組み合わせが生じ，これが違った母音として生成されることになるからである。声道は上述のように断面積の一定の管というのではなく，声道内の調音器官がある位置の断面積の形状によ

って，さまざまな変化をもつ．その結果，フォルマント振動数は，上にみたような規則的に等間隔な数字としては表われてこない．あるものは高く，あるものは低く，またその間隔も一定ではない．そこで，一番低い振動数をもつものから，第1，第2，第3フォルマントと呼び，各母音の特徴づけに必要なフォルマントは第3フォルマントまでとされる．このフォルマントは，ソナグラフ（Sonagraph），あるいはサウンドスペクトログラフ（sound spectrograph）という実験音声学で使用する特殊な器械を使えば黒くバー状になったものとして見ることができる．これは図3に示すが，このような図をソナグラム（Sonagram）あるいは，サウンドスペクトログラム（sound spectrogram）と呼ぶ．このソナグラムを分析し，その結果得られた母音のフォルマント振動数を表にしたものが表3である．

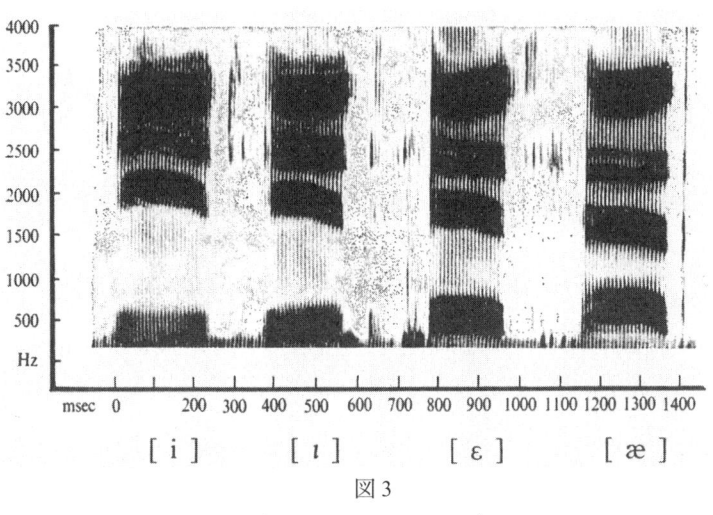

図3

（Ladefoged 1975, P. 171）

		i	ɪ	ɛ	æ	ɑ	ɔ	ʊ	u	ʌ	ɜ
Fundamental Frequencies (Hz)	M	136	135	130	127	124	129	137	141	130	133
	W	235	232	223	210	212	216	232	231	221	218
	Ch	272	269	260	251	256	263	276	274	261	261
Formant Frequencies (Hz)											
F_1	M	270	390	530	660	730	570	440	300	640	490
	W	310	430	610	860	850	590	470	370	760	500
	Ch	370	530	690	1010	1030	680	560	430	850	560
F_2	M	2290	1990	1840	1720	1090	840	1020	870	1190	1350
	W	2790	2480	2330	2050	1220	920	1160	950	1400	1640
	Ch	3200	2730	2610	2320	1370	1060	1410	1170	1590	1820
F_3	M	3010	2550	2480	2410	2440	2410	2240	2240	2390	1690
	W	3310	3070	2990	2850	2810	2710	2680	2670	2780	1960
	Ch	3730	3600	3570	3320	3170	3180	3310	3260	3360	2160

(Minifie 1973, P. 253)

表3

4.2 声道内の変化

上述のようにフォルマントの違いが生じるのは，声道内の形状の変化によるものとすれば，声門から唇に至る声道のなかで，最も変化の度合いが大きい箇所が母音の生成に大きく影響してくることになる。ではそれがどこかというと口腔である。ここでは，下顎の自由な開閉による口腔自体の形状の変化と共に，その中にある自由に動く舌が声道の形状の変化に大きく関与することになる。また唇も丸めたり，突き出したりするか否かで形状の変化は起こる。すなわち，口腔内部における舌の位置と口腔外部の唇の形状が重要な要素なのである。そこで母音の調音という観点からこの2点について，どのような変化が母音の分類カテゴリーとして作用するパラメータになるのかを見て行く。

4.2.1 口腔内部－舌

舌はその高さ，位置，及び緊張度により，口腔内部の形状を大きく左右することができる。まず舌の高さであるが，前舌面が硬口蓋に接触する寸前まで持ち上げられた位置で，これ以上高い母音は発音できないという限界を高（high），反対に舌尖が前歯の下部にわずかながら接している位置を低（low）と呼ぶ。当然この中間は中（mid）と呼ばれる位置になる。以上より，高位，中位，低位という3つがパラメータとなり，これによると母音は以下のように分類される。

  高位母音：[i, ɪ, u, ʊ]
  中位母音：[e, ɛ, ə, ʌ, o, ɔ]
  低位母音：[æ, a, ɑ]

次は舌の位置であるが，これは舌尖が前にいったり，そり舌音の調音法のように，後ろにいったりすることをいうのではない。舌の一番高い部分がどこに位置するのかをいうのである。そこで舌端が上の臼歯に接触するあたりの位置を前部（front），そして後舌面を軟口蓋に向かってできるだけ引いた位置を後部（back）と呼ぶ，これも中間位

置を中部（middle）と呼ぶ。したがって前部，中部，後部が 3 パラメータとなり，これによれば，上に挙げた母音は次のように分類される。

　　前舌母音：[i, ɪ, e, ɛ, æ]
　　中舌母音：[ə, a]
　　後舌母音：[u, ʊ, o, ɔ, ʌ, ɑ]

　最後の緊張度であるが，これは舌の筋肉の緊張（tense）と弛緩（lax）の度合いをいう。母音の調音時の舌は，半剛体（semirigid body）であるが，緊張母音の場合は，特に堅くなり，母音生成時の舌の形状を整える働きをする外舌筋の収縮が弛緩母音の場合より完全に行なわれる。これにより母音の持続時間は緊張母音の方が弛緩母音よりも長くなる。この点で英語の母音も長（long）短（short）というパラメータによる分類カテゴリーもあるが，ここでは，緊張と弛緩の 2 つをパラメータとする。また外舌筋の完全な収縮が舌の自然な安静時より高くなり，このことが通常の緊張母音の舌の位置を弛緩母音よりも高くする結果になるのである。そこで英語の母音は，緊張と弛緩というパラメータによると以下のように分類される。

　　緊張母音：[i, e, o, u]
　　弛緩母音：[ɪ, ɛ, ɔ, ʊ]

　以上 3 点が母音分類のカテゴリーとなり，これらを用いて分類される母音を第 1 次母音（primary vowel）と呼ぶ。

4.2.2　口腔外部－唇

　唇の形状は両唇を丸めるか，左右に平たく広げるかによって変化し，これも母音の調音の重要なパラメータになりうる。すなわち，円唇（round）と非円唇（unround）というパラメータにより分類されるのである。しかしすべての言語がこのパラメータによって分類される母

音をもっているとは限らないし，一般的には，前舌母音は非円唇であり，後舌母音は円唇的であることは，ほとんどの言語に共通した特徴である。そこでこのカテゴリーによって分類される母音を第2次母音（secondary vowel）と呼ぶこともある。ちなみに英語の後舌母音は，高位，中位共に円唇母音であるが，日本語では高位後舌母音 [ɯ] は，非円唇であることより，日本語にはこのパラメータが必要になる。

以上述べた4つのカテゴリー：
(1) 舌の高さ，(2) 舌の位置，(3) 舌の緊張，(4) 唇の形状
を「母音分類カテゴリー」と呼ぶことにし，各パラメータを用いて英語の母音を記述すると以下の表4のようになる。

[i]：前舌　高位　緊張　非円唇　　[u]：後舌　高位　緊張　円唇
[ɪ]：前舌　高位　弛緩　非円唇　　[ʊ]：後舌　高位　弛緩　円唇
[e]：前舌　中位　緊張　非円唇　　[o]：後舌　中位　緊張　円唇
[ɛ]：前舌　中位　弛緩　非円唇　　[ɔ]：後舌　中位　弛緩　円唇
[æ]：前舌　低位　　　　非円唇　　[ʌ]：後舌　中位　　　　非円唇
　　　　　　　　　　　　　　　　　[ɑ]：後舌　低位　　　　非円唇
　　　　　　　　　[ə]：中舌　中位　　　　非円唇
　　　　　　　　　[a]：中舌　低位　　　　非円唇
表4

これは舌の位置を基にして図4のように表わすことができる。

4.3 二重母音

英語には以上のような単母音（monophthong）の他に，二重母音（diphthong）と呼ばれる音がある。これは，ひとつの母音から他の母音への調音点の移動，あるいは，わたり（glide）と呼ばれる現象によって生じるものである。その際，二重母音の始まりを示す母音は定常（steady state）で「わたり」がなく，それに続く音は，弱く消えるように調音されるのが普通である。これは調音が始まる第1音Xから

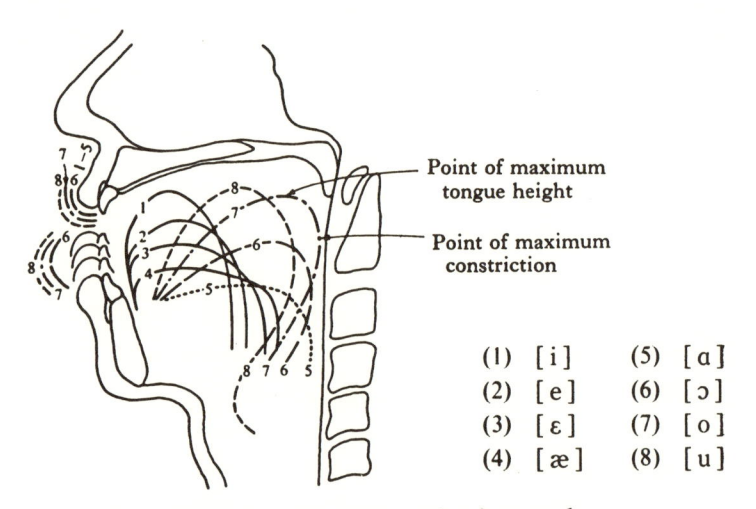

(1) [i]   (5) [ɑ]
(2) [e]   (6) [ɔ]
(3) [ɛ]   (7) [o]
(4) [æ]   (8) [u]

Tongue and lip positions for the vowels
4-1 (Daniloff 1973, P. 187)

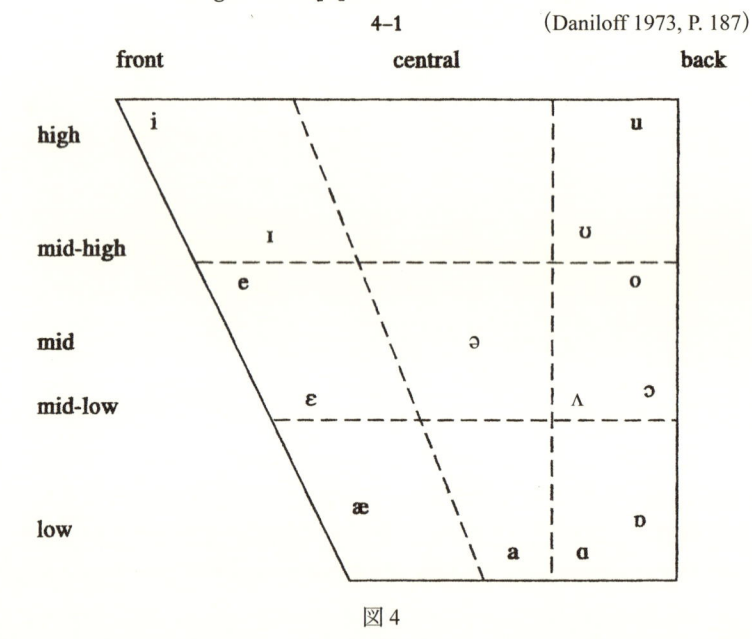

図4

第2音Yへの音の移行が起こっているためであり，Y音は単に舌の移動方向を示しているにすぎないからである。そこでY音は，半母音（semi-vowel）あるいは，「わたり」と呼ばれるのである（ここでの「わたり」は，音それ自体を指し，上述の「X音からY音への移行」とは区別して用いることとする）。英語ではX音にあたるものには，[i, e, o, ɔ, u] があり，Y音にあたるものに [j, w, ə] がある。[ə] は，シュワー（shwa）と呼ばれる中舌中位で調音される曖昧母音（obscure vowel）のことであり，特に英語の二重母音のY音として顕著に表われる。この2つのグループの音声の連続をX音からY音への調音の方向に基づき，上昇二重母音（ascending diphthong）と集中二重母音（centering diphthong）という2つのカテゴリーに分類することができる。上昇二重母音とはY音である [j, w] の調音点が常に高いために，舌が低位から高位にむかって上昇するように移動するのでこのように呼ばれる。また集中二重母音とは，周辺にある母音がY音である [ə] シュワーに向かって，中位中心方向にむけて移行するのでこのように呼ばれるのである。以上のことから英語の二重母音は以下のように [j, w, ə] をY音とする3つのグループを構成し，これをまとめると表5になる。

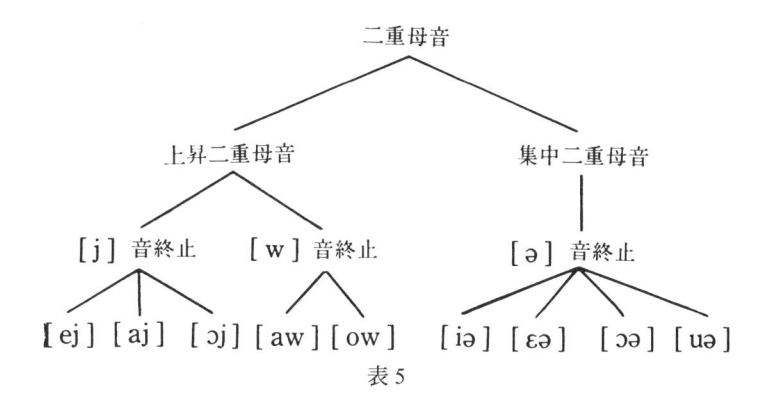

```
                          二重母音
                  ／                    ＼
          上昇二重母音                  集中二重母音
         ／        ＼                        │
    [j]音終止   [w]音終止              [ə]音終止
     ／  ＼      ／  ＼              ／  ｜  ＼  ＼
  [ej][aj][ɔj] [aw][ow]          [iə][ɛə][ɔə][uə]
```

表5

4.4 三重母音

単母音，二重母音の他に，英語には最も複雑な母音の型として三重母音 (triphthong) と呼ばれるものがある。三重母音とは，1つの母音から他の音への「わたり」があり，さらに第3音への「わたり」が平滑で迅速に行なわれた結果得られる母音のことをいう。しかしこれはいかに丁寧に，またゆっくりと発音するか (careful speech) によって，あまりにも多くの変種が現われるので，詳しく分類するのは容易なことではない。反対に，英語話者の通常の発音 (casual speech) では，3母音の内，第2音にあたる音はほとんど具現されず，これもまた詳しい分類を妨げている。その結果，この三重母音と二重母音及び長母音との区別は，特に英語を母語としない話者には識別を困難にしているのである。

現代英語では音声学的には "your, endure, curious" などに見られる [juə] が唯一の真の三重母音とされるが，他に，上昇二重母音にシュワーが続くものも一般的な三重母音として区別され，以下のように表わすことができる。

[ejə] "player, layer"   [awə] "power, hour"
[ajə] "fire, liar"   [owə] "lower, mower"
[ɔjə] "loyal, royal"

参考文献

Broad, David J. 1973. "Phonation" *Normal Aspects of Speech, Hearing, and Language*. eds. by Minifie *et.al*, 127-168. Englewood Cliffs, New Jersey: Prentice-Hall Inc.

Daniloff, Raymond. 1980. Gordon Schuckers and Lawrence Feth. *The Physiology of Speech and Hearing: An Introduction*. Englewood Cliffs : Prentice-Hall Inc.

Daniloff, Raymond G. 1973. "Normal Articulation Process" *Normal Aspects of Speech, Hearing, and Language*. eds. by Minifie *et.al*, 169-210. Englewood Cliffs, New Jersey: Prentice-Hall Inc.

Gimson A. C. 1980. *An Introduction to the Pronunciation of English*. London : Edward Arnold Ltd.（竹林　滋訳『英語音声学入門』金星堂）

Jones, D. 1918. *An Outline of English Phonetics*. Cambridge : Cambridge University Press.

Ladefoged, Peter. 1975. *A Course in Phonetics*. New York: Harcourt Brace Jovanovich.

A Course in Phonetics. 2006. 5th ed. Boston: Thomson Wadworth.

Elements of Acoustic Phonetics. 1962. Chicago: University of Chicago Press.（佐久間　章訳『音響音声学入門』大修館書店）

Minifie, F., T. Hixon and F. Williams. 1973. *Normal Aspecis of Speech, Hearing, and Language*. Englewood Cliffs: Prentice-Hall Inc.

Minifie, Fred, D. 1973. "Speech Acoustics" *Normal Aspects of Speech, Hearing, and Language*. eds. by Minifie *et.al*, 236-284. Englewood Cliffs, New Jersey: Prentice-Hall Inc.

第7章 音　韻　論

1. 音韻論とは

　前節では英語に現われる子音と母音について，それがどのように生成され，分類されるかを見てきた。それらは言語音ではあるが，個々の音＝単音（phone）の状態ではわれわれのコミュニケーションを可能にする役目は持たない。このことは [f, t, l, k, ɪ, ɛ, ʊ] という音を順次個々に発音しても何の意味も持たないことからも容易に理解できる。しかし何の意味もない音の羅列も [lɪft]，[lɛft]，[tɪl]，[fʊl] となれば立派な英語の語彙である。我われが音声を用い，意志の疎通を自由にできるのは，母国語の音声に関する知識を知らず知らずの内に利用しているからである。例えば英語の音型（sound pattern）には"brick"はあっても"bnick"は存在しない。これは英語の語彙の語頭では，"n"は決して"b"に後続しないという制約があるからである。言い換えれば，語の第2要素としての"n"は"snap, sniff, snore"のように"s"に後続するか，"India, and, end"のように母音に後続する以外は具現しないのである。また，"blick"が存在しないのと同様に，"lop, lob, lot, lod, loss, lock, log, low, lox"などはあっても"lov, loz"はない。このように音声連続としては可能であるが，英語の語彙としては存在しない偶然の空白（accidental gap）と呼ばれるものもある。偶然の空白とは，ある言語の音韻規則に適合はしているが，意味をもたない形式のことである。さらに，言語音はどの言語にも全て共通して存在しているとは言えない。例えば英語にある [f, v, θ, ð] は日本語にはなく，その結果，われわれはともすれば，これらの音を [Φ, b, s, z］によって置き換えて発音することになる（［Φ］、は日本語にあって英語にはない音で無声両唇摩擦音）。以上のことから、各言語に生じる言語音にはある一定の規則による音型が存在し、また、人間が作る言語音は常に一定ではなく、言語によって様々な違いがあるということが分かる。すなわち、言語がもっている個々の音は極めて体系的な音韻組織（phonological system）を形成し、ここで生じる個々の音は、音韻目録（speech sound inventory）として言語別に整理されているのである。これらの音は音韻規則（phonological rule）により支配され、種々の音韻過程（phonological process）に影響されて、色々な変化を起こす。このように言語に見られる音型を研究し、それに伴う音韻規則や「音声」と「意味」との相関関係を研究する分野を音韻論（phonology）と呼ぶ。音声学が個々の言語音を一つずつ詳細に記述する方法を研究する分野であるのに対し、音韻論は、個々の言語音をできるだけまとまりのある単位として捉え、それらが形成する音体系、音型の機構を研究する分野なのである。

2. 音素と異音

上述の lift, left, till, full を音声学的（phonetically）にとらえてみると、同じ l でも lift, left の場合と till, full の場合とでは異なる。前者は母音の直前にあり、舌尖だけが持ち上げられて発音されたもので「明るい l」（clear-l）と呼ばれ、音声表記（phonetic transcription）では［l］と示される。それに対し後者は子音の直前もしくは語尾に起こり、舌背を持ち上げて発音する。これは「暗い l」（dark-l）と呼ばれ、音声表記では［ɫ］と示される。音声的にはこのような違いのある［l］と［ɫ］であるが、意味の違いには関与していない。たとえば英語の発音が完全でない話者が仮に［l］と［ɫ］を入れ替えて［ɫɪft］や［tɪl］と発音してしまっても、それを聞いた英語話者は lift および till と間違いなく理解できる。しかし［lɪft］の語頭の子音を［g］に入れ替えて［gɪft］とすると、単語の意味が変わってしまう。このように入れ替えると単語の意味の区別が生じるような音同士は、音韻的に対立

(contrast)しているという。また，意味の区別に貢献する分節音の単位（segmental unit）を音素（phoneme）と呼ぶ。音素表記（phonemic transcription）では/ /を用いて/l/や/g/のように示し，[ ]を用いて表す音声表記とは区別する。そして/lɪft/と/gɪft/のペアのように，ある音連鎖の同位置の単音を置き換えた場合に意味が異なるものは，最少対語（minimal pair）と呼ばれる。しかし既に英語の[l]と[ɫ]の例で見てきたように，すべての音の違いがそのように意味の違いに貢献しているわけではない。[l]と[ɫ]は英語の母語話者には「同じ音」，すなわち同じ音素に属するととらえられており，特定の音韻環境で[l]もしくは[ɫ]に変化しているだけである。このような意味の区別に貢献しない音の交替を異音変化（allophonic variation）と呼び，[l]と[ɫ]はそれぞれ音素/l/の異音（allophone）である。

3. 相補分布と自由変異

ここである音素の異音と，その異音が現れる音声環境をもう少し詳しく分析して見よう。英語の無声閉鎖音の音素には，/p, t, k/の3種類がある。これを日本語の「パ」「タ」「カ」と比較してみると，ある種の違いに気がつく。それはpill, till, killが英語を母語とする人々によって発音される際，強い気息（aspiration）を伴って発音されることである。気息を有する音を有気音（aspirated sound）と呼ぶが，これは発音の際，口唇の前に薄い紙をかざせば，紙が勢いよくゆれることで容易に観察できる。音声記号では有気音は[pʰ, tʰ, kʰ]と表す。そして英語の無声閉鎖音は，語頭に現れるときに有気音として具現化され，母音の直前に現れても語頭でない場合，たとえばsに後続してspill, still, skillとなると，気息を伴わない無気音（unaspirated sound）で発音される。これらの無気音は日本語の「すっぱい，すてき，すき」に現れる[p, t, k]と同じである。この英語の無声閉鎖音の異音である有気音と無気音は相補分布（complementary distribution）の関係にある。すなわち，ある音が生じる音声環境には他の音は生ぜず，それらの音の分布は互いに補う関係にある。ここで，同一音素の複数

の異音は相補分布の関係にあるものだけではない点も確認しておこう。英語では，sip, sit, sick などのように，語末に無声閉鎖音が現れると，破裂のない無開放閉鎖音（unreleased stops）として発音される場合が一般的である。これらの無開放閉鎖音は，音声記号では［p˺, t˺, k˺］と表される。しかし，発音される場面や状況によっては，同じ語末の環境において，無開放音だけでなく，有気音もしくは無気音としても発音されることがある。このように，同一音素の複数の異音が，同じ音声環境で自由に交替し，かつ意味の差異に貢献しない場合を，自由変異（free variation）と呼び，そこで生じる種々の異音を自由変異音（free variant）と呼ぶ。他の自由変異の例としては，butter の語中の /t/ の発音が挙げられる。この語中の /t/ は，［bʌtər］，［bʌɾər］，[bʌʔər] というように，同環境で［t］，［ɾ］，［ʔ］のいずれの異音もとりえる。

4. 音韻素性

　第2節では，音素を「意味の区別に貢献する分節音の単位」として定義したが，音素はさらに小さな音韻単位，すなわち音韻素性（phonological feature）に分解することができ，それぞれの音素は複数の素性の束（bundle of features）で成り立っている。また，音素の区別に関わる素性を弁別的素性（distinctive feature）という。

　すでに音声学の章で音をそれぞれの特性に応じて様々な音類（class of sounds）に分類してきた。たとえば，有声音と無声音，閉鎖音，摩擦音，破擦音，鼻音，流音，わたり音というように。しかしそれはあくまで音を分類することが目的であり，分類の数に理論的制限があるわけではないし，その分類を基に何らかの音韻現象を説明しようとするものでもない。それに対し，音韻論では音韻現象を最小限の音韻素性を用いて過不足なく説明することを目的としている。

　例を考えてみよう。英語では同じ共鳴音であっても，鼻音と流音 /m, n, ŋ, l, r/ の音類があたかも1つのグループとして振る舞い，わたり音 /j, w/ の音類だけ仲間外れとなることがある。というのも鼻音と流音は，pill, thing, tool, boom, tail, vein, ball, bomb, bowl, bone, pile, fire, fine というように語末子音として現れることができるのに対し、わたり音はその位置に出ることはない。このことから音韻的に、鼻音と流音の音類の共通性と、わたり音との違いを明らかにしなければならない。しかし音声学的な分類ではそれが何かを明示することはできない。このような共通性と違いを、最小限の素性の組み合わせでとらえられるようにしようというのが音韻素性の基本的な考え方である。

4.1 主要音類素性

まずは主要音類素性（major class features）と呼ばれている音韻素性からみていこう。人間言語の分節音は、大きく分けて母音と子音に分けられ、また子音はさらに阻害音と共鳴音に大別される。これは既に音声学の章で見てきたとおりである。この3種の音（阻害音の子音、共鳴音の子音、母音）が主要音類であり、これらの音の区別は、以下の(1)に示すように、子音性、共鳴性、音節主音性の3つの音韻素性を想定し、かつそれらの素性を［±］の二値的（binary）なものとしてとらえ、表1に示すように、それらを組み合わせることで表すことができる。

(1) 主要音類素性
 a. 子音性（consonantal）
  口腔内で明らかな狭窄があれば［+cons］、なければ［−cons］。
 b. 共鳴性（sonorant）
  声道内で共鳴（resonance）を引き起こせば［+son］、引き起こさなければ［−son］。
 c. 音節主音性（syllabic）
  音節核（syllable nucleus）となれば［+syll］、それ以外の位置に現れれば［−syll］。

	阻害音 /p, t, k, b, d, g, θ, ð, f, v, s, z, ʃ, ʒ, tʃ, dʒ, h/	共鳴音		母音
		鼻音，流音 /m, n, ŋ, r, l/	わたり音 /j, w/	
cons	+	+	−	−
son	−	+	+	+
syll	−	−	−	+

表 1　主要音類素性

　先に，共鳴音の中で鼻音と流音が1つのグループとして振る舞う場合があると述べたが，これらの素性の組み合わせを用いれば，鼻音と流音が［+con, +son］の素性を共有し1つのグループを形成していることが明らかとなる。このように同じ素性の組み合わせを共有してグループを形成する音の集合を自然音類（natural class）という。また，自然音類を定義づける素性を挙げるときには，最低限の数の素性を用いればよい。たとえば表1では鼻音と流音に関して［+con, +son, −syll］の3素性を提示しているが，実際のところは英語の音素レベルで［+con, +son］の2素性の組み合わせを持つ音に［+syll］を持つものはないので，［+con, +son］の2素性の組み合わせだけで鼻音と流音の音類は他の音類と区別されえる。そしてこれらの音と他の音類との区別にとって［±syll］は余剰素性（redundant feature）となる。阻害音に関しても表1では［+con, −son, −syll］の3素性が提示されているが，［−son］だけで阻害音とその他の音とを区別できる。よって，阻害音は［−son］に関して自然音類を形成しており，阻害音と他の音類との区別にとって，［±son］以外の素性は余剰素性である。

4.2　その他の音韻素性

　主要音類素性以外の音韻素性についても，今まで提案されているものの一部を紹介しておこう。

(2) 喉頭に関する素性（laryngeal features）
　　有声性（voiced）
　　　　［+voiced］は声帯振動を伴うが，［-voiced］は伴わない。

(3) 調音法素性（manner features）
　　a. 継続性（continuant）
　　　　［+cont］は口腔を絶えず空気が流れるが，［-cont］では口腔内で一時的にでも気流が完全に遮断される。
　　b. 鼻音性（nasal）
　　　　［+nas］は鼻腔を空気が流れるが，［-nas］は鼻腔への気流が遮断される。

(4) 調音位置素性（place features）
　　a. 舌頂性（coronal）
　　　　［+cor］は舌尖および舌端を上方へ移動させて発音されるが，［-cor］はそれを基の位置に留めたまま発音される。
　　b. 前方性（anterior）
　　　　［+ant］は歯茎もしくは歯茎より前の部分で狭窄が起こるが，［-ant］ではその部分での狭窄は起こらない。
　　c. 高舌性（high）
　　　　［+high］は舌背が上顎の口蓋の近くにまで持ち上げられているが，［-high］はそうではない。
　　d. 後舌性（back）
　　　　［+back］は舌全体を中立的な位置より後ろに引いて発音するが，［-back］はそのような移動はしない。

	p	t	k	b	d	g	f	θ	s	ʃ	dʒ	m	n	ŋ	l	j	w
cons	+	+	+	+	+	+	+	+	+	+	+	+	+	+	+	−	−
son	−	−	−	−	−	−	−	−	−	−	−	+	+	+	+	+	+
voice	−	−	−	+	+	+	−	−	−	−	+	+	+	+	+	+	+
cont	−	−	−	−	−	−	+	+	+	+	−	−	−	−	+	+	+
nas	−	−	−	−	−	−	−	−	−	−	−	+	+	+	−	−	−
cor	−	+	−	−	+	−	−	+	+	+	+	−	+	−	+	−	−
ant	+	+	−	+	+	−	+	+	+	−	−	+	+	−	+	−	−
high	−	−	+	−	−	+	−	−	−	+	+	−	−	+	−	+	+
back	−	−	+	−	−	+	−	−	−	−	−	−	−	+	−	−	+

表2　英語に音素として存在する子音の一部と音韻素性

4.3　音韻規則

音韻変化（phonological change）は，言語の歴史的な変化によるものが多く，有名なものには，印欧語の音韻変化を規則づけたグリムの法則（Grimm's Law）というのがある。これはゲルマン共通基語に起こった印欧語子音の変化に関するもので，最も簡単に述べれば，数ある閉鎖子音の内，例えば有声有気音 /bh/ が有声音 /b/ に変化し，続いて無声音 /p/ となり，最後に無声摩擦音 /f/ になったというものである。これには印欧語幹 *bhero がサンスクリット語 bharami となり，ゴート語 bairan からギリシア語 phero, そしてラテン語 fero となったものが挙げられる。/p/ → /f/ への変化は，ギリシャ語 pater から英語の father へ，またラテン語 pes から英語の foot などの変化に数多くみられる。しかし音声変化（phonetic change）は歴史的なもの，すなわち，通時的（diachronic）なものもあるが，共時的（synchronic）なものも多い。なかでも一般的なものとしては，前舌母音の影響による硬口蓋化（palatalization）や後舌母音の影響による軟口蓋化（velarization）というのがある。そこでこの2つを英語の例を用いて見ていくことに

する。

1) palatalization:
    d → dʒ　　Do you like it? (D'you like it?)
    t → tʃ　　I know what you think.
    z → ʒ　　Where's your hat?

2) velarization
    t → k　　Don't come.
    d → g　　She is a good girl.
    n → ŋ　　He made ten cakes.

　硬口蓋化というのは Do, What, Where's の /d, t, z/ が後続する you の [j] の影響を受けた結果，それぞれが /dʒ, tʃ, dʒ/ と変化したものをいう。言い換えれば，音 X が音 Y に影響を及ぼした為に音 Y が音 Z に変化したのである。そこでこのような音声変化を同化（assimilation）と呼ぶ。軟口蓋化も硬口蓋化と同様の音声変化であるが，この2例のように先行音 X が，後続音 Y に同化されることを，逆行同化（regressive assimilation）と呼ぶ。一方，先行音 X が後続音 Y に影響を及ぼす場合もあり，これは進行同化（progressive assimilation）と呼ばれる。これには複数形を表示する "S" が先行音 X の無声か有声かによって [s] と [z] になるのがある。同様に，過去形の [d] が [t] と [d] と発音されるのもこの進行同化によるものである。さらに，次の例で見られるようなアメリカ英語とイギリス英語の発音の違いもこの進行同化によるものである。

	アメリカ英語	イギリス英語
tune	[tu:n]	[tʃu:m]
duty	[du:ti]	[dʒu:ti]

イギリス英語における [ʃ], [ʒ] は，まず硬口蓋化により [tjuːn] [djuːti] となり，[j] の挿入が起こる。しかし，[tj], [dj] という音連鎖 (sound sequence) は [t, d] と [j] との調音点の関係からかなり不安定なものである。その為に [t, d] ともっと調音点が近い [ʃ, ʒ] という音が具現するのである。この際の [ʃ, ʒ] の具現は，先行音 [t, d] の影響によるものに他ならず，その結果，硬口蓋化で現われた [j] までも，[ʃ, ʒ] に進行同化されたのである。

このような同化という音声変化はよく気をつけて観察すれば，日常の言語生活でしばしば起こっているのに気がつくことであろう。

さて，(1) では3つの音がそれぞれに硬口蓋化する様を挙げたが，英語の硬口蓋化を説明するのに常に3つの変化を挙げなければならないのだろうか。3つの音は違ってもそれぞれが前舌音 [j] の前で [j] にひきつけられて硬口蓋化をおこしたものである。この意味では当然共通性がある。われわれは，前節で，音を弁別的素性を用いて表示する方法，ならびに音類に分類する方法を学んだ。これを使えば3つの変化は以下のように1つの規則として表わすことが可能になる。

$$\begin{bmatrix} +\text{cor} \\ -\text{son} \end{bmatrix} \rightarrow \begin{bmatrix} +\text{high} \\ -\text{ant} \end{bmatrix} / \underline{\quad} \begin{bmatrix} +\text{high} \\ -\text{cons} \end{bmatrix}$$

この規則では3つの音を記述するのに十分である弁別的素性を見いだし，それのみを記述する。初めの素性行列に続く矢印は，その次にくる素性への変化を表わしている。ここでの約束は元の素性行列で表わされる音に対する変化後の素性のみを記述することである。従って [+high], [-ant] は硬口蓋化をおこし，舌の位置が高くなったことを示している。それに続く "/" は硬口蓋化という音声変化が生じる音声環境を表わす記号で「この音声環境の下で」(in the environment of) と読む。

この規則には今1つの長所がある。それは3つの音をできるだけ簡素化して記述したために硬口蓋化を起こす他の音もこれに入るという点である。すなわち，英語には上の3音の他に，例えば [s] も硬口

蓋化を起こすが，弁別的素性の［+cor］，［-son］はこれも含むことになる。このように 3 つの音による硬口蓋化という変化を 1 つの規則に表わすことより始めた規則も，単に 3 つの音のみの硬口蓋化というのではなく，これによって硬口蓋化規則の一般化（generalization）が図られたことになる。

5. 音節

ここまで分節音やそれを構成する音韻素性についてみてきたが，分節音は単体で発音されるのではなく，子音と母音が組み合わさり，より大きな単位，すなわち音節（syllable）を形成して発音される。本節ではこの音節の定義，内部構造，そしてそこにかかる制約などについて概観していく。

5.1 音節の定義

音節とは (5) に示すように，原則として母音を核（nucleus）とする音の集合体であり，核の前後を子音が取り囲む。母音の前に現れる子音は頭子音（onset），その後ろに現れる子音は尾子音（coda）と呼ばれる。英語の場合，頭子音も尾子音も 0 〜 3 個まで現れることができる点が，基本的に頭子音に 0 〜 1 個までの子音しか許容しない日本語と大きく異なる。複数個の子音が頭子音もしくは尾子音の位置に現れた場合，その複数の子音の羅列を子音結合（consonant cluster）と呼ぶ。

(5) 音節＝頭子音　＋　核　＋　尾子音

	aj		I
s	ej		say
p	ɪ	t	pit
bl	æ	st	blast
str	ɛ	ŋkθ	strength

5.2　英語の音節の内部構造

英語の音節の構造は，頭子音，核，尾子音の三要素が並列状態で構成素を形成しているのではなく，以下の (6) に示すように右枝分かれの二又構造を持っていると考えられている。

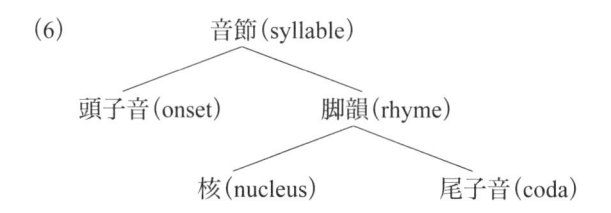

(6)　　　　　　　音節(syllable)
　　　　　　／　　　　　＼
　　　頭子音(onset)　　　脚韻(rhyme)
　　　　　　　　　　　／　　　＼
　　　　　　　　核(nucleus)　　尾子音(coda)

上記の (6) の構造では，「頭子音」と「核と尾子音の二要素から成るまとまり」とに分割されている。後者は脚韻（rhyme）と呼ばれており，この呼称は，英詩や他の印欧諸語の韻文詩において用いられる技法に由来する。(7) に示すマザー・グースの詩の例にあるように，句末において同じ母音と子音の組み合わせが反復し，この反復している部分が脚韻であり，そこから音韻論でも音節核と尾子音の組み合わせを脚韻と呼ぶようになった。

(7) Humpty Dumpty sat on a wall [ɔ:l],
　　Humpty Dumpty had a great fall [ɔ:l].
　　All the king's horses and all the king's men [ɛn]
　　Couldn't put Humpty together again [ɛn].

また英語には頭韻（alliteration）と呼ばれる文体の技法もある。これは語の頭子音の部分だけを反復させ一致させるものであり，(8) に示すように商標名や慣用句などでよく用いられている。これも，頭子音とそれ以降の部分との間に何らかの構成素境界が存在することの現れと考えるのが自然だろう。

(8) Best Buy, Coca-Cola, Dunkin' Donuts, good as gold

　このように頭子音と脚韻とに分割する（6）の構造は，英詩や文体の技法にも現れているが，5.3節と5.4節で示すように音声学的にも音韻論的にも支持されるものである。

5.3　音声学的証拠
　音声学的に見ても，音節核と尾子音との間には強い結びつきがあることが分かる。というのも，尾子音の数は音節核の母音の長さに影響する。たとえば，Tess /tɛs/ と test /tɛst/ の一音節語同士を比較すると，母音の /ɛ/ の長さが後者の方が前者より短くなる。すなわち，尾子音の数と音節核の長さは反比例する。これは音節核と尾子音で何らかのまとまりを形成し，そしてそのまとまりの長さをできる限り一定に保とうとする力が働いていることを意味している。それに対し，頭子音の数は音節核の母音の長さにほとんど影響を及ぼすことはない。たとえば top /tɑp/ と stop /stɑp/ を比較しても，音節核の長さにはほとんど違いがない。

5.4　音韻論的証拠
　英語では表3に示すように，一音節語においては，音節核の母音が緊張母音 [+tense] であるのか，弛緩母音 [−tense] であるのかによって，尾子音の存在が任意となるか義務的となるかの違いが生じる。
　ところで，ここで用いる「緊張」と「弛緩」，すなわち [±tense] の音韻素性は，音声学の章で用いた緊張と弛緩の概念から多少逸脱しているので注意が必要である。もともと音声学的には，緊張母音は発音の際に弛緩母音よりも極端な舌の緊張を伴う母音であると定義づけられていた。さらに緊張母音は舌の筋肉をより完全に収縮させるため，その持続時間は弛緩母音より必然的に長くなる。英語の音韻理論では，舌の筋肉のこわばりの有無よりも，この持続時間を示す指標として，延いては本節で扱うような母音の分布をとらえるための音韻素性とし

て，[±tense]を用いるようになっていった。また本節ではLadefoged (2006) などに従い，二重母音の持続時間や分布が，音声学的な緊張母音と似通っていることを鑑み，二重母音も［+tense］と位置付けて説明していく。

		頭子音あり		頭子音なし
		尾子音あり	尾子音なし	
[+tense]	iː	beat	bee	eat
	ej	bait	bay	ate
	uː	boot	boo	ooze
	ow	boat	bow（弓）	oat
	aj	bite	buy	ice
	aw	doubt	bow（おじぎする）	out
[−tense]	ɪ	bit		it
	ɛ	bet		egg
	ʊ	put		
	ʌ	but		up
	æ	bat		ad

表3

では話をもどそう。表3を見てほしい。英語では，一音節語の音節核の母音が［−tense］，すなわち短い母音であるときに，後ろに尾子音を義務的に伴い，閉音節（closed syllable）とならなければならないという制約が働いている。それに対し，音節核が［+tense］の場合は，閉音節でも開音節（open syllable）でもどちらでも構わない。しかし，このような共起制限は頭子音との間にはないため，［±tense］の区別に関わらず，頭子音は欠落しても問題ない。（［−tense］の /ʊ/ は頭子音を持たない語が存在しないが，これは［−tense］の特性によるものではない。）これも，音節核と尾子音は脚韻という構成素を形成して

いて，その脚韻を領域として共起制限がかかっているとすることで説明がつく。それに対し，頭子音はその脚韻の外にあるため，このような共起制限がかかることはない。

5.5 音節とモーラ

ではなぜ一音節語の [−tense] 母音は尾子音を義務的に必要とするのか。この問題に答えるには，モーラ（mora）という概念を導入する必要がある。モーラは音節や語の重さを決める単位であり，英語では脚韻の中に存在する要素がモーラとして重さに貢献する。原則として尾子音は1個につき1モーラ分の重さを持ち，核の [−tense] 母音は1モーラ分を，そして [+tense] 母音は2モーラ分の重さを持つ。一音節語において [−tense] 母音が閉音節にしか起こることができないのは，英語には (9) に示す最小性制約（minimality constraint）が強く働いているためである。

(9) 最小性制約
単語は最小でも2モーラ分持たなければならない。

以下に示すように，開音節から成る一音節語の場合，*/bɛ/ のように [−tense] 母音が核になってしまうと，その単語は1モーラ分しか持てなくなり，最小性制約に違反してしまう。よって英語の単語としては存在できない。それに対し bay /bej/ のように [+tense] 母音が核の場合，それ自体で2モーラ分の重さが既にあるため，尾子音がなくても最小性制約を違反することはない。

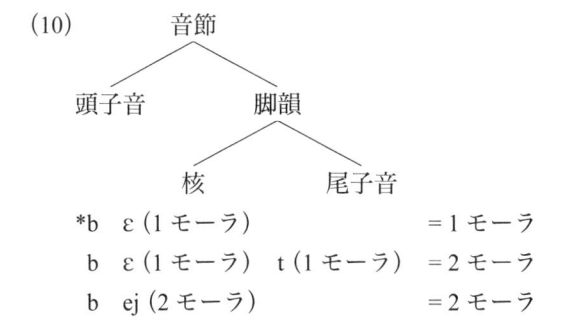

(10)　　　　　音節
　　　　　┌────┴────┐
　　　　頭子音　　　　脚韻
　　　　　　　　　┌───┴───┐
　　　　　　　　　核　　　尾子音
　　　*b　ε（1 モーラ）　　　　　　＝ 1 モーラ
　　　　b　ε（1 モーラ）　t（1 モーラ）　＝ 2 モーラ
　　　　b　ej（2 モーラ）　　　　　　＝ 2 モーラ

　さらに英語では，音節の重さの上限を定める最大性制約（maximality constraint）も重要な役割を果たしている。

　（11）最大性制約（語末音節以外）
　　　　語末以外の音節は，最大で 2 モーラまでしか持つことができない。

　この（11）の語末音節以外の最大性制約は，単一の形態素（morpheme）から成る複数音節語の形に反映されている。たとえば，CELEX データベースから，単一形態素語（monomorphemic word）を取り出し，そこから CVC で始まる 2 音節語（CVC.Cə および CVC.Cəl），CVVC で始まる 2 音節語（CVVC.Cə および CVVC.Cəl），そして CVCC で始まる 2 音節語（CVCC.Cə および CVCC.Cəl）を抽出し，さらに固有名詞，第一音節の母音が長短のどちらも可能な語を除き，同音同綴の異義語を 1 語として数えると，表 4 のようになる。（形態素の定義に関しては第 8 章を参照。）

第一音節	音節の配列	語数	例
CVC	CVC.Cə	19	delta, dogma, junta, magma, naphtha, panda, polka, samba, vodka
	CVC.Cəl	59	cancel, fiscal, gamble, kindle, nuptial, pencil, sandal, tinsel, tonsil, tumble, vandal
CVVC	CVVC.Cə	2	pi[aj]nta, pi[iː]zza
	CVVC.Cəl	2	counsel, counsil
CVCC	CVCC.Cə	0	
	CVCC.Cəl	0	

表4

　表4から，2モーラのCVC音節で始まる2音節語の方が，3モーラのCVVC音節およびCVCC音節で始まる語よりも，圧倒的に多いことがわかる。

　次に，英語には閉音節短母音化（closed syllable shortening）があるが，これも（11）の最大性制約を満たすためのものである。たとえば一音節語 five の場合，同時にそれは語末音節であるため，閉音節ではあっても［fajv］となり，二重母音の音節核が許容されるが，fifty の場合は fif はもはや語末音節ではないので［fɪf.ti］というように［−tense］母音となる。ただし，このような母音の長短の対応関係は，（12a）に示すようにラテン語やフランス語などラテン語系言語を語源とする語の接辞付加（−ion, −ive など）の場合や，（12b）に示すようにゲルマン語系の語であっても通時的な語形変化を伴う場合に顕在化するものであり，共時的で生産性の高いゲルマン語系の接辞付加（−less, −ness など）の場合は，wiseness のように短母音化しない。

(12)
 a. de.scri[aj]be~de.scri[ɪ]p.tive, pro.du[uː]ce~pro.du[ʌ]c.tive,
  in.ter.ve[iː]ne~in.ter.ve[ɛ]n.tion, re.du[uː]ce~re.du[ʌ]c.tion,
 b. fi[aj]ve~fi[ɪ]f.ty, wi[aj]se~wi[ɪ]s.dom

5.6　音節と音素配列制約

　英語の音素配列制約（phonotactic constraint）を音節との関係で考えてみよう。まず英語には音節の頭子音もしくは尾子音の位置にしか現れることができない音素がある。前者は /h/ であり後者は /ŋ/ である。たとえば /hɪt/ hit, /mæ.nə.hɑt/ manihot は可能だが, /sɪh/ のような語は不可能であるし, /sɪŋ/ sing や /læŋ.gwɪdʒ/ language は可能だが, /ŋɪt/ のような語も存在しない。また子音結合（複数の子音の配列）の音素配列制約も音節を想定することである程度の一般化をみることができる。頭子音に 2 つ子音が並ぶ子音結合は原則的に (13) に示す制約に従い, C1（1 つ目の子音）は阻害音, C2（頭子音の 2 つめの子音）は流音もしくはわたり音に限られる。

(13) 頭子音の 2 子音結合の音素配列制約

  C1   C2
  [−son] $\begin{bmatrix} +\text{son} \\ -\text{nas} \end{bmatrix}$
  阻害音 流音・わたり音

この (13) の制約に従う例としては plain, pure[pj], brain, tweet, drain, three[θr], flip, cure[kj], quite[kw], gray, shrink[ʃr] などがある。ただし C1 が /s/ の場合, speak, step, snake, smear, skip というように, 例外的に阻害音や鼻音が C2 の位置に現れることができるので注意してほしい。

　頭子音の位置に 3 つ子音結合が現れる場合は, (14) に示すように C1 は常に /s/ であり, C2 は無声閉鎖音 /p, t, k/ のいずれか, そして C3 は流音もしくはわたり音 /l, r, i, w/ のいずれかとなる。splash, string, skew[skjuː], squash[skwɑʃ] などがその例である。

(14) 頭子音の 3 子音結合の音素配列制約

C1	C2	C3
s	$\begin{bmatrix} -\text{son} \\ -\text{voice} \\ -\text{cont} \end{bmatrix}$	$\begin{bmatrix} +\text{son} \\ -\text{nas} \end{bmatrix}$
	無声閉鎖音	流音・わたり音

次に尾子音の場合をみてみよう。尾子音の 2 子音結合は nymph, hydranth, lens, bend, lump, sink, pulp, bulb, sharp, card, cart, elf, solve, filth, pulse, pork, bulk というように主に (15) に示す制約に従うが，C1 が /s/ の場合もしくは C2 が /t/ や /s/ の場合は例外的に crisp, test, desk, kept, tact, lapse, tax というように阻害音の連続が可能となる。

(15) 尾子音の 2 子音結合の音素配列制約

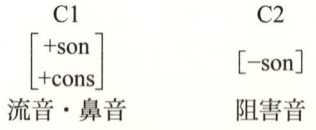

C1	C2
$\begin{bmatrix} +\text{son} \\ +\text{cons} \end{bmatrix}$	$[-\text{son}]$
流音・鼻音	阻害音

尾子音に 3 子音結合が現れるケースは多くはないが，原則的に (16) の制約に従い，sculpt, falx[lks], tempt, mumps, against, adjunct [ŋkt], lynx[ŋks], strength[ŋkθ] などが例として存在する。唯一の例外は [εkst] の配列を持つ text や next である。

(16) 尾子音の 3 子音結合の音素配列制約

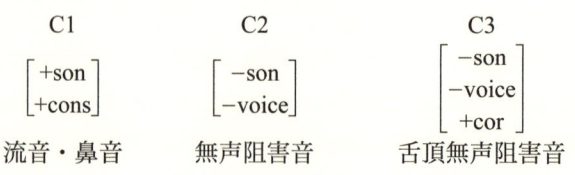

C1	C2	C3
$\begin{bmatrix} +\text{son} \\ +\text{cons} \end{bmatrix}$	$\begin{bmatrix} -\text{son} \\ -\text{voice} \end{bmatrix}$	$\begin{bmatrix} -\text{son} \\ -\text{voice} \\ +\text{cor} \end{bmatrix}$
流音・鼻音	無声阻害音	舌頂無声阻害音

さらに，(13) から (16) に提示してきた頭子音と尾子音の子音結合は，原則的に聞こえ連鎖の原理（Sonority Sequence Principle）に従っている。

 （17）聞こえ連鎖の原理
   音節内での子音の並びは，聞こえ度（sonority）が高いものほど音節核に近くなる。

聞こえ度とは音の響き度合のことである。共鳴度が高ければ高いほど遠くまで響き，聞こえ度は高くなる。すなわち［+son］の共鳴音 /m, n, ŋ, l, r, j, w/ の方が［−son］の阻害音 /p, b, t, d, k, g, v, θ, ð, s, z, ʧ, ʤ, ʃ, ʒ, h/ よりも聞こえ度が高い。よって，子音結合の中で母音（音節核）にいちばん近い子音（頭子音2子音結合の場合はC2，頭子音3子音結合の場合はC3，尾子音結合の場合はC1）はどれも［+son］であり，［−son］の阻害音はそれ以外の場所にしか現れない。

6.　強勢
 ここまで，素性，分節音，そして音節について概観してきたが，ここからは語（word）レベルに関連する音韻現象である強勢（stress）についてみていこう。強勢は個別の分節音を超えた大きな範囲に付帯しているものであり，このようなものを超分節的素性（suprasegmental feature）と呼ぶ。超分節的素性ではあるが，6.1でみるように英語の場合は強勢の有無によって母音や子音の質が変化するため，分節音レベルの音韻論とも密接に関わっている。また6.2や6.4で紹介するように，語の品詞や形態構造とも相関関係がある。

 6.1　英語の強勢の音声的特性
 強勢とは長さや母音の質，声の高さや強さなど，様々な音響素性を駆使して単語内の音節を際立たせるものであり，すべての英語の内容語（content word もしくは lexical word）には，その音節数にかかわら

ず，必ず一つは強勢音節が存在する。(それに対し単一音節からなる機能語 (function words) の場合，文中では基本的に無強勢で発音される。)

たとえば atom という単語を考えてみよう。この単語の強勢は第一音節の a にある。それに対し，この単語を語幹として派生接辞 (derivational suffix) の -ic を付加して atomic となると，強勢の位置はもともとの強勢音節であった a から第二音節の to に動く。これを (18) に示す。

(18) (a) átom [ǽ.təm]　　　(b) atómic [ə.tʰɑ́.mək]

強勢の位置が動くと，長さや声の高さ，強さだけでなく，母音の質および子音の質までも変化するのが英語の重要な特徴である。(18a) にあるように，第一音節 a に強勢があったときには完全母音である [æ] であったが，(18b) のように強勢が次音節に移動し第一音節が無強勢となると，あいまい母音 (schwa) と呼ばれる弱化母音 [ə] へと質が変化する。同じように，もともとは無強勢で [ə] として具現化されていた第二音節 to の母音も，強勢がそこに移動してくると完全母音の [ɑ] へと変化する。さらにもともとは無気音であった第二音節の頭子音 [t] は，その音節が強勢を担うと同時に，有気音の [tʰ] となる。本章の第2節では，話を単純化するため，「語頭」で /t/ は有気音となると述べたが，この有気音化の環境は正しくは「強勢音節頭」である。

6.2　英語の強勢と品詞

英語の強勢の位置にはかなりの自由度がある。たとえば品詞と音節数が同じであっても，Cánada と banána では，前者は語頭に後者は第二音節にそれぞれ強勢がある。それでも品詞によってある程度の一般化をみることができ，名詞の方がより前方に，動詞の方がより後方に強勢が置かれる傾向にある。Hammond (1999) の集計によれば，英

語の二音節から成る名詞の 82% が語頭に強勢を持つのに対し，同じ二音節から成る動詞の場合は語頭に強勢を持つ語の割合が 52% にまで減少する。また三音節から成る名詞の場合，語末に強勢がある語はたったの 9% であるのに対し，同じ三音節の動詞では語末強勢の割合が 40% にまで達する。この傾向の最たる例が以下のように名詞と動詞が強勢の位置のみで区別されているような場合である。

(19) 名詞　　　　動詞
　　 cóncert　　 concért
　　 dígest　　　digést
　　 íncrease　　incréase
　　 súbject　　 subjéct
　　 súrvey　　　survéy

また，フランス語やラテン語を語源とする名詞は，例外も多く存在するが，原則的に以下の（20）に示す強勢規則に従う。

(20) 名詞強勢規則
　　 後ろから数えて 2 つ目の音節（penultimate syllable）が重い場合はそこに強勢を付与し，軽い場合は後ろから 3 つ目の音節（antepenultimate syllable）に強勢を付与する。

この名詞強勢付与規則に従う例としては，a.GEN.da, a.MAL.gam, as.VES.tos, ca.TAL.pa, cha.RIZ.ma, ma.GEN.ta, ma.RIM.ba, sy.RIN.ga, sy.NOP.sis, ve.RAN.da, a.RO.ma, ho.RI.zon, hi.A.tus, CA.lo.rie, PA.ro.dy, PO.li.cy, RE.ci.pe, RE.me.dy, RE.ti.na, SE.sa.me, CI.ne.ma, THE.ra.py などがある。それに対し，動詞は（21）に従う場合が多い。

(21) 動詞強勢規則
　　 最終音節が［+tense］母音を含むか尾子音を 2 つ含めばそこ

に強勢を付与し，そうでなければ後ろから2つ目の音節に付与する。

　動詞の強勢付与規則に従う例としては ac.CRUE, al.LAY, ap.PLY, bet.RAY, o.BEY, col.LAPSE, ex.HAUST, a.DAPT, as.TO.nish, PRO.mise, e.LI.cit, COM.bat などがある。

　上記の (20) と (21) の規則を比較してみても，「名詞は後ろから2つ目もしくは3つめの音節に強勢付与」，「動詞は最終もしくは後ろから2つ目の音節に強勢付与」というように，名詞の方がより前方に，動詞の方がより後方に強勢を置く一般化がみてとれる。

6.3　副次強勢としての第二強勢

　さらに英語には第二強勢（secondary stress）と呼ばれる副次強勢も存在する。ここまでで取り上げてきた強勢はどれも第一強勢（primary stress），すなわち主強勢のみであったが，以下の単語には第一強勢のみならず第二強勢も置かれている。

　　(22) Màssachúsetts, Mìnnesóta, sèrendípity, ànecdótal

上の (22) の語は4〜5音節からなる名詞であり，後ろから数えて2つ目もしくは3つ目の音節に第一強勢（主強勢）があり，さらに語頭音節に第二強勢（副次強勢）が付与されている。ではなぜこれらの語では語頭に第二強勢が現れるのか。それは英語の好ましいリズムに答えがある。英語では，強音節（強勢音節）と弱音節（無強勢音節）とが規則的に繰り返し起こるリズムが望ましい。たとえば Massachusetts という語で，第一強勢しか付与されていない場合，以下のように弱音節が語頭の位置で2つ続いてしまう。

(23) Ma. ssa. chú. setts
　　 w 　w 　S 　w 　　（Sは強音節，wは弱音節）

このように語頭の位置でwが二つ続くのは望ましいリズムではないので，それをSとwが交互に現れる形にするために，(24)に示すように第二強勢が語頭音節に現れる。

(24) Mà. ssa. chú. setts
　　 S 　w 　S 　w

では，第一強勢と第二強勢の音響的違いは何か。どちらも強勢音節であるので，完全母音として具現化される点には違いはない。これら二種類の強勢の違いは，主に声の高さの際立ち，すなわちピッチアクセント（pitch accent）が共起しえるかし得ないかで区別される。この違いは，第一強勢と第二強勢を両方持つ単語単体だけを一つの発話として発音してみるとよくわかる。たとえば，上記の(24)の単語を単体で発音すると，ピッチアクセント，すなわち声の高さの動きの最も際立つ部分は第一強勢音節にのみ現れることがわかる。

(25) Màssachúsetts, Mìnnesóta, sèrendípity, ànecdótal
　　 ＿＿／＼＿　＿＿／＼＿　＿＿／＼＿　＿＿／＼＿

ただし，常に第一強勢にピッチアクセントが現れるかというとそうではなく，統語・情報構造的条件がととのったときのみ第一強勢音節はピッチアクセントと共起する。そのため条件によっては，第一強勢も第二強勢と同じようにピッチアクセントなしで抑揚なく発音される場合もある。これに関して本章ではこれ以上詳しくは踏み込むことはしない。

6.4　複合語と強勢

　もともと第一強勢を担っていたものが，第二強勢に格下げされてしまうケースもある。それは複合語（compound word）にみられる。複合語とは，2つの単語が合体してできた単語のことである。たとえば textbook は text と book とが組み合わさり，「教科書」という意味の単語を作っている。この語の場合，左側要素の téxt も右側要素の bóok も，どちらも内容語であるため，元々，第一強勢が備わっている。ところが，この2つの語が合体して textbook となると，左側要素の第一強勢のみがそのまま生き残り，右側要素の第一強勢は第二強勢に格下げされてしまい，téxtbòok となる。これを複合語強勢規則（Compound Stress Rule: CSR）と呼ぶ。以下に CSR に従う複合語の例を示す。（複合語の表記法であるが，左側要素と右側要素をくっつける場合ばかりではなく，ハイフンでつないだり，また切り離して表記する場合もある。）

(26) bláckbòard, flówer-pòt, hígh-schòol, Whíte Hòuse, wóodpècker

　しかしながら，英語の複合語の 10 〜 30% は例外的にこの CSR には従わず，右側要素の第一強勢もそのままの形で発音される。たとえば ápple càke や Mádison Strèet などは CSR に従うのに対し，ápple píe や Mádison Ávenue などは CSR には従わない。どの複合語が CSR に従うのか，もしくは例外となるのかは，ある程度意味的な要因によって予測可能といわれているが，上記の ápple càke と ápple píe のように意味ではその違いを予測できない場合も多い。

　本章では，音という言語で最も小さな単位と，それを記述する音韻素性，そして音節などに関わる理論的仕組みを英語という個別言語を窓として概観した。意味の弁別に貢献する音の区別と音素という概念，音素はさらに音韻素性に分解できるという点，またその素性を用いて音韻パターンを分析することで，より簡潔に複数の音同士が同じよう

なふるまいをすることを説明できるという点，音はさらに大きな音節を形成し，そこには重さと音素配列に関して制約があるということ，語を形成したときに付帯する強勢の特性などを解説してきた。これらの基礎知識を生かし，人間言語の音韻システムの普遍性といったところも探究してもらえたらと思う。たとえば，異なる言語間の音韻的違い（対立する音素の数の違い，許容される音節の型の違い，用いられる音韻規則の違いなど）や言語獲得中の幼児の用いる音韻規則と大人の音韻規則の違いを，人間の頭の中に普遍的に存在する制約の集合と，それらの制約の重要度のランク付けの違いに還元しようとする最適性理論（Optimality Theory）の試みなどもあるので，参考にしてほしい。

参考文献

Chomsky, Noam and Morris Halle. 1968. *The sound pattern of English*. New York: Harper & Row.
Fromkin, Victoria and Robert Rodman. 2014. *An Introduction to Language, 10th ed*. New York: Holt, Rinehart and Winston.
Giegerich, Heinz J. 1992. *English phonology: An introduction*. Cambridge: Cambridge University Press.
Gussenhoven, Carlos and Haike Jacobs. 2005. *Understanding phonology*. 2nd edition. London: Hodder Arnold.
Hammond, Michael. 1999. *The phonology of English*. Oxford: Oxford University Press.
Hyman, Larry. 1975. *Phonology: Theory and Analysis*. New York: Holt, Rinehart and Winston.
Jensen, John T. 1993. *English Phonology*. Amsterdam: John Benjamins Publishing Company.
Ladefoged, Peter. 2006. *A Course in Phonetics*. 5th edition. Thomson-Wadsworth.
Sloat, Clarence, Sharon Taylor, and James Hoard. 1978. *Introduction to Phonology*. Englewood Cliffs: Prentice-Hall.
窪薗晴夫・溝越彰 1991.『英語の発音と英詩の韻律』英潮社
窪薗晴夫・太田聡 1998.『音韻構造とアクセント』研究者出版
菅原真理子（編）2014.『音韻論』朝倉書店

データベース
Baayen, R. H., R. Piepenbrock and L. Gulikers. 1995. *The CELEX lexical database* (CD-ROM). Philadelphia: PA: Linguistic Data Consortium, University of Pennsylvania.

第8章 形　態　論

形態論とは

　言語の語彙は時間とともに変化するものである。次々と新しい語が付け加わると同時に，使われなくなった語は消えて行く。こうした新しい語の一つに Xerox というのがある。1966 年に初版がでた *The Random House dictionary of the English language* には，Xerox という語に対して次の (1) のような定義が与えてある。

> (1) *n. Trademark* 1. a process for reproducing printed, written, or pictorial matter by xerography
> *v.t. v.i.* 2 (*l.c.*) to print or reproduce by xerography

　元々は，ゼロックス社の商標であった Xerox という語が，1966 年の段階で，Xerox という動詞として使われている。1961 年が初版の *Webster's third new international dictionary* には Xerox という語は載っていない。

　この Xerox（あるいは xerox）は，1960 年代に使われ出した新しい動詞ではあるけれども，当時の英語を母語とする人なら，I will xerox this picture という具合に，動詞としての xerox の使い方がわかれば，その人は，this picture is xeroxable という文を聞いても，その意味は理解できたはずである。つまり，to xerox という他動詞を知っていれば，to xerox という動詞から xeroxable という形容詞を自分で作り出し，しかも，その使い方も意味もわかるのである。これは，(2a) と (2b)

[*143*]

の両方の文からもわかるように，英語を母語とする人は，他動詞にableを付けて形容詞を作る規則を知っているからである。（このable付加による語形成については，Akmajian et al. 2010, Chapter 2 を参照）

(2) a. We read the book.
　　b. The book is readable.

このように，語形成の規則，逆に言えば，ある語の構成要素間の関係を表わした規則を形態規則（morphological rule）と呼び，こうした語形成を研究する分野を形態論（morphology）と呼ぶ。

1. 形態素

1.1 形態素の定義

前章の「音韻論」で，我われは，音韻論における基本的単位である音素について学んだ。音素というのは，抽象的な単位であり，その現れる環境によって，いろいろな異音として具現化されるのである。たとえば，/p/ は，語頭で後に強勢をもつ母音が来る時には，[pʰ] として具現化され，語末では，[p̚] として具現化され，その他の場合には，無気の [p] として具現化される。

この音素と異音という関係と類似した関係を持つ単位を形態論でも考えることにする。

まず，語をできるだけ細かく，しかし，分割された部分が意味を持つように，分割してみる。たとえば，transformationalists という語は，次のように分割できる。

(3) trans + form + ation + al + ist + s

この trans, form, ation, al, ist, s 等のように，意味を有する最小単位を形態素（morpheme），あるいは，最小意義素と呼ぶ。次に，いく

つかの例を挙げる。

(4) books　　　book + s
　　readable　　read + able
　　unhappy　　un + happy
　　walked　　　walk + ed
　　walking　　walk + ing
　　taller　　　tall + er
　　tallest　　tall + est

それぞれ2つの形態素に分割できる。

　意味を有する最小単位を形態素と呼ぶが，この形態素も，音素と同様に抽象的な単位である。このことを英語の動詞の過去形を例にとって説明しよう。(5) に示したように，規則動詞の過去形は，動詞の語尾が無声子音で終わる時には /t/ を付加し，有声子音で終わるときには /d/ を付加し，/t/ または /d/ で終わる時には，/əd/ を付加する。

(5) kicked　　/kɪkt/
　　formed　　/fɔrmd/
　　wanted　　/wɑntəd/
　　landed　　/lændəd/

　このように，動詞の過去形の語尾には，/t/，/d/，/əd/ の3つがあるが，それぞれが過去という意味を持つ形態素と考えるのは不都合である。むしろ，過去という抽象的な形態素が1つあり，その形態素が，現れる環境によっていろいろな形で具現化されると考えればよい。そこで，音素を表わすしるしである / / にならって，形態素を表すしるしとして，{ } を使い，抽象的な過去という形態素を {Past} と表示することにする。

　この {Past} が動詞に付加されるのであるが，動詞が無声子音で終

わっていれば /t/ で具現化され，動詞が有声子音で終わっていれば /d/ で具現化され，動詞が /t/ または /d/ で終わっていれば /əd/ で具現化されると考えるのである。

 (6) kick + {Past} → /kɪkt/
   form + {Past} → /fɔrmd/
   want + {Past} → /wɑntəd/
   land + {Past} → /lændəd/

このように，ある1つの形態素が具現化された形を，その形態素の異形態（allomorph）と呼ぶ。{Past} という形態素の場合は，/t/, /d/, /əd/ という3つの異形態を持つことになる。

この形態素と異形態の関係は，音素と異音の関係と平行的にとらえればよい。ちょうど，/p/ が，その現れる環境によって，[pʰ]，[p˺]，[p] という3つの異音のどれかで具現化されるのと同じように，{Past} も，その現れる環境によって，/t/, /d/, /əd/ のいずれかの異形態によって具現化されるのである。したがって，音素：異音＝形態素：異形態という平行関係が存在するのである。

この形態素と異形態の関係を，さらに，名詞の複数形を例にして説明しよう。英語では，名詞の複数形を作る場合には，{Plural} という形態素があり，その形態素が名詞に付加されると，その名詞の語尾の音によって，/s/, /z/, /əz/ のいずれかの異形態で具現化されるのである。つまり，名詞の語尾が無声子音の時には /s/，有声子音の時には /z/，そして歯擦音（sibilant）（/s/, /z/, /ʃ/, /ʒ/, /tʃ/, /dʒ/ の6つの音は歯擦音という自然音類（natural class）である）の時には /əz/ で具現化される。

 (7) cap + {Plural} → /kæps/
   boy + {Plural} → /bɔjz/
   bus + {Plural} → /bʌsəz/

今までは，過去形や複数形といった文法的な形態素だけを｛ ｝で囲んで表示したが，正確に言うと，名詞や動詞も形態素であるから，｛ ｝で囲んで表示すべきである。ただ，名詞や動詞の場合は，たいていは，1つの形態素が1つの異形態しか持っていないことが多い。たとえば，{kick}の異形態は/kɪk/だけであり，{cap}の異形態は，/kæp/だけである。今までに挙げた例を，もう一度，全て｛ ｝を使って正確に表示すると次のようになる。

(8) {kick} + {Past}　→　/kɪk/+/t/
　　{form} + {Past}　→　/fɔrm/+/d/
　　{want} + {Past}　→　/wɑnt/+/əd/
　　{land} + {Past}　→　/lænd/+/əd/
　　{cap} + {Plural}　→　/kæp/+/s/
　　{boy} + {Plural}　→　/bɔj/+/z/
　　{bus} + {Plural}　→　/bʌs/+/əz/

このように形態素を抽象的な単位とし，その具現化された形を異形態としておくと，不規則動詞の過去形や不規則な名詞の複数形も，規則的な場合と同じような表示をすることができる。たとえば，goの過去形はgoedではなくwentであり，makeの過去形はmakedではなくmadeであるが，これらの場合も，形態素の組み合わせは規則動詞の場合と同じように表示できる。次のようになる。

(9) {go} + {Past}　→　went
　　{make} + {Past}　→　made

これらの場合は，{go}が/gow/，{Past}が/d/，{make}が/mejk/，{Past}が/t/という異形態で具現化されるのではなく，{go}+{Past}全体が/wɛnt/という1つの別の形で置き換えられ，{make}+{Past}全体が/mejd/という1つの別の形で置き換えられることになる。(こ

のような形を補充形 (suppletive form) という。) このように, went, made などは, kicked や formed のように, 表面上は2つに分割できないが, 抽象的な形態素を考えれば, 規則動詞と同じように2つの形態素の結合としてとらえることができる。

不規則な名詞の複数形の場合も, たとえ表面上は名詞＋複数語尾と分割できなくとも, 抽象的形態素を考えれば, 名詞＋複数語尾として表示することができる。sheep と goose を例にとろう。

 (10) {sheep} + {Plural} → /ʃi:p/+/ø/
    {goose} + {Plural} → /gi:s/

sheep の場合は, {Plural} が発音されない異形態（言語学では見えない形式を ø として表示する。アルファベットの o と間違えないようにするためである）として具現化されると考えればよいわけであり, goose の場合は, {goose} + {Plural} 全体が, /gi:s/ という別の形で置き換えられると考えればよい。

以上のように, 形態素というのは抽象的な単位であるが, 実際には, 異形態を形態素として扱っている場合が多い。たとえば, transformationalists を形態素に分割しなさいと言われれば, (11) のように表示するのが正確であるが, (12) のように表示し, trans, form, ation, al, ist, s を形態素と呼ぶことが多い。

 (11) {trans} + {form} + {ation} + {al} + {ist} + {Plural}
 (12) trans + form + ation + al + ist + s

1.2 形態素の分類

今までの例からもわかるように, 一口に形態素といってもいろいろである。cap, boy のように, 一般に語として使われているもの, 動詞の過去形を作る {Past} や名詞の複数形を作る {Plural} のように文法的な機能を果たしているもの, あるいは, transformationalists の中の ation, al のように，動詞から名詞を作ったり（transform ＞ transformation），あるいは，名詞から形容詞を作ったり（transformation ＞ transformational）するようなものなど，いろいろである。（＞あるいは＜という記号は，開いている方からとんがっている方へ派生するという意味を表す。）

形態論では，形態素を次のように分類するのが普通である。

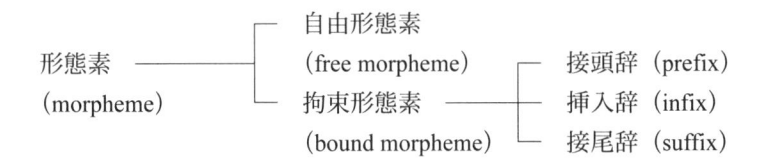

```
                   ┌─ 自由形態素
形態素 ─────┤    (free morpheme)       ┌─ 接頭辞（prefix）
(morpheme)         └─ 拘束形態素    ──┼─ 挿入辞（infix）
                     (bound morpheme)   └─ 接尾辞（suffix）
```

自由形態素とは，その名が示すように，それ単独で使える形態素のことである。一般に，我々が語としている desk, book, Japan, language 等のことである。

拘束形態素というのは，他の形態素に付加されないと使用できない形態素のことである。たとえば，先にあげた，動詞の過去形を作る {Past}，名詞の複数形を作る {Plural} は，それら単独では使用できず，常に，動詞，あるいは，名詞に付加しなければ使用できない。

拘束形態素のうち，接頭辞は他の形態素の前に付加して使用するものであり，英語でも多くの接頭辞がある。unhappy, unlucky の un-, incomplete, indiscriminate の in-, disobey, disorder の dis- 等である。接尾辞は他の形態素の後に付加して使用するもので，writer や speaker の -er, tallest や youngest の -est 等である。挿入辞は，他の形態素の中に挿入されるもので，英語では少数の例を除いて使用されない。接頭辞，挿入辞，接尾辞をまとめて接辞（affix）という。

上に挙げた分類法とは異なり，拘束形態素を派生接辞（derivational affix）と屈折接辞（inflectional affix）に分けることもある。派生（derivation）とは，ある語から他の語を作ることで，たとえば，teach という動詞から teacher という名詞を作ったりすることである。派生接辞とはこうした語形成の役割を果たす接辞のことである。屈折接辞（英

語の場合は接尾辞であろうが）は動詞や名詞や形容詞の語尾変化を司るものである。動詞の過去形，過去分詞形，あるいは，ing 形，名詞の複数形，あるいは，形容詞や副詞の比較級・最上級といった語尾変化（これを屈折（inflection）という）を司る。

　この区別に基づいて，形態論そのものを派生形態論（derivational morphology）と屈折形態論（inflectional morphology）に区別することがある。

　ちなみに，屈折（inflection）は conjugation と declension の2つに区別する。conjugation とは動詞の語尾変化のことであり，declension とは名詞と形容詞等の語尾変化のことである。したがって，以上をまとめると，次のような分類ができる。

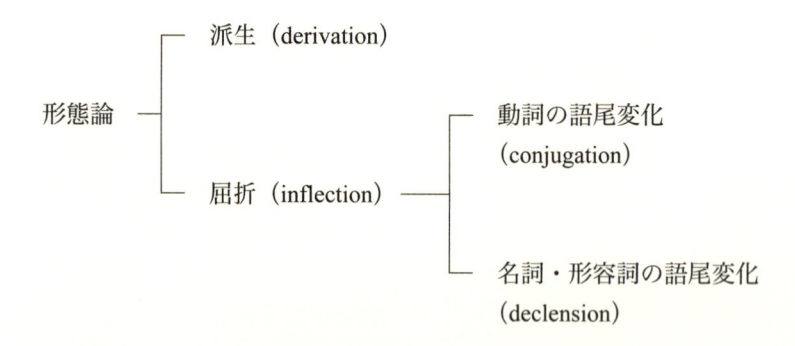

```
                  ┌── 派生 (derivation)
                  │
形態論 ───────────┤                              ┌── 動詞の語尾変化
                  │                              │    (conjugation)
                  └── 屈折 (inflection) ─────────┤
                                                 │
                                                 └── 名詞・形容詞の語尾変化
                                                     (declension)
```

2. 語

2.1 語の定義

　形態論における基本的な単位は形態素であるが，我々が日常使用するのは語（word）という単位である。しかし，語を正確に定義しようとすると意外に難しいものである。語を定義しようといくつかの試みを検討してみよう。

　最も一般的で，すぐに思い浮かぶのは，語とは両側にスペースがあるものという定義である。たとえば，(13) の文では，this, is, a, black, board は，それぞれ，語であるという。

(13) This is a black board.

(13) の例を見る限り，語とは両側にスペースがあるという定義で正しく語という単位をとらえることができるように思われるかもしれない。ところが，これ程一般的でよく使われるが，また，あいまいで漠然とした定義はない。たとえば，(13) では，balck と board は別々の単語であるが，次の (14) の文では，black と board は別々の語ではなく，blackboard が 1 語である。black board と blackboard を区別する基準は何であるのか。black board では，間にスペースを置き，blackboard ではスペースを入れないのは何故であろうか。たぶん，black board は，「黒い色の板」という意味で，white board, green board, brown board と同じように 2 語からなっており，blackboard はチョークで字を書くための板で 1 つの物を指すから 1 語なのだという答えが返ってくるであろう。

(14) This is a blackboard.

ストレスのパターンも (15a) と (15b) ように異なる。

(15) a. bláck bóard
b. bláckbòard

しかし，次の (16) の例はどうであろうか。

(16) a. boathouse
b. boat hook
c. boat race

スペースのあるなしからいけば，boathouse は 1 語で，boat hook と boat race は，それぞれ，2 語からなる。しかし，ストレスのパターンは，3つとも blackboard と同じ´｀である。このストレスのパターンからすれば，3つとも1語として扱うべきである。

さらに，文字を持たない言語では，スペースの存在によって語を定義することはできないであろう。

このように，語とは両側にスペースがあるものという定義は文字言語を対象にした慣習的なもので，学問的に正確な定義ではない。かといって，英語学者の定義も完全なものではない。

伝統文法家のスウィート（Henry Sweet）は語を次のように定義している。

A word may be defined as an **ultimate independent sense-unit**.
（語とは究極の独立した意味単位と定義できる。）
(Sweet 1891: 20)

この定義では，cats の cat は，究極の独立した意味単位であるから語である。複数の -s は，独立していないから語ではない。では，I gave up the plan といった場合の up はどうであろうか。この up は，gave と一緒になって1つの意味単位を作っているのではないだろうか。up 自体の究極の意味とは何であろうか。しかし，我われは慣習的に up を語として扱っている。

構造主義言語学者のホケット（Charles F. Hockett）の定義は次のようになっている。

A word is thus any segment of a sentence bounded by successive points *at which pausing is possible.*
（語とは休止が可能な連続した個所で区切られた文の部分である。）
(Hockett 1958: 167)

この定義に従えば，(17) の文は‖のところで休止が可能であるから，I, am, looking, for, a, swimming, teacher と7つの語からなっていることになる。

(17) ‖ I ‖ am ‖ looking ‖ for ‖ a ‖ swimming ‖ teacher ‖

しかし，この文では，swimming teacher に，次のように2通りの解釈ができる。

(18) a. swímming téacher（泳いでいる教師）
　　 b. swímming tèacher（泳ぎの教師）

(18b) の場合は，boathouse や blackboard と同じストレスのパターンを持つ複合語として扱えるものである。したがって，単なる休止だけでは明確に語を定義することはできない。
　このように，語の定義というのは困難である。我々が語と呼んでいるものは慣習的に決められたもので一貫性はない。しかし，我々はこの慣習的な方法で語を認定していくことにする。

2.2　語の内部構造・分類

2.2.1　形態素の種類による分類
　語の内部構造，あるいは，語形成は，さまざまな観点から分析できる。まず，第1の方法は，結合している形態素の種類を調べるものである。語を構成している形態素の種類にしたがって語を次のように分類する。

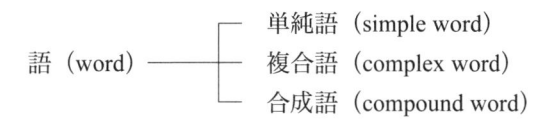

語（word）　┬─ 単純語（simple word）
　　　　　　├─ 複合語（complex word）
　　　　　　└─ 合成語（compound word）

単純語というのは，1つの自由形態素からなる語である。book, desk, teach 等々である。

複合語というのは，自由形態素と拘束形態素，または，複数の拘束形態素からなる語である。たとえば，teacher は teach という自由形態素と -er という拘束形態素からなっているし，transmit という語は trans という拘束形態素と mit という拘束形態素からなっている。

合成語は，複数の自由形態素からなる語である。blackboard, bluebird, boathouse 等がそうである。

2.2.2　語幹・語基・接辞

語の内部構造の分析の2つ目の方法は，語幹（stem），語基（base），接辞の結合の仕方をみるものである。この方法では，語の内部構造は，次のように表せる。

(19)　語 = 語幹 + (屈折) 接尾辞
　　　語幹 = (派生) 接頭辞 + 語基 + (派生) 接尾辞

語に派生接辞を付加して新たな語を派生する場合，その基になる語を語基（base）という。たとえば，unhappily では，un- が接頭辞，-ly が接尾辞，happy が語基である。あるいは，rewrite では，re- が派生の接頭辞で，write が語基である。

語幹（stem）というのは屈折接辞が付加される対象である。次の(20)のような語尾変化がある時，屈折接辞を取り除いた部分が語幹である。この場合は，smile, play が語幹である。

(20)　a. smiles　　plays
　　　b. smiled　　played
　　　c. smiling　　playing

語幹は，語基に派生接辞が付加されたものでもよい。たとえば，

(21) では rewrite という接頭辞＋語基が語幹となっている。

 (21) a. rewrite
   b. rewrites
   c. rewriting

　transformationalists では，接頭辞（trans）＋語基（form）＋派生接尾辞（ation）＋派生接尾辞（al）＋派生接尾辞（ist）が語幹で，それに屈折接尾辞の -s が付いている。

2.2.3　直接構成（要）素分析
　語の内部構造の分析のもう1つの方法は直接構成（要）素分析（immediate constituent analysis, IC 分析という）である。ステージバーグ（Stageberg 1981: 104-106）によってこの直接構成素分析を紹介しよう。
　gentlemanly という語を2つに分割してみると，gentleman と ly の2つに分割できる。その分割を次のように表示する。

 (22)　gentleman ｜ ly

この場合，gentleman と ly は，gentlemanly という語を直接的に構成している要素であるので，gentleman と ly を gentlemanly の直接構成（要）素（immediate constituent, IC と略す）という。さらに，gentleman 自体も gentle と man に分割できる。

 (23)　gentle ｜ man ｜ ly

この場合も，gentle と man は gentleman の直接構成素である。このように，語を次々と直接構成素に分割していくことを直接構成素分析というのである。

ステージバーグ（Stageberg 1981: 105）によれば，直接構成素分析を行う際には，次の3つの点に注意しなければならない。

1. 語が屈折接尾辞で終わっている時には，まず，この接尾辞と語の残りの間で最初の分割をしなさい。したがって次のように分割される。

    pre conceiv | ed　　　　mal formation | s

2. 直接構成素の1つは，できるならば，自由形でなければならない。自由形というのは意味を有しつつ単独で発せられる形である。たとえば，enlarge, dependent, supportable である。次に，間違った分割と正しい分割の例を示す。

間違った分割	正しい分割
en | largement	enlarge | ment
independ | ent	in | dependent
insupport | able	in | supportable

3. 直接構成素の意味はその語の意味と関係していなければならない。restrain を次のように分割するのは間違いである。

    rest | rain

    なぜなら，rest も rain も restrain と意味的な関連性を持たないからである。また，starchy を，

    star | chy

と分割するのも正しくない。なぜなら，このように分割すると，starという無関係の形態素とchyという意味のない断片が生じるからである。上の2例は，次のように分割するのが正しい。

re｜strain　　　　starch｜y

究極の構成素はその語を構成している形態素である。
(Stageberg 1981: 105)

なお，語の内部構造を表示するには樹形図（tree structureあるいはtree diagram）を描いて示すことも多い。たとえば，enlargementという語の内部構造は次のように示す。

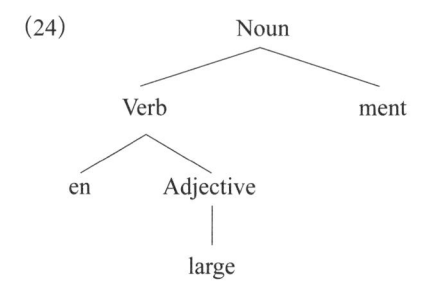

(24)
```
          Noun
         /    \
      Verb    ment
      /  \
    en   Adjective
           |
          large
```

この樹形図が表していることは次のようなことである。まず，形容詞のlargeに接頭辞のen-が付加され，動詞のenlargeが派生される。en-は，enable, endear等のように，形容詞に付加されて動詞を作る接頭辞である。派生された動詞のenlargeに-mentという接尾辞が付加されてenlargementという名詞が派生される。-mentは，agreement, development, managementのように動詞に付加されて名詞を作る接尾辞である。

接頭辞のen-は形容詞に付加され，接尾辞の-mentは動詞に付加されるという特性からすると，enlargementに次のような内部構造を想

定するのは間違いである。

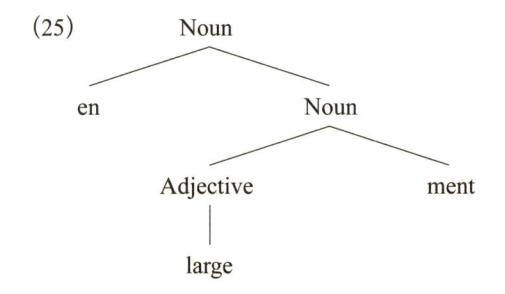

(25)
```
            Noun
           /    \
          en    Noun
               /    \
          Adjective  ment
              |
            large
```

この分析では，名詞に付加されるべき接尾辞の -ment が形容詞の large に付加され，さらに，形容詞に付加されるべき接頭辞の en- が名詞の largement に付加されている。

⊥を使った直接構成素分析よりも，それぞれの要素の範疇を明示した樹形図の方が語の内部構造を明確に表示できる。

直接構成素分析は，アメリカ構造主義言語学の特徴的な分析法であり，語の分析だけでなく，文の分析にも使われる分析法である。また，樹形図は，第 11 章で紹介する生成文法の統語論で文の構造を示すのに使われる。

2.3 新語の形成

本章の最初で述べたように，言語の語彙は固定したものではなく，次々と新しい語が作られ変化していく。ここでは，フロムキン他 (Fromkin et al. 2014: 56-57; 351-359) に拠って，新語の作り方をまとめておこう。

(i) 新語（word coinage）

それまで存在しなかった新しい事物が作られると，それに名称がつけられて新しい語ができる。たとえば，Kodak, nylon, Xerox, Band-Aid, Kleenex などである。また，neutron, genome, vaccine などは，新しく創られた科学用語である。

（ii） 人名

人名に基づく語でよく知られているものは, sandwich であろう。『ランダムハウス英語辞典』(CD-ROM 版) は, この語の語源を「4代目 Sandwich 伯爵 (1718-92) の名より；ゲーム好きな彼は食事のためにゲーム卓を離れるのを嫌い, これを食べながら続けたという」と説明している。

（iii） 混成語 (blend) （かばん語ともいう）

2つの語の一部分ずつを結合したものである。よく知られているものは, smog (＜smoke + fog), motel (＜motor + hotel), brunch (＜breakfast + lunch) である。

（iv） 省略 (clipping)

既に存在している語の一部を省略して使用する場合である。mathematics を省略して math, examination を省略して exam, facsimile を省略して fax として使う場合がこの例である。

（v） 頭字語 (acronym)

いくつかの語の最初の字をつなぎあわせると新しい語ができる。以下がその例である。

AIDS: *A*quired *I*mmune *D*eficiency *S*yndrome
NASA: *N*ational *A*eronautics and *S*pace *A*dministration
LED: *L*ight-*E*mitting *D*iode
laser: *l*ight *a*mplification by *s*timulated *e*mission of *r*adiation
radar: *ra*dio *d*etecting *a*nd *r*anging

（vi） 借用 (borrowing)

もちろん外国語からの語彙の借用もある。英語の語彙に含まれている借用語の大部分は, ラテン語・フランス語からのものである。

（vii） 逆成語 (backformation)

派生語は, writer (＜ write + er), killer (＜ kill + er) などのように, 動詞に接尾辞をつけて作るのが普通である。これとは逆に, 既に存在

している語の語尾の -er や -or を接尾辞と勘違いして，その -er や -or を取って動詞を作る場合がある。たとえば，edit という動詞は editor の -or を接尾辞と間違えて作った動詞であり，swindle という動詞も swindler の -er を接尾辞と間違えて作った動詞である。このようにして作った語を逆成語という。

3. 形態論と統語論

　形態論は語を対象にし，統語論は句や文を対象にするのであるが，両者の間には興味深い関係がある。本節では，その点について少しふれておく。

　形態論と統語論の関係を示す現象の1つに，合成語において，その構成素の間に文法関係が存在することがある。たとえば，earthquake という合成語では，earth と quake が構成素であるが，この両者の間には，earth quakes という文に示されるような主語-述語の関係がある。ステージバーグ（Stageberg 1981）では，次のような例が挙げられている。

(25) *Implied Grammatical Structures*　　　*Examples*
　　　1. subject + verb　　　　　　　earthquake (... earth quakes)
　　　　　　　　　　　　　　　　　　crybaby (... baby cries)
　　　2. verb + object　　　　　　　 killjoy (... kills joy)
　　　3. verb + adverbial　　　　　　stopover (... stops over)
　　　　　　　　　　　　　　　　　　downpour (... pours down)
　　　　　　　　　　　　　　　　　　stay-at-home (... stays at home)
　　　　　　　　　　　　　　　　　　underestimate (... estimate under)
　　　4. subject + *be* + adjectival　　high chair (... chair is high)
　　　5. subject + *be* + nominal　　 girl friend (... friend is a girl)
　　　6. subject + *be* + adverbial　　ingroup (... group is in)
　　　7. prepositional phrase　　　　 extrasensory (beyond the senses)

8. adjective modified
   by prepositional phrase   treetop (... top of tree)
9. coordination   give-and-take
                                   (Stageberg 1981: 117, 一部改変)

　形態論と統語論の関係を示すもう 1 つの現象は，動詞とそれから派生される名詞の間には，次のような平行関係があることである。（ここでの議論は Jacobson and Rosenbaum 1971, pp.32-33 に基づく。）

(26) a. Huck believed in minding his own business.
     b. Huck's belief in minding his own business ....
(27) a. *the stone believed in minding its own business
     b. *the stone's belief in minding its own business
(28) a. The manager refused the offer.
     b. The manager's refusal of the offer ....
(29) a. *the manager refused the shortage
     b. *the manager's refusal of the shortage
                        (Jacobson and Rosenbaum 1971: 32-33)

　(26a) と (26b) 及び (28a) と (28b) に見られるように，動詞を使った文が文法的ならば，それに対応する名詞を使った句も文法的である。そして，(27a) と (27b) 及び (29a) と (29b) に見られるように，動詞を含む文が非文法的な場合は，その動詞の名詞形を使った句も非文法的である。
　このように，合成語の構成素間に文法関係が存在すること，あるいは，動詞とその動詞から派生される名詞が共通の文法的特徴を持つこと等は，英語の文法の中できっちりと説明されなくてはならない事柄である。そして，この説明づけを行ったのが生成文法である。
　生成文法の枠組みの中で，このようなことを説明する方法は，いろいろ提案されてきたが，伝統的な（初期の生成文法家が取った）方法

は，文を基本と考え，その文から合成語や名詞を導き出そうとするものである。たとえば，earthquake という合成語は次のようにして派生される。まず，earth と quake という2語を使って the earth quakes という文を作る。そして，この文にある操作を加えて earthquake という合成語を作るのである。(この操作は，文を名詞に変える操作で，名詞化変形といい，後の統語論の章で紹介する変形規則の1つである。詳しくは，統語論の章を参照のこと。) こうすると，earthquake という合成語の構成素 earth と quake の間に主語-述語という関係があることの説明がつくのである。

同じようにして，Huck believed in minding his own business という文をまず作り，次に believe という動詞を belief という名詞形に変え，Huck を Huck's と所有格にするという操作によって，Huck's belief in minding his own business という名詞句を派生する。こうしておくと，元の文が非文法的ならば，その文から派生される名詞句も同様に非文法的であり，上の (27a) と (27b) 及び (29a) と (29b) の対応が説明できる。つまり，*the stone believed in minding its own business という文自体が非文法的であるので，*the stone's belief in minding its own business という名詞句も非文法的なのである。

現在の生成文法では，このような考え方は採用されておらず，別の方法で形態論と統語論の関係が説明されているが，形態論と統語論の相互関係は興味ある問題である。

4. 語　源

少し大きな辞書には，必ず，各語の語源が記載されているはずである。たとえば，England という語を研究社の『新英和大辞典』でひくと，語源が次のように載っている。

ME *Engeland* ＜ OE *Englaland* 《原義》'the LAND of the ANGLEs'

これは，現在の英語の England という語は，ME (Middle English 中期

英語 (1150年～1500年ごろの英語))のEngelandという語に由来し，また，そのEngelandという中期英語の語は，OE (Old English 古期英語 (450年～1150年ごろの英語))のEnglalandという語に由来し，Englalandは，the LAND of the ANGLEs（アングル人の土地）という意味であったということを述べている。(＜…は…に由来するという意味である。)

languageという語の語源はどうであろうか。

《c1280》(O)F *langage* ＜ VL *linguāticum* ← L *lingua* tongue, speech ← IE *dnghū*- 'TONGUE'

これは，languageという語は，OF (Old French 古フランス語)，あるいは，フランス語から英語に借用された語で，元々は，VL (Vulgar Latin 俗ラテン語) の *linguāticum に由来し (* は，推定形の意味で，たぶんこのような形であったろうという推定を示す)，そのVulgar Latin の *linguāticum は，ラテン語のlinguaに由来し，そのlinguaは，tongueかspeechの意味であり，このラテン語のlinguaは原始印欧語の *dnghū- まで遡れるということを述べている。(原始印欧語というのは多くのヨーロッパの言語の祖先の言語である。)

skirtという語の語源は，次のようである。

《a1325》ON *skyrta* 'SHIRT'

これは，skirtという語は，ON (Old Norse 古い時代に北欧で話されていた言語で，現在の北欧諸言語の祖先である) の skyrta に由来する借用語であるという意味である。

このように，英語の語彙にはいろいろな言語からの借用語が入っている。英語の語彙にどの言語からどのような語が借用されたかは，英語の歴史をみなければならないが，だいたい，アングロ・サクソン系の語，つまり，英語本来の語が20%，ラテン語・フランス語（フラ

ンス語はラテン語が変化してできた言語である）の語彙が 60%，その他の外国語からの借用が 20% といわれている。
　英語の語の歴史を調べるには，*Oxford English dictionary*（OED と略す）が便利である。これは，英語の語が，いつごろから，どのような意味で使われ出し，どのように意味が変化していったかを，引用とともに示した，歴史的原理に基づいた辞書である。この辞書を調べれば，ある語が，いつごろから初めて英語の中で使われ出し，いつごろから使われなくなったかという語の一生がわかる。たとえば，linguist という語の項を見ると，linguist という語が，a person who is skilled in the learning or use of foreign languages という意味で初めて文献に現われたのは，1582 年に刊行された聖書であることがわかる。

OED 2nd ed. の linguist の項

a. A person who is skilled in the learning or use of foreign languages. Also fig. and in figurative contexts. In later use freq. with modifying adjective indicating the degree of skill.
1582 Bible (Rheims) 1 Cor. xiv. 457 (margin) Much like to some fond Linguists of our time, who thinke them selues better then a doctor of Diuinitie that is not a Linguist.

（以下省略）

参考文献

Akmajian, Adrian, Richard A. Demers, Ann K. Farmer, and Robert M. Harnish. 2010. *Lingusitics: An introduction to language and communication*. 6th ed. Cambridge, Mass.: The MIT Press.
Fromkin, Victoria, Robert Rodman, and Nina Hyams. 2014. *An introduction to language*. 10th ed. Boston: Wadsworth.
Hockett, Charles F. 1958. *A course in modern linguistics*. New York: Macmillan.
Jacobs, Roderick A., and Peter S. Rosenbaum. 松浪有（訳）．1971.『基礎英語変

形文法 3-4』. 東京：大修館書店.
Stageberg, Norman C. 1981. *An introductory English grammar*. 4th ed. New York: Holt, Rinehart and Winston.
Sweet, Henry. 1891/1960. *A new English grammar: Logical and historical*. London: Oxford University Press.

辞書

Oxford English dictionary

The Random House dictionary of the English language

『ランダムハウス英語辞典』（CD-ROM 版）（小学館）

『新英和大辞典』（研究社）

Webster's third new international dictionary of the English language

第 9 章　統語論（1）
―伝統文法とアメリカ構造主義言語学―

統語論とは

　統語論（syntax）というのは，形態素より上のレベルの句（phrase）や文（sentence）を対象とし，句や文の内部構造を分析したり，句や文がどのようにして生成されるかを明らかにしようとする言語学の分野である。

　統語論という名称は馴染みがないが，一般的には文法と呼んでいるものである。文法という語は，特に生成文法の場合にそうであるが，広く音韻論や形態論も含む場合があるので，統語論という用語を使用するのである。

　統語論は句や文の構造を分析対象とするが，句や文は，単に，語が数珠のようにつながったものではなく，階層構造を持ったものであることを，まず，確認しておこう。たとえば，英語で平叙文を疑問文に変換する操作をみてみよう。（この議論は，Akmajian, et al. 2010, Chapter 5 による。例文は若干改変してある。）

　次の（1）のa～dの文で，上の文は平叙文で，下の文は疑問文である。

　　　(1) a. John can lift 500 pounds.
　　　　　　Can John lift 500 pounds?
　　　　　b. Hamsters are feisty.
　　　　　　Are hamsters feisty?
　　　　　c. They will want to reserve two rooms.

　　　　Will they want to reserve two rooms?
　　　d. Mary has proved several theorems.
　　　　Has Mary proved several theorems?

　(1) の平叙文と疑問文を比較してみると，a では John と can が入れ換わっており，b では hamsters と are が入れ換わっており，c では they と will が入れ換わっており，d では Mary と has が入れ換わっている。このデータを見るかぎり，平叙文から疑問文を作るには，1 番目の語と 2 番目の語を入れ換えればよさそうである。

　しかし，平叙文から疑問文を作るには，単に，1 番目の語と 2 番目の語を入れ換えるという規則では不十分である。次の例文を見てみよう。(文頭の * は，その文が非文法的であることを示す。)

　　(2) a. Yesterday John could lift 500 pounds.
　　　　b. Young hamsters are feisty.
　　　　c. Those people who are standing here will want to reserve two rooms.
　　(3) a. *John yesterday could lift 500 pounds?
　　　　b. *Hamsters young are feisty?
　　　　c. *People those who are standing here will want to reserve two rooms?
　　(4) a. Yesterday, could John lift 500 pounds?
　　　　b. Are young hamsters feisty?
　　　　c. Will those people who are standing here want to reserve two rooms?

入れ換わっているのは主語と動詞あるいは助動詞である。必ず，どの語とどの語がまとまって主語として機能しているかを確認し，その上で，その主語と (助) 動詞を入れ換えることによって疑問文を作るのである。このことから，文は単に語が数珠のように連なったものでは

なく，文には階層構造があることがわかる。

　John, young hamsters, those people who are standing here は，それぞれ，一まとまりとして，主語としての役割を果たしているが，それぞれの句自体にも内部構造がある。young hamsters では，hamsters が中心要素で，young はそれを修飾している語である。those people who are standing here という句では，people が中心要素であり，those は people を修飾する語であり，後続の who are standing here は，それ自体が文構造をもつ，people を修飾しているいわゆる関係節である。

　このように，句や文は構造を持っているが，この構造を分析し，また，句や文がどのようにして生成されるのかを研究するのが統語論である。統語論はその基盤とする文法理論によってさまざまなものが考えられる。本章では，伝統文法とアメリカ構造主義言語学の統語論を紹介する。

1. 伝統文法

　多くの学問がそうであるように，文法の研究もギリシア・ローマ時代にまで遡る。そして，ギリシア・ローマ時代の文法研究の流れをくむのが伝統文法（traditional grammar）である。伝統文法といっても範囲が広いが，おおまかに言って，学校文法（school grammar）と科学的伝統文法（scientific traditional grammar，あるいは，scholarly traditional grammar）に分かれる。

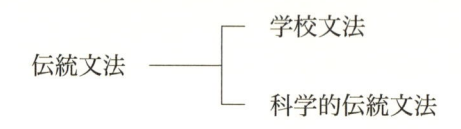

```
                    ┌── 学校文法
  伝統文法 ─────┤
                    └── 科学的伝統文法
```

1.1　学校文法

　学校文法といっても，特定の人物が提案した文法理論があるわけではない。学校文法とは，ギリシア・ローマ時代の文法の伝統を受け継ぎ，今日も学校教育で使われている文法のことであり，今日のような

形は，具体的には，18世紀のイギリスの文法家の文法書にその源を発するといってよいであろう。グリースン (Gleason 1965: 67-79) は次の3人の学者とその文法書を代表的なものとして紹介している。

Joseph Priestly, *The rudiments of English grammar*（1761）
Robert Lowth, *A short introduction to English grammar*（1762）
Lindley Murray, *English grammar adapted to the different classes of learners*（1795）

学校文法の目的は，その名が示すように，英語の正しい使い方を生徒に教えることである。したがって，学校文法の重要な特徴は規範的（prescriptive）であるということである。つまり，こういう言い方はよくない，こういう言い方は正しいと，言葉の使い方を教えることである。それは，時には，現実と遊離してしまう場合もある。文法書で間違った言い方とされている表現が実際に使われていることが多い。たとえば，学校の文法の時間に，我われは，everyone や no one は単数で受けると習う。しかし，実際には，複数形で受ける人が多い。ランゲンドーン（Langendoen 1970: 19）という言語学者によれば，(5a) の文に付加疑問をつける実験を，46人の中学・高校のアメリカ人の英語の教師に対して行ったところ，46人の教師のうち，(5b) のように答えたのが34人，(5c) のように答えたのが12人であったという。

(5) a. Everyone likes me.
    b. Everyone likes me, don't they?
    c. Everyone likes me, doesn't he?

これだけ多くの割合の人が (5b) のように，Everyone likes me, don't they? というのなら，これは，もはや間違いとは言えないであろう。（ランゲンドーンの本が出版された1970年頃には，everyone は he で受けると学校文法は教えていたのであるが，現在では，gender-neutral

の表現である（5b）のような表現が推奨されている。）

　このように，規範的な学校文法では現実の言語を客観的・科学的に記述・分析することは不可能である。そこで，伝統文法の枠組みにあって，文法を客観的・科学的なものにしたのが，後で取り上げる科学的伝統文法である。

1.2　学校文法の統語論―リードとケロッグのダイヤグラム

　学校文法の統語論といっても，確立されたモデルがあるわけではない。ここでは，学校文法でよく教えられるリードとケロッグのダイヤグラム（Reed and Kellog Diagram）による文の分解を取り上げて，学校文法の例としておく。（本節は，Gleason 1965 に基づく。）

　リードとケロッグのダイヤグラムというのは，Alonzo Reed and Brainerd Kellog, *Higher lessons in English* で紹介されている文の分析法である。具体的な見本として（6）の文の分析を（7）に示そう。

(6) The three old ladies upstairs own a boxer dog with a mean temper.

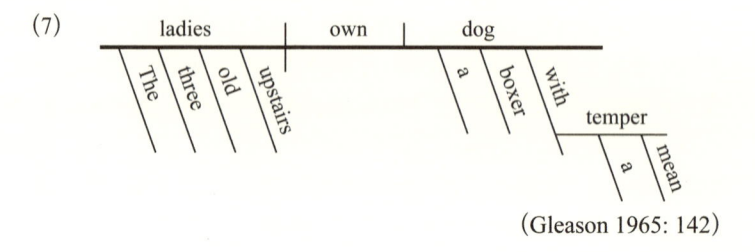

(7)

(Gleason 1965: 142)

　リードとケロッグのダイヤグラムで基本となるのは，base line と呼ばれる太い水平線である。この水平線の上にあるのが文の基本要素であり，水平線の下にあり，斜めの線に沿って書かれているのが，これらの主要要素を修飾する修飾要素である。リードとケロッグのダイヤグラムにおける文の主要要素というのは，主語（subject），動詞（verb），目的語（object），補語（complement）である。補語には主格補語（subjective complement) と目的格補語 (objective complement) がある。図で，ladies と own の間に水平線を突き抜ける垂直線があるが，これは主語と動詞を分ける線である。own と dog の間の垂直線は，水平線を突き抜けていないが，この線は動詞と目的語を分ける線である。

このような各種の線を使って文を分解してその構造を示していくのであるが，基本的な型は，次の4つである。

(8)

Fish	swim		subject—verb (no complements)
Farmers	grow	food	subject—verb—direct object
Grass	is \ green		subject—verb—subjective complement
They	elected / president	Washington	subject—verb— objective complement—direct object

(Gleason 1965: 143)

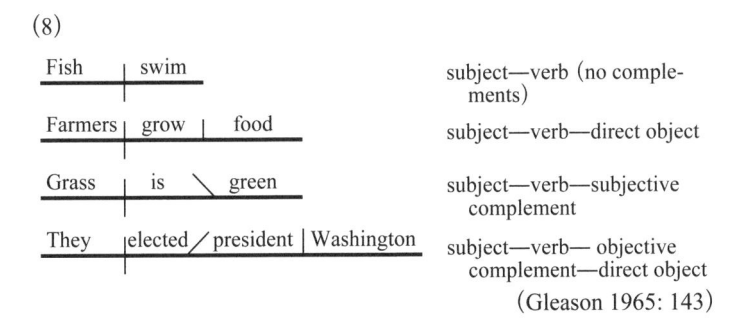

図でわかるように，補語は斜めの線で示される。しかも，主格補語なら，線は主語の方へ傾き，目的格補語の場合は，線は目的語の方へ傾く。注意しなければならないのは，目的格補語は動詞と目的語の間に書かれていることである。(They elected Washington president は They elected president Washington と語順が変わっている。)これは，目的格補語が動詞と目的語の両方と密接な関係にあることを示している。いわば，elect president というのは1つの動詞のようにみなされるのである。

以上の簡単な例でもわかるように，リードとケロッグのダイヤグラムは，文の主要要素とその修飾要素の関係を示すのが主眼であり，語順は重要視されていない。したがって，同じ意味を表すパラフレーズ関係にある2つの文は同じように分解・図示されることになる。たとえば，(9a) と (9b) の2つの文の構造は共に，同じ (10) の図で示される。

(9) a. They took the book away.
　　b. They took away the book.

(10)　They took the book away.　｝
　　　They took away the book.

　　　　　　　　　　　　　　　（Gleason 1965: 144）

2.1　科学的伝統文法

　学校文法は学校で生徒に英語の使い方を教えるための文法であるが，科学的伝統文法は，同じ伝統文法の枠組みの中にありながら，学問として言語を研究しようとするものである。たとえば，スウィート（Henry Sweet）という言語学者は，*A new English grammar* という文法書の中で，まず，文法研究において，実用的なものと理論的なものを明確に区別し，実用的見地からの文法を art of language (p.4)，理論的見地からの文法を science of language (p.1) と定義した上で，理論的見地からの文法の目的について次のように述べている。

> The first business of grammar, as of every other science, is to observe the facts and phenomena with which it has to deal, and to classify and state them methodically.
> （文法の第一の仕事は，他のすべての科学のように，それが取り扱われねばならない事実や現象を観察し，それらを整然と分類し述べることである。）
> 　　　　　　　　　　　　　　　　　　　　（Sweet 1891: 1）

　このような仕事をする文法をスウィートは記述文法（descriptive grammar）と呼ぶ (p.1)。
　学校文法の場合と違って，科学的伝統文法では，規則は事実を述べたものにすぎず，価値は伴わない。スウィートは次のように言っている。

... the rules of grammar have no value except as statements of facts: whatever is in general use in a language is for that very reason grammatically correct. A vulgarism and the corresponding standard or polite expression are equally grammatical – each in its own sphere – if only they are in general use.
(文法の規則は事実を述べたもので，それ以外の価値はない。つまり，ある言語で一般に使われているものは何でも，まさにその理由故に，文法的に正しいのである。粗野な表現も，それに対応する標準的あるいは丁寧な表現も，それぞれの領域において，ただ一般に使用されてさえいれば，同じように文法的である。)

(Sweet 1891: 5)

スウィートの弟子でもあるイェスペルセン (Otto Jespersen) という学者も，*Essentials of English grammar* という本の中で，次のように述べている。

Of greater value, however, than this **prescriptive** grammar is a purely **descriptive** grammar which, instead of serving as a guide to what should be said or written, aims at finding out what is actually said and written by the speakers of the language investigated, and thus may lead to a scientific understanding of the rules followed instinctively by speakers and writers.
(しかしながら，この規範文法よりももっと大きな価値があるのは純粋に記述的な文法である。それは，何を言うべきか，何を書くべきかに関する基準として役立つ代わりに，調査している言語の話し手が実際に言っていることや書いていることを発見するのを目指しており，その結果，話し手や書き手が本能的に従っている規則の科学的な理解に至るのである。)

(Jespersen 1993/1966: 19-20)

2.2　説明文法としての科学的伝統文法

このように，科学的伝統文法は，学校文法とは異なり，まず事実の記述を目指す記述文法であるが，科学的伝統文法は説明文法 (explanatory grammar) でもある。つまり，記述された事実や現象が何故そうなるのかを説明しようとするのである。したがって，科学的伝統文法にとって，記述文法は説明文法の基礎である。

スウィート (Sweet 1891: 2) の考えでは，説明の方法としては，歴史文法的 (historical grammar)，比較文法的 (comparative grammar)，そして，一般文法的 (general grammar) の3つがある。

歴史文法というのは，ある言語の現象をその言語の古い時代へ遡って説明しようとするものである。たとえば，「動詞 go の過去形は went である」というのは，事実の客観的記述である。では，何故 go の過去形が goed ではなく，まったく異なった went なのかの説明は歴史的にできる。went は元々は turn を意味する wend の過去形であったのであるが，それが，go の過去形として用いられるようになったのである。

比較文法的説明というのは，英語の文法の事実を，英語と同系のドイツ語やオランダ語等のゲルマン系の言語と比較して説明しようとするものである。(「英語の発達」の章を参照。)

3つ目の一般文法的説明というのは伝統文法では重要な概念である。一般文法をスウィートは次のように定義している。

> **General grammar** (philosophical grammar), which is not concerned with the details of one special language or family of languages, but with the general principles which underlie the grammatical phenomena of all languages.
> (一般文法（哲学的文法）というのは，1つの特別の言語や語族を対象にするのではなく，すべての言語の文法現象の基盤にある一般的原則を対象とする。)
>
> (Sweet 1891: 3)

個別の英語の一文法現象を研究する時にも，英語の文法内での説明ではなく，常に，その現象が一般文法とどういう関わりを持っているかを考えなければならないというのである。スウィートは，*A new English grammar* の冒頭，文法の定義のところで，次のように言っている。

> From the theoretical point of view grammar is the science of language.
> 　By 'language' we understand languages in general, as opposed to one or more special languages.
> (理論的な見地から言えば，文法は言語の科学（science of language）である。language というのは，1つ，あるいは，複数の特別な言語に対して，言語全般のことである。)
>
> 　　　　　　　　　　　　　　　　　　　　　　（Sweet 1891: 1）

　上の引用において，science of language の language に冠詞が付いていないこと，あるいは，languages と複数形になっていないことに注目しなければならない。
　この一般文法というのは，ギリシア・ローマ時代から続く，伝統文法自体が持つ重要な概念である。
　科学的伝統文法によって学問としての英文法研究が始まったのであるが，グリースン（Gleason 1965: 77）によれば，科学的伝統文法は，後で紹介する構造主義文法や生成文法と違って，明確な理論的枠組みを持たなかった。ギリシア・ローマ時代からの伝統文法にのっとって，英語の文法研究を行なっていたわけであり，中心は，やはり，品詞分類や文の要素の研究である。試しに，手近にある文法書をあけてみるとよい。文法書の大部分が，各品詞論にあてられていることがわかるであろう。

2.3　科学的伝統文法の統語論―イェスペルセン
　科学的伝統文法の統語論といっても，定まった1つの統語論があるわけではない。それぞれの学者が独自の統語論を持っているわけであ

る。ここでは，数多くの科学的伝統文法の統語論の代表例としてイェスペルセン（Otto Jespersen）の文法を取り上げる。

イェスペルセンは，デンマークが生んだ偉大な言語学者である。伝統文法学者ではあるが，生成文法学者が今でも引用することがある文法理論を唱えた人物である。（たとえば，Chomsky 2014: 2 にイェスペルセンへの言及がある。）もちろん，日本の英語学界にも非常な影響を与えた学者である。その業績も多方面にわたっているが，ここでは，統語論に関係した部分，特に，three ranks と junction-nexus を取り上げる。（本節は，イェスペルセンの *The philosophy of grammar* の第 VII 章から第 X 章に基づく。）

2.3.1 Three Ranks

イェスペルセンは，語が組み合わされて結合している時，その中の一語が一番重要で，他の語はそれを修飾したり限定したりする従属的な働きをする語であると考える。イェスペルセンは，この中心となる語を一次語（primary），そして，一次語を修飾したり限定したりする語を二次語（secondary），そして，二次語を修飾したり限定したりする語を三次語（tertiary）と名づける。

たとえば，extremely hot weather では，weather が中心となる語で一次語であり，weather を修飾する hot が二次語であり，hot を修飾する extremely が三次語である。このように，修飾-被修飾という関係によって語を3つのランクに分けるのである。

extremely hot weather のように，名詞＝一次語，形容詞＝二次語，副詞＝三次語というのが典型的な例であるが，決していつもこの等式が成立するわけではない。three ranks は，あくまでも，語結合における語の間の従属関係を表すものであり，名詞が二次語や三次語になることもあるし，また，形容詞が一次語や三次語になることもある。たとえば，(11) の例では，Shelly's, women といった名詞は二次語である。

(11) a. *Shelly's* poem
　　 b. *women* writers

(12) の例では，形容詞が一次語になっている。

(12) You had better bow to the *impossible*.

語結合における従属関係は，(13a) のような句だけでなく，(13b) のような文でも見られる。

(13) a. a furiously barking dog
　　 b. a dog barks furiously

(13a) の a furiously barking dog という句では，dog が一次語，barking が二次語，furiously が三次語であるが，(13b) の a dog barks furiously という文でもこの従属関係は同じであるから，やはり，dog が一次語，barks が二次語，furiously が三次語ということになる。

後で述べるように，この a furiously barking dog と a dog barks furiously は，同じ従属関係は持つが，語の組み合せ方が異なるので，a furiously barking dog の組み合せ方を junction, a dog barks furiously の組み合せ方を nexus と呼んで区別する。(junction は「連結」, nexus は「対結」という訳語があるようであるが（石橋他 1964: 59），一般には junction, nexus という用語をそのまま使用している。)

three ranks は，junction と nexus の両方に適用されるので，両者で呼び名を (14) に示したように変える。

(14)

	junction	*nexus*
一次語	primary	primary
二次語	adjunct	adnex
三次語	subjunct	subjunct

2.3.2 Junction と Nexus

イェスペルセンの文法の中ではこの junction と nexus は重要な概念であるので，もう少し詳しく説明しよう。

a furiously barking dog が junction で，a dog barks furiously が nexus であると言われると，なんとなく junction と nexus の区別がわかるようであるが，junction と nexus の厳密な定義ははっきりしない。一応，junction は修飾-被修飾の関係で，nexus は文のようにも思えるが（『ランダムハウス英語辞典』(CD-ROM 版)では，junciton を「通例，名詞を中心とした修飾・被修飾の関係にある語群」，nexus を「文の構成要素間における主語述語関係」と説明している），必ずしもそうではない。たとえば，イェスペルセンは，(15) の 4 例で，Doctor arrive と Doctor's arrival は同じ関係にあり，nexus と呼べると言っている。

(15) a. The Doctor arrived.
b. I saw that the Doctor arrived.
c. I saw the Doctor arrive.
d. I saw the Doctor's arrival.

イェスペルセンの説明では，junction とは二次語と一次語が一緒になって1つの意味をなすものである。概念的には単一の名で呼べるものが複数の名で呼ばれているのである。イェスペルセンは次のように言っている。

> In a junction a secondary element (an adjunct) is joined to a primary word as a label or distinguishing mark: .... Adjunct and primary together form *one* denomination, a composite name for what conceivably might just as well have been called by a single name .... A junction is therefore a unit or single idea, expressed more or less accidentally by means of two elements.
> (junction においては，二次語 (adjunct) はラベルあるいは区別する

ための印として一次語に結合される。(中略) adjunct と一次語は一緒になって1つの名称を形成する，つまり，たぶん，単一の名で呼んでもわるくないことに対する合成的な名である。(中略) したがって，junction というのは，一個のもの，単一の概念が，多少偶然に，2つの要素でもって表現されたものである。)

(Jespersen 1924/1968: 115-16)

イェスペルセンは，(16) のような例を挙げている。

(16) new-born dog = puppy
    silly person = fool
    female horse = mare
    warm season = summer
    offensive smell = stench

一方，nexus というのは，2つの概念が分離しているものである。イェスペルセンは次のように言っている。

　　A nexus ... always contains two ideas which must necessarily remain separate: the secondary term adds something new to what has already been named.
(nexus はどうしても分離したままでなくてはならない2つの概念を常に含む。二次語は，すでに名をあげられたものに対して何か新しいものを付加するのである。)

(Jespersen 1924/1968: 116)

イェスペルセンは，いろいろな種類の nexus を挙げているが，簡単に，次に例を示しておく。

(17) 1. *the dog barks*　　　　　*Happy the man, whose ...*

2. when *the dog barks*　　　　However great the loss
3. Arthur, *whom* they say *is kill'd*
4. I hear *the dog bark*　　　　he makes *her happy*
5. count on *him to come*　　　with *the window open*
6. *for you to call*　　　　　　violati hospites
7. *he* is believed *to be guilty*　she was made *happy*
8. *the winner to spend*　　　 everything considered
9. *the doctor's arrival*　　　　the doctor's cleverness
10. *I dance!*　　　　　　　　He a gentleman!

　　　　　　　　　　　　　　　(Jespersen 1924/1968: 131)

　(17) の例をみると，nexus というのは，主語-述語の関係を持っていることがわかる。

　1 の the dog barks は，明らかに完全な文であるが，その他の例も，文の一部になってはいるが，すべて，潜在的に，主語-述語の関係を持っている。5 の with the window open には，the window is open という潜在的主語-述語の関係が見られるし，9 の the doctor's arrival にも，the doctor arrives という潜在的主語-述語の関係が見られる。

　これを，後で紹介する生成文法流にいえば，nexus は深層構造で文であったものということができる。たとえば，the doctor's arrival も，the doctor arrives という完全な文から何等かの操作（名詞化変形）を受けて作られたものということである。

　イェスペルセンは，さらに，一語からなる nexus の例も紹介している。たとえば，(18a) の Did they run? という問に対する答えの，(18b) の Yes, I made them は，(18c) の Yes, I made them run と同じであり，them は nexus である。

　　(18) a. Did they run?
　　　　 b. Yes, I made *them*.
　　　　 c. Yes, I made them run.

その他，(19) では，to travel や travelling も，I という一次語が省略された nexus である。

(19) a. I like to travel.
b. I like travelling.

あるいは，(20) では，happiness, activity, temperance それぞれが，he を一次語とする nexus である。

(20) he found happiness in activity and temperance

3. アメリカ構造主義言語学

3.1 アメリカ構造主義言語学とは

言語学研究を支えるもう1つの重要な文法理論は，アメリカ構造主義言語学（American Structural Linguistics）である。この言語学は，1930年代から1950年代に米国でさかんに行われた言語学で，日本の英語学研究，英語教授法も，この言語学から多大の影響を受けたのである。

アメリカ構造主義言語学は，人類学的言語学（anthropological linguistics）とも言われる。これは，アメリカ先住民族の言語・文化の人類学的研究と密接につながっているからであり，また，アメリカ先住民族の言語を研究対象としたところに，ヨーロッパの伝統文法・言語学との決定的な違いを生み出す理由があったのである。

伝統文法は，文字を持つ言語を対象としており，書き言葉が対象になっている。伝統文法の文法書の例文には著名な文学作品からの引用が多い。ところが，アメリカ先住民族の言語は文字を持たないので，話し言葉が対象であり，音声言語を正確に記述するところから言語学者の仕事は始まる。しかも，未知の何も知らない言語である。

伝統文法はギリシア・ローマ時代からの文法理論であるが，ギリシ

ア語やラテン語は英語と同じインド・ヨーロッパ語族に属する言語であり，いわば親戚関係にある言語である。したがって，多少の違いはあっても，ギリシア語やラテン語を分析するために作られた文法で，英語を記述することはできるのである。名詞や動詞は，英語にもギリシア語にもラテン語にもある。ところが，アメリカ先住民族の言語は，ヨーロッパの言語とはまったく異なった言語である。たとえば，ウォーフ（Benjamin Lee Whorf）は，次のような図を示して，英語とアメリカ先住民族の言語の１つであるホピ語の言語の違いを説明している。

客観的な場	話し手（送信者）	聞き手（受信者）	第3者が走ることについての話題のあつかい方
場面 1a.			英語 ……… "HE IS RUNNING" ホピ語 ……"WARI" (RUNNING. 事実の陳述)
場面 1b. 客観的な場は空白 走ることの欠落			英語 ……… "HE RAN" ホピ語 ……"WARI" (RUNNING, 事実の陳述)
場面 2			英語 ……… "HE IS RUNNING" ホピ語 ……"WARI" (RUNNING, 事実の陳述)
場面 3 客観的な場は空白			英語 ……… "HE RAN" ホピ語 ……"ERA WARI" (RUNNING, 記憶による事実の陳述)
場面 4 客観的な場は空白			英語 ……… "HE WILL RUN" ホピ語 ……"WARIKNI" (RUNNING, 期待の陳述)
場面 5 客観的な場は空白			英語 ……… "HE RUNS" (たとえば陸上競技のチームで) ホピ語 ……"WARIKNGWE" (RUNNING, 法則の陳述)

第11図 「時間のある」言語（英語）と「時間のない」言語（ホピ語）の対比。英語における時間的相違は，ホピ語における妥当性の種類の相違である。

(Whorf 1956: 213；有馬 1978: 232)

最も驚異的なことは，時間・速度・物質というような西洋の世界における いろいろな主要概念が，統一ある世界図構成上，必ずしも必要不可欠なものではないということである。と言っても，これらの項目の下に我われが類別している精神的経験は，勿論，なくなるというわけではない。むしろ，我われの経験とは異なる種類の経験から生じたカテゴリーが世界を支配し，それで結構円滑な機能が発揮される，ということである。ホピ語は時間のない言語である，と言えるかも知れない。ホピ語にはベルグソンのいう「持続的時間」に近い心理的時間が認められているが，この「時間」は，我われの物理学で用いられる数学的時間Tとはまったく異質なものである。ホピの時間の特異性としては，個人的なものであること，同時性を認めないこと，ゼロ次元をもつこと，すなわち，1以上の数値をもたないこと，を特に挙げることができる。ホピは，「私は5日間滞在した」と言う代わりに「私は5日目に出発した」と言う。日という語のような，この種の時を指す語は複数化できないのである。時制なしでホピ語の動詞がどうして成り立っているのか，その謎を解いてみようとする人には，パズル絵（第11図，p.232［本書では前ページ］）が知的訓練をあたえてくれるであろう。我われの場合は，図示された5つの定型的な場を区別するのに，単一動詞文では，実際，時制だけでその区別を行なっているのである。時間のないホピ語の動詞では，出来事そのものについての過去・現在・未来の区別は示されない代わりに，話者がその陳述に下記の中のどの型の妥当性を意図しているかが常に示されるのである。(a) 出来事の伝達（場面1, 2, 3）(b) 出来事の期待（場面4）(c) 出来事の一般性または法則（場面5）。同一の客観的場に話者と聞き手が居合わせている1の場合，我われの言語では，現在・過去という1a・1bの二つの条件に細分されるが，この文の伝達性を保証している言語では，その必要はないわけである。
　　　　　　　　　　　　　　（Whorf 1956: 216-217；有馬 1978: 236-237）

　したがって，研究対象の違いから，ヨーロッパの伝統文法とは異なる独自の言語理論をアメリカの言語学者は発展させてきたのであり，それが，アメリカ構造主義言語学なのである。

3.2 アメリカ構造主義言語学の方法論

このようなアメリカ構造主義言語学は、当然のことながら、伝統文法とは違った方法論を採用している。その方法論の特徴のいくつかを伝統文法の場合と比較しながら紹介していこう。

3.2.1 意味の排除

まず第1に、アメリカ構造主義言語学では、意味を分析の手段としては排除したことである。意味というのは主観的であいまいなものである。たとえば、伝統文法における各品詞の定義をみてみると、そのことがよくわかる。

(21) 名詞：人や事物の名を表す語。
　　 形容詞：人や事物の性質・状態・数量などを表す。
　　 動詞：動作・状態などを表す語。

(杉山忠一・戸田豊　1982: 12)

アメリカの代表的構造主義文法家のフリーズ (Charles C. Fries) は、その著 *The structure of English* の中で、次のように、伝統文法の品詞分類の基準のあいまいさを指摘している。

　　Unfortunately we cannot use as the starting point of our examination the traditional definitions of the parts of speech. What is a "noun," for example? The usual definition is that "a noun is the name of a person, place, or thing." But *blue* is the "name" of a color, as is *yellow* or *red*, and yet, in the expressions *a blue tie, a yellow rose, a red dress* we do not call *blue* and *yellow* and *red* "nouns." We do call *red* a noun in the sentence *this red is the shade I want. Run* is the "name" of an action, as is *jump* or *arrive. Up* is the "name" of a direction, as is *down* or *across*. In spite of the fact that these words are all "names" and thus fit the definition given for a noun they are not called nouns in such expressions as "We *ran*

home," "They were looking *up* into the sky," "The acid made the fiber *red*." The definition as its stands – that "A noun is a name" – does not furnish all the criteria necessary to exclude from this group many words which our grammars in actual practice classify in other parts of speech.
（残念ながら，我われの検討の出発点として，伝統的な品詞分類の定義を用いることはできない。たとえば，「名詞」とは何であるのか。通常の定義は，「名詞とは，人や場所や物の名である」ということである。しかし，yellow や red と同じく，blue は色の「名」である。しかし，a blue tie, a yellow rose, a red dress といった表現では，blue や yellow や red は「名詞」とは呼ばない。this red is the shade I want という文の中では，red は名詞という。jump や arrive と同じように，run は行為の「名」である。down や across と同じように，up は方向の「名」である。これらの語はすべて「名」であり，それ故，名詞の定義にあてはまるという事実にもかかわらず，We ran home, They were looking up into the sky, The acid made the fiber red という表現では，それらは名詞とは呼ばれない。「名詞とは名である」という現状の定義は，実際に使用している文法が他の品詞に分類している多くの語をこのグループから除くのに必要な基準を提供しない。）

(Fries 1952/1965: 67)

したがって，アメリカ構造主義言語学では，意味を分析の手段としては使用しないのである。

3.2.2 レベルの分離
アメリカ構造主義言語学の方法論の第2の特徴は厳格なレベルの分離である。言語を分析する時にはいろいろなレベルで行う。つまり，ある言語で，どういう音が使われており，それらの音は，どのように発音されるかを調べるのが音声学のレベルであり，このレベルでは言語の一番小さい単位を扱う。次のレベルが音韻論（音素論と言っても

よい）であり，このレベルでは，個々の言語音ではなく，抽象的な単位の音素を扱う。次に高いレベルは，形態論で，このレベルでは，音素が集まって形成する形態素が単位である。語形成や，語の屈折変化，語の派生なども扱う。一番高いレベルが語が集まって句や文を作る統語論である。アメリカ構造主義言語学ではこのレベルの分離を厳格に行うのである。言語の分析は下のレベルから上のレベルへと順に行なわれる。つまり，音声学のレベルから始めて，音素論のレベルに移り，次に形態論へ移り，最後に統語論のレベルに移るのである。各々のレベルでの分析では，下のレベルの情報は利用するが，上のレベルの情報は利用してはいけないことになっている。

　伝統文法では，このレベルの区別に対してあまり注意を払っていない。たとえば，品詞分類でも，次のようになっている。

　　(22) 名　詞：人や事物の名を表す語。主語・目的語・補語に用いられる。
　　　　形容詞：人や事物の性質・状態・数量などを表す。補語・名詞 の修飾などに用いる。

　　　　　　　　　　　　　　　　　　（杉山忠一・戸田豊　1982: 12）

ここで，名詞の定義の，「主語・目的語・補語に用いられる」かどうかというのは，統語論のレベルの問題である。あるいは，形容詞の定義の中の，「補語・名詞の修飾などに用いる」というのも，統語論のレベルの問題である。意味論と統語論という2つのレベルが混用されている。
　こういう伝統文法のレベルの混用に対して，フリーズは，上に引用した部分に続けて，次のような批判をしている。

　　　In the expressions *a blue tie*, *a yellow rose*, *a red dress*, the words *blue, yellow*, and *red*, in spite of the fact that according to their meanings they are "names" of colors, are called "adjectives," because the adjective is defined as "A word that modifies a noun or a pronoun." A large part of the difficulty here lies in the fact that the two definitions – the definition of the noun and the definition of the adjective – are not parallel. The one for the noun, that "a noun is a name," attempts to classify these words according to their *lexical meanings*; the one for the adjective, that "an adjective is a word that modifies a noun or a pronoun," attempts to classify the words according to their *function in a particular sentence*. The basis of definition slides from meaning to function. For the purposes of adequate classification, the definitions of the various classes must consider the same kind of criteria.

(a blue tie, a yellow rose, a red dress といった表現で, blue や yellow や red という語は, その意味に従えば, 色の「名」であるという事実にもかかわらず,「形容詞」と呼ばれる。なぜなら, 形容詞は「名詞や代名詞を修飾する語」と定義されるからである。ここでの難しさの大部分は, 2つの定義―名詞の定義と形容詞の定義―が平行的でないという事実にある。「名詞とは名である」という名詞の定義は, これらの語をその語彙的意味に従って分類しようとし,「形容詞とは, 名詞や代名詞を修飾する語である」という形容詞の定義は, 語を特定の文におけるその機能に従って分類しようとする。定義の基盤が意味から機能へ移るのである。適切な分類をするためには, いろいろなクラスの定義は同じ種類の基準を守らねばならない。)

(Fries 1952/1965: 67)

3.2.3 分布

このように, 意味を排除し, レベルを厳格に分離したアメリカ構造主義言語学が取った分析手段は何かというと, それは, 分布 (distribution) である。先程のフリーズの品詞分類を例にとろう。フリーズは, 名詞・動詞・形容詞・副詞という用語は使用せず, Class 1 word, Class 2 word, Class 3 word, Class 4 word という用語を使用している。彼の

品詞分類の基準は，決められた文のどの位置にその語がくるかである。たとえば，Class 1 word というのは，The concert was good という文の concert と置き換えられるものをいう。あるいは，Class 2 word とは，The clerk remembered the tax suddenly という文の remembered に置き換えられるものをいう。Class 3 word は，The concert was good の good に置き換えられるものをいう。Class 4 word とは，The clerk remembered the tax suddenly の suddenly に置き換えられるものをいう。

　このように，意味を排除し，レベルを厳格に分離し，分布のみで言語を分析するというのがアメリカ構造主義言語学の方法論の特徴である。ある言語をまず音声学的に調査し，どのような音がどのような環境で使われるかを正確に記述する。次に，それぞれの音の分布を調べ，いくつかの音をまとめて1つの音素にし，その言語にはどのような音素があり，それぞれの音素はどのような異音を持ち，その異音はどのような分布をしているかを調べていくのである。（詳しくは，「第7章 音韻論」参照。）

3.2.4　アメリカ構造主義言語学と言語間の差異

　伝統文法，あるいは，後で紹介する生成文法との対比でふれておかねばならないことは，アメリカ構造主義言語学は言語の類似性（普遍性）よりも違いを強調したことである。伝統文法は一般文法（general grammar）を念頭においていたし，生成文法は言語普遍性（language universals）を前面に押し出している。しかし，アメリカ構造主義言語学は，ヨーロッパの言語とはまったく異なる，ヨーロッパの伝統文法では分析できないアメリカ先住民族の言語をその研究対象として始まったわけであるから，言語の普遍性よりも違いに重点を置くことになったのは当然のことであろう。

　アメリカ構造主義言語学を理論的枠組みとして英語と日本語の対照研究も多くなされているが，狙いは，英語と日本語の違いを明確にし，その成果を英語教育にいかすことである。（逆に，生成文法の枠組みで英語と日本語を対照する時は，系統が異なる二言語の対照研究を通

して，言語の普遍性を探ることに重点が置かれる。詳しくは，「第15章日英語対照研究」参照。)

3.3 アメリカ構造主義言語学の統語論—直接構成素分析

アメリカ構造主義言語学で行われていた文の構造分析は直接構成素分析（Immediate Constituent Analysis，略してIC分析）である。形態論の章で語を直接構成素に分割したように，句や文も直接構成素に分割して，その構造を示すのである。The three old ladies upstairs own a boxer dog with a mean temper という，リードとケロッグのダイヤグラムによる文の分解の説明に使った例文を再び使って直接構成素分析を説明をしよう。この文を，まず，その直接構成素に分割すると，次のようになる。(本節は Gleason 1965 に基づく。)

(23) The three old ladies upstairs | own a boxer dog with a mean temper

次に，the three old ladies upstairs, own a boxer dog with a mean temper それぞれを，直接構成素に分割すると次のようになる。

(24) The three old ladies | upstairs | own | a boxer dog with a mean temper

そして，次々に直接構成素に分割していくと次のようになる。

(25) The | three | old | ladies | upstairs | own | a | boxer | dog | with | a | mean | temper

上に示したのが直接構成素分析と言われるものの1つの方法であるが，この方法であると，句や文の階層構造はわかるが，構成素間の関係はよくわからない。構成素間の関係を明示する直接構成素分析には

いろいろあるが，代表的なものは，Eugene A. Nida, *A synopsis of English syntax* で使われているものである。

ナイダ（Eugene A. Nida）の方法で上の例文の直接構成素分析をすると次のようになる。

(26)
The three old ladies upstairs own a boxer dog with a mean temper.

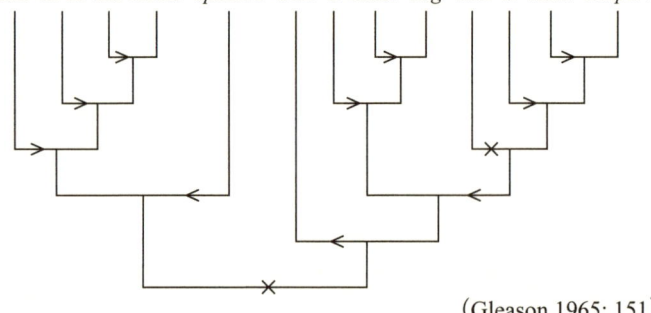

(Gleason 1965: 151)

上の図のように，一つの水平線が一つの構造（construct）を表す。縦の線がその構成素（constituent）である。

構造（construction）には，いろいろな種類があるが，構造のタイプを示すのには4つの記号が使われる。

(i) Modifier-Head Construction (Endocentric Construction)（内心構造）

これは，head の方へ矢印をつけて示す。この構造は内心構造（endocentric construction）とも呼ばれる。これは，この構造全体がその head と同じ統語的働きをするからである。つまり，head が名詞なら構造全体も名詞として働くのである。次に例を示す。

(27)

modifier	head	modifier		
adjective	noun			*new house*
	noun	adjective		*house beautiful*
article	noun			*the man*
	noun	phrase		*street in Boston*
	noun	adverb		*home abroad*
intensifier	adjective			*very fine*
	adjective	phrase		*good for nothing*
adverb	verb			*surely go*
	verb	adverb		*come quickly*
	verb	noun		*drink water*

(Gleason 1965: 152)

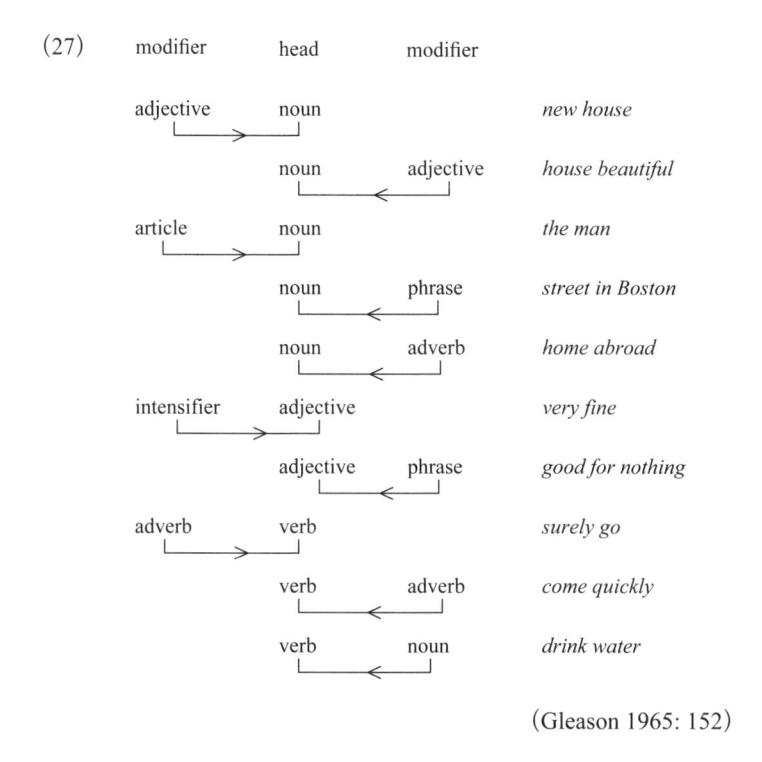

(ii) Exocentric Construction（外心構造）
構造の構成素のどちらもが head でない。X 印で示す。構造全体の統語的機能はいずれの直接構成素のものとも同じではない。

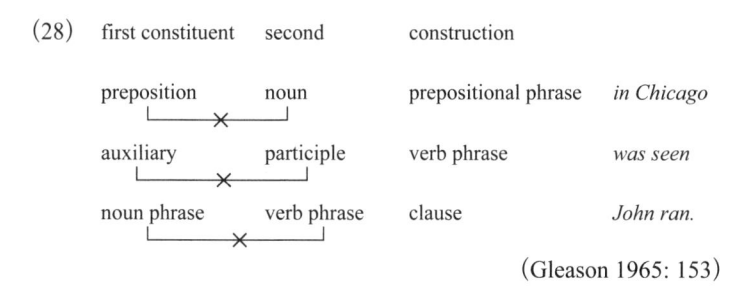

(28)

	first constituent	second	construction	
	preposition	noun	prepositional phrase	*in Chicago*
	auxiliary	participle	verb phrase	*was seen*
	noun phrase	verb phrase	clause	*John ran.*

(Gleason 1965: 153)

(iii) Coordinate Construction（等位構造）
両方の構成素が全体と同じ文法的機能を持つ。＝の印で示す。

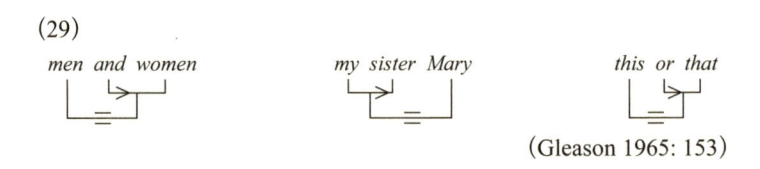

(29)

  men and women   my sister Mary   this or that

(Gleason 1965: 153)

(iv) Paratactic Construction（並列構造）
構成素間の関係・つながりがゆるい。

(30)

  Yes, please.   Sorry, try again.   Slow, children crossing.

(Gleason 1965: 153)

3.4 直接構成素分析における分割の原則

　ある文の直接構成素分析が正しく満足すべきものとなるには，構造を正しく分割していくための納得のいく一貫した手順が確立されていなければならない。さらに，この分割は，一貫したもので，その言語の重要な型を反映していなくてはならない。

　グリースン（Gleason 1965: 159-160）は，フリーズが *The structure of English* の中で示した分割の規則の一般的アウトラインを次のように要約している。

(i) sequence signal のところで分割せよ。

 However, | that is probably the best he can do.
 In any case, | I won't do it.

(ii) 文頭にある副詞節を分割せよ。

If you, go, | *I'll be left alone.*
When he dies, | *his son will be a millionarire.*

(iii) 主語と述語の間で分割せよ．

Albert | *was certainly the outstanding student in the class.*
That funny old man with the long white beard | *tripped.*

(iv) 主語の head noun の修飾語を 1 つずつ分割せよ．

(a) まず，名詞の後にくる修飾語で，もっとも離れているものから．

that funny old men | *with the long white beard*
someone |₂ *there* |₁ *who can take care of it*

つまり，

someone there | *who can take care of it*

次に

someone | *there*

(b) 次に，名詞の前にくる修飾語で，もっとも離れているものから．

that |₁ *funny* |₂ *old* |₃ *man*
his brother's |₁ *very efficient* |₂ *secretary*

(v) 述語の verb head の修飾語や補語を 1 つずつ分割せよ．

(a) まず，動詞の前にあって，もっとも離れているものから．

certainly | *saw him yesterday*
probably |₁ *never* |₂ *would* |₃ *have* |₄ *done that*

(b) 次に，動詞の後にあって，もっとも離れているものから．

done | *that*
saw |₂ *him* |₁ *yesterday*

(vi) 同様の手順で，先に 1 つの単位として扱われた単語のグループを細分割していけ．

very | *efficient*
my | *brother's*

3.5 直接構成素分析の問題点

直接構成素分析にはいろいろな問題点がある．一例として，(31)

の文の直接構成素分析を考えてみよう。

　(31) They elected Washington president.

フリーズが示した原則に従うと (32) のように分割すべきである。

　(32) elected Washington ｜ president

しかし，この文では，elected ... president が 1 つの意味的まとまりをもち，Washington は，elected ... president と関係がある。文の意味からは，(33) のように分割すべきである。

　(33) elected ... president ｜ Washington

しかし，直接構成素分析ではこのような分析は困難である。
　あるいは，(34) の両文は，同じ直接構成素分析を受けるが，(34a) では John が please の意味上の目的語であること，(34b) では John が please の意味上の主語であることを説明できない。

　(34) a. John is easy to please.
　　　 b. John is eager to please.

　以上紹介してきたアメリカ構造主義言語学は，1930 年代から 1950 年代に，音韻論（音素論と言ってもよい）や形態論の分野においてめざましい発展をした。日本の英語学研究もアメリカ構造主義言語学から多大な影響を受けた。しかし，統語論における直接構成素分析にはここで述べたような問題点があったのである。この統語論における限界を克服するためには，新たな言語観に基づく文の分析法が提案されなければならなかったのである。そして，生成文法 (generative grammar) という新たな文法理論を提案したのがノーム・チョムスキ

―(Noam Chomky)である。現在,アメリカ言語学界の主流となっているのはチョムスキーが提唱している生成文法であり,日本の英語学研究も,多くは,生成文法によってなされている。

参考文献

Akmajian, Adrian, Richard A. Demers, Ann Farmer, and Robert M. Harnish. 2010. *Linguistics: An introduction to language and communication*. 6th ed. Cambridge, Mass.: The MIT Press.
Chomsky, Noam. 2014. Minimal recursion: Exploring the prospects. In *Recursion: Complexity in cognition*, ed. by Thomas Roeper and Margaret Speas, 1-15. New York: Springer.
Fries, Charles Carpenter. 1952/1965. *The structure of English: An introduction to the construction of English sentences*. London: Longmans.
Gleason, H. A. 1965. *Linguistics and English grammar*. New York: Holt, Rinehart and Winston, Inc.
石橋幸太郎・桃沢力・五島忠久・山川喜久男.1964.『O. イェスペルセン』(不死鳥英文法ライブラリ 10).東京:南雲堂.
Jesperson, Otto. 1924/1968. *The philosophy of grammar*. London: George Allen & Unwin Ltd.
Jespersen, Otto. 1933/1966. *Essentials of English grammar*. London: George Allen and Unwin Ltd.
Langendoen, D. Terence. 1970. *Essentials of English grammar*. New York: Holt, Rinehart and Winston, Inc.
Lowth, Robert. 1762. *A short introduction to English grammar*.
Murray, Lindley. 1795. *English grammar adapted to the different classes of learners*.
Nida, Eugene A. 1966. *A synopsis of English syntax*. 2nd and revised edition. The Hague: Mouton & Co.
Priestley, Joseph. 1761. *The rudiments of English grammar*.
杉山忠一・戸田豊.1982.『新高校英文法』.東京:三省堂.
Sweet, Henry. 1891/1960. *A new English grammar: Logical and historical*. London: Oxford University Press.
Whorf, Benjamin Lee. 1956. *Language, thought, and reality: Selected writings of Benjamin Lee Whorf*, ed. by John B. Carroll. Cambridge, Mass.: The MIT

Press.
有馬道子（訳）．1978.『言語・思考・実在―ベンジャミン・リー・ウォーフ論文選集』．東京：南雲堂

辞書
『ランダムハウス英語辞典』（CD-ROM 版）（小学館）

第 10 章　統語論（2）
―生成文法―

1.　生成文法

　現在の英語学研究を支える文法理論はノーム・チョムスキー（Noam Chomsky）の提唱する生成文法理論（generative grammar）である。チョムスキーはペンシルバニア大学でゼリグ・ハリス（Zellig Harris）という著名な学者の下で言語学を修めた人であるが，彼は，要素の分布の研究や要素の目録作成といったことばかりをするアメリカ構造主義言語学の限界をさとり，まったく新しい考え方からの言語理論を提唱した。それが，生成文法理論と呼ばれるものであり，公式の出発点は，チョムスキーが *Syntactic structures* という本を出版した 1957 年とされている。

1.1　生成文法の目標

　生成文法の目標は言語能力（competence），言語運用（performance），言語獲得（language acquisition）のモデルを作成することである。

　言語能力とは，我われが脳の中に内在化（internalize）して持っている抽象的な言語に関する知識のことを言う。たとえば，英語を母語とする人なら，(1a) の文は英語の文として間違っており，(1b) の文は英語の文として正しいことを，直観的に，たとえその理由がわからなくとも判断できる。

(1)　a.　*That there are porcupines in our basement seems to me
　　　b.　It seems to me that there are porcupines in our basement
　　　　　　　　　　　　　　(Kiparsky and Kiparsky 1970: 145)

あるいは，(2a) の文が2通りに解釈できることも直観的にわかる。つまり，(2a) の文は，(2b) のようにも，(2c) のようにも言い換えられることが英語母語話者にはわかっているのである。

    (2) a. Flying planes can be dangerous.
        b. To fly planes can be dangerous.
        c. Planes which are flying can be dangerous.

あるいは，(3a) と (3b) は同じような形をした文であるが，(3a) では意味的に John が please の目的語であり，(3b) では意味的に John が please という行為を行う主語であり，please という行為の対象は John 以外の誰かであるということも，直観的にわかる。

    (3) a. John is easy to please.
        b. John is eager to please.

あるいは，(4a) と (4b) の2つの文が同じ意味を表すことは，学校の文法の時間に能動文とか受動文とかについて学ばなかった人でも知っている。

    (4) a. John loves Mary.
        b. Mary is loved by John.

あるいは，(5a) では him は Algernon のことを指すが，(5b) では he は Algernon のことを指さないことを直観的に判断できる。

    (5) a. **Algernon** killed the mosquito which bit **him**.
        b. **He** killed the mosquito which bit **Algernon**.

(Langacker 1969: 168)

あるいは，英語を母語とする人なら誰でも，今までに聞いたことも見たこともないまったく新しい文を自分で次々と作り出せるし，また，聞いても理解できる。理論的には無限に長い文を作り出せるはずである。たとえば，(6) の文は ... の部分を無限に長くしていける。

(6) A dog chased a cat which chased a mouse which ...

英語の母語話者が，ある文が正しいか間違っているか，2つの文が同じ意味を表すかどうか，あるいは，ある文が何通りに解釈できるか等を，その理由づけができなくとも直観的に判断できるのは，また，今までに聞いたことも見たこともない新しい文を理解できるのは，英語の母語話者が，人間の言語というものに関する，あるいは，英語という言語に関する知識を自分の脳の中に内在化して持っているからであると考える。このような母語話者が脳の中に内在化して持っている言語に関する抽象的な知識（internalized knowledge of language）を言語能力（competence）と呼び，この言語能力がどのようなものであるかというモデルを作成するのが生成文法理論の目標の1つなのである。

このような抽象的な内在化された言語知識を指す言語能力に対して，実際の言語の使用は言語運用（performance）として区別される。我われが実際に言語を使用する時には，言い間違ったり，あるいは，記憶力の限界でそう長い文を使ったり理解できるわけではない。したがって，言語能力とその言語能力を使った言語運用は区別しなければならないのである。この言語運用のモデルを作成するのも言語学者の仕事である。

生成文法理論のもう1つの目標は言語獲得（言語習得）(language acquisition) のモデルを作成することである。子どもは，生まれてから何年かたつと，自然に言語を身につける。それは，誰かが教えるわけではなく，周囲で言語が話されている状況に置かれれば自然に身につくものである。周囲で日本語が話されていれば日本語を身につけるし，周囲で英語が話されていれば英語を身につける。あるいは，日本

に滞在しているアメリカ人の家庭では子どもは英語と日本語を同時に母語として身につけるであろう。しかも，周囲で話されている言葉は文法的に正しい完全な文ではない。不完全な文，間違った文等を聞きながら，子どもは英語や日本語の文法を身につけていくのである。こうした驚異的な子どもの言語獲得能力はどのようなものであろうか。その言語獲得のモデルを作成するのも言語学者の仕事である。(子どもは教えられて言語を身につけるのではないことから，最近では，language acquisition を「言語習得」ではなく「言語獲得」と訳す。)

1.2 生成文法の方法論

このような極めて抽象的な内在化された言語の知識（言語能力）のモデルを作成しようとするならば，構造主義言語学のように表面的な観察や分類や分布の研究のみを行っていたのでは不可能である。データの分類・分布の研究だけをやっていても，その言語の文法を発見することはできない。方法論そのものを考えなおす必要がある。

チョムスキーが採用した方法論は近代科学の方法論である。科学的伝統文法学者も構造主義言語学者も自分達の学問を「科学的」と言ったが，それは，客観的に事実を記述するという意味での「科学的」である。生成文法は，方法論が「科学的」なのである。

近代科学の方法論というのは仮説演繹法と呼ばれる。まず，あるデータが与えられるとする。すると，科学者はそのデータを説明できるような仮説をたてる。次に，このような仮説があるのなら，こうなるはずだという演繹（deduction）をする。そして，演繹して出てきた結論と別のデータとを照合してみる。もし，演繹して出てきた結論とデータが一致すれば，その仮説は正しいとみなす。もし，演繹して出てきた結論とデータとが一致しなければ，仮説が間違っているのであり，もう一度，仮説をたてなおす。たてなおした仮説に基づいて，再び，演繹して，その結論と新たなデータとを照合してみる。結論とデータとが一致すれば，たてなおした仮説は正しいとみなす。一致しなければ，再び，仮説をたてなおす。図解すれば次のようになる。

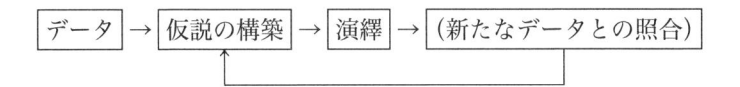

データ → 仮説の構築 → 演繹 → （新たなデータとの照合）

　ヘンペル（Hempel 1965: 365）から，例を借りて具体的に説明する。井戸水をポンプで汲み上げる時，水は10mの高さにまでしか上がらない。これが最初のデータである。このデータを説明するために，次のような仮説をたてる。井戸水を10mの高さにまでしか汲み上げられないのは，水面を押している空気の圧力と10mの高さの水とが釣り合うので，10mまでしか水は上がらないのである。この仮説があるのなら，次のような演繹ができるはずである。水を水銀とおきかえれば，水銀の比重は水の14倍であるから，10m/14で，約70cmの高さの水銀柱と空気の圧力とが釣り合うはずである。この演繹結果と実際のデータが一致すれば，前にたてた仮説が正しいことになる。そして，この演繹結果通りのデータが得られることは，トリチェリの実験で我々はよく知っている。
　このトリチェリの例を上の仮説演繹法の図式にあてはめると次のようになる。

　データ：井戸の水をくみ上げるくみ上げポンプは，井戸の水面から
　　　　　9.8m以上に水を上げない。
　仮　説：水は，井戸の表面の圧力がその表面における外界の空気の
　　　　　圧力に等しい点まで上昇することができる。
　演　繹：もし水を水銀によっておき換えるならば，水銀の比重は水
　　　　　の約14倍であるから，空気は9.8/14m，あるいは約0.7m
　　　　　の水銀の柱と釣り合うはずである。
　検　証：トリチェリの実験（予測通りの結果）

　この方法を採用しなければ言語能力のモデルを作成することは不可能であろう。なぜなら，我々は脳の内部のことはわからないからで

ある。我われが発する文，我われが犯す誤り，子どもの言語獲得などをデータとして，これらのデータを説明できる仮説をつくり，言語能力はこのようなものであろうと考え，そして，その仮説に基づいて演繹をして，新たなデータでその仮説を検証していくのである。その仮説で我われの言語行動をすべてうまく説明できるのなら，その仮説は我われが脳の中に持っている文法のモデルであるとみなすことになる。

1.3 普遍性の追求

構造主義言語学は言語間の差異を強調したが，生成文法は言語間の類似性，というよりも，人間言語に普遍的に存在するものを追求する。子どもが周囲で話されている不完全な文や誤りに満ちた発話を資料にして自然に母語の文法を獲得するのは，子どもが生まれながらにして人間の言語の文法はこうあるべきであるとか，人間の言語の文法はこのような条件や制約に従わねばならないとか，そういうことを（無意識に）知っているからであると考える。生成文法の大きな目標はこうした人間言語に共通する普遍的な条件・原理・制約を明らかにすることである。

2. 生成文法の統語論（標準理論）—規則の体系としての文法

すでに紹介したように，生成文法は，ノーム・チョムスキーが提唱している言語理論であり，公式には，1957年の *Syntactic structures* の出版を出発点としている。それから半世紀以上がが過ぎ，生成文法理論もいろいろ修正され発展してきた。現在では，原理と変数の理論（Principles and Parameters Approach）あるいは極小理論（Minimalist Program）と呼ばれる理論が主流となっているが，本章では，まず，標準理論（Standard Theory）と呼ばれる初期の生成文法の統語論を紹介し，その後，原理と変数の理論と極小理論を紹介する。

2.1 標準理論

標準理論は，チョムスキーの1965年に出版された *Aspects of the*

theory of syntax の中にまとめられたもので，*Aspects*-Model とも呼ばれる。

標準理論では言語を有限個の規則の集合と考える。したがって，有限個の規則の集合を我われは脳の中に内在化していることになる。そして，文法（これは広い意味で使っている。我われが一般に文法と言っている分野は，生成文法では，統語論（syntax）と呼んでいる）は次のような仕組みになっていると仮定する。

標準理論のモデル

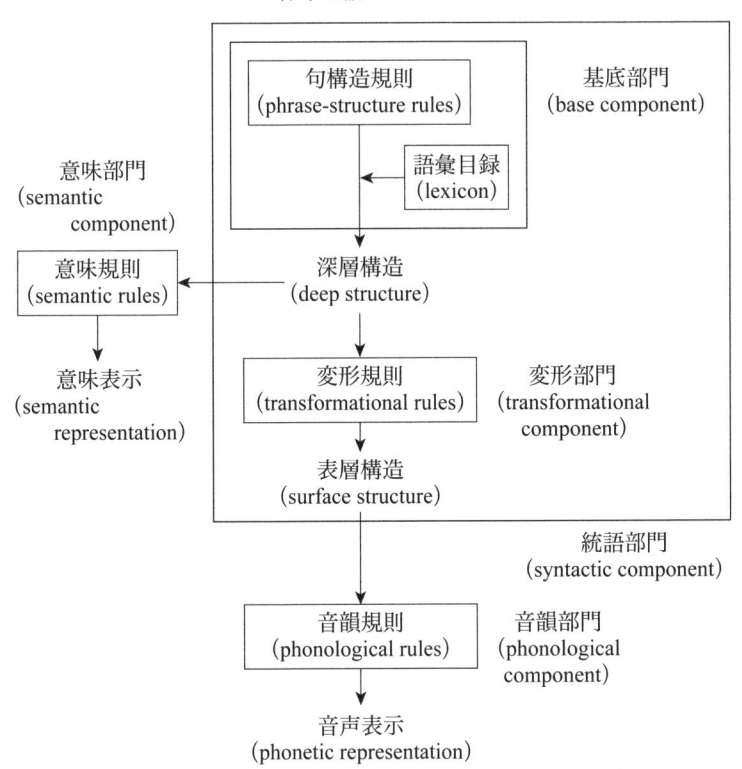

```
                    ┌─────────────────────────────────────┐
                    │   ┌──────────────────┐              │  基底部門
                    │   │   句構造規則      │              │  (base component)
                    │   │(phrase-structure │              │
                    │   │     rules)       │              │
  意味部門           │   └────────┬─────────┘              │
  (semantic         │            │   ┌──────────────┐     │
   component)       │            └──←│  語彙目録    │     │
                    │                │  (lexicon)   │     │
                    │                └──────────────┘     │
  ┌──────────────┐  │            ↓                        │
  │  意味規則    │←─┼──  深層構造                          │
  │(semantic rules)│ │    (deep structure)                 │
  └──────┬───────┘  │            │                        │
         ↓          │   ┌────────▼─────────┐              │  変形部門
    意味表示         │   │   変形規則       │              │  (transformational
   (semantic       │   │(transformational │              │    component)
   representation) │   │     rules)       │              │
                    │   └────────┬─────────┘              │
                    │            ↓                        │
                    │       表層構造                       │
                    │    (surface structure)              │
                    └────────────┼────────────────────────┘
                                                              統語部門
                                                         (syntactic component)
                                 │
                        ┌────────▼─────────┐              音韻部門
                        │   音韻規則       │              (phonological
                        │(phonological     │                component)
                        │    rules)        │
                        └────────┬─────────┘
                                 ↓
                            音声表示
                       (phonetic representation)
```

それぞれの部門は，当然，有限個の規則の集合である。こうした有限個の規則を使って，次々と無限の数の新しい文を作ったり理解できるのである。（これを infinite use of finite rules という。）

構造主義言語学ではレベルの分離を厳密に守ったが，生成文法ではレベルの区別は行わない。統語論の分析で，音韻面からの情報も意味面からの情報も使用する。構造主義言語学のように意味を排除することもしない。

2.1.1 基底部門

モデルが示すように，標準理論の統語論の出発点は基底部門（base component）である。基底部門は句構造規則（phrase-structure rule）と語彙目録（lexicon）からなっている。

句構造規則は，文を生成するための基本となる規則で，次のような形式をしている。

(7) (i)　S　　　→　NP Aux VP
　　(ii)　Aux　　→　Tense
　　(iii)　Tense　→　$\begin{cases} \text{Past} \\ \text{Present} \end{cases}$
　　(iv)　NP　　→　(Det) N
　　(v)　VP　　→　V (NP) (PP)
　　(vi)　PP　　→　P NP

矢印の左側には1つの記号のみ，右側にはいくつ記号がきてもよい。S とは Sentence（文），Aux は Auxiliary（助動詞），NP は Noun Phrase（名詞句），N は Noun（名詞），VP は Verb Phrase（動詞句），V は Verb（動詞），Det は Determiner（限定詞），PP は Prepositional Phrase（前置詞句），P は Preposition（前置詞）の略である。(determiner は，the や a といった冠詞，this や that といった指示詞，my や his といった所有格代名詞などである。）

上の規則は，S → NP Aux VP ならば，S は NP と Aux と VP とからなる，あるいは，S を NP と Aux と VP で書き変えよ，と読める。（したがって，句構造規則は，書き変え規則（rewrite rule）とも呼ばれる。）(iii) で，Past と Present が { } でくくってあるが，これは，Past か Present かどちらかを選びなさいという意味である。(iv) で，Det が ( ) で囲まれているが，これは，任意の要素を表し，選んでも選ばなくともよいという意味である。したがって，(iv) の規則は，実際には，次の 2 つの規則を 1 つにまとめたものである。

(8) a. NP → N
　　b. NP → Det N

同様に，(v) の規則も次の 4 つの規則を 1 つにまとめたものである。

(9) a. VP → V
　　b. VP → V NP
　　c. VP → V PP
　　d. VP → V NP PP

　では，この句構造規則を順に展開してみよう。句構造規則を展開する時には樹形図（tree structure, tree diagram）の形で表示するとわかりやすい。まず，(i) の規則を展開してみる。

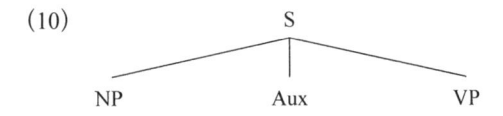

(10)　　　　　　　　S
　　　　　　┌──────┼──────┐
　　　　　NP　　　Aux　　　VP

次に，(ii) の規則を展開する。

(11)
```
        S
    ／  │  ＼
   NP  Aux  VP
        │
       Tense
```

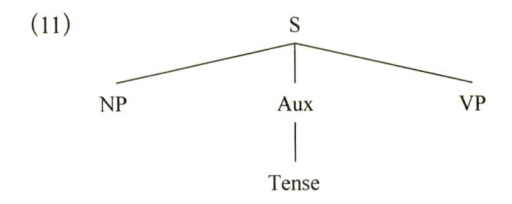

次に，(iii) の規則を展開してみる。Tense → Present の方を選んでみる。

(12)
```
        S
    ／  │  ＼
   NP  Aux  VP
        │
       Tense
        │
      Present
```

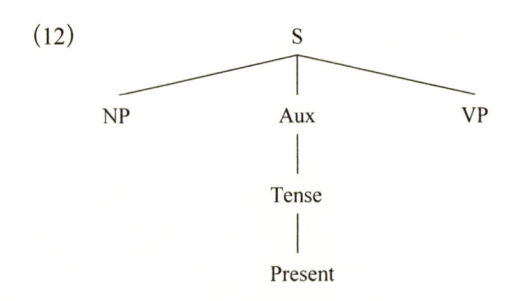

次に，(iv) の規則を展開する。

(13)
```
            S
       ／   │   ＼
      NP   Aux   VP
     ／＼   │
   Det  N  Tense
            │
          Present
```

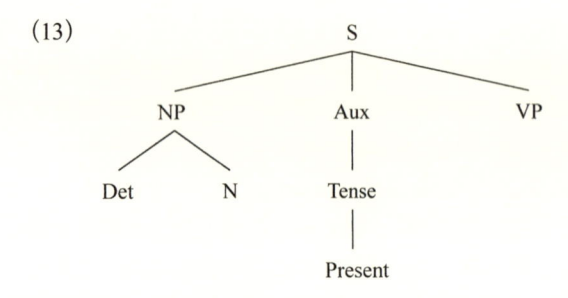

次に，(v) の規則を展開する。

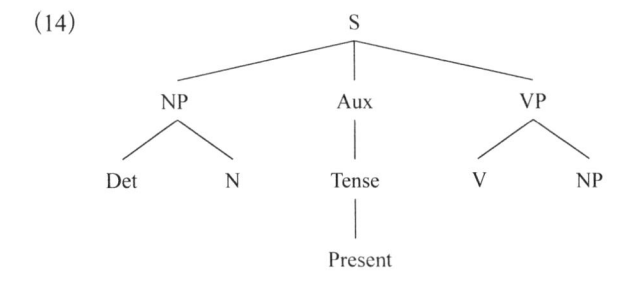

(14)
```
            S
     ┌──────┼──────┐
    NP     Aux     VP
   ┌─┴─┐    │    ┌─┴─┐
  Det  N  Tense  V   NP
          │
        Present
```

樹形図に NP という記号があるので，もう一度，(iv) の規則を適用する。

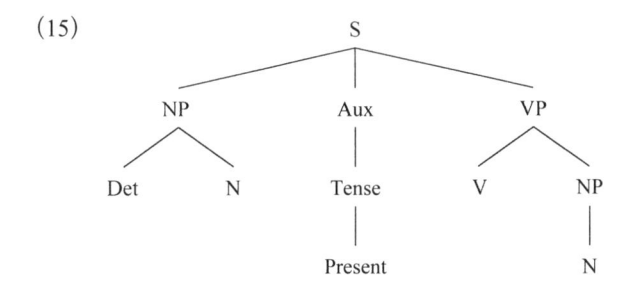

(15)
```
            S
     ┌──────┼──────┐
    NP     Aux     VP
   ┌─┴─┐    │    ┌─┴─┐
  Det  N  Tense  V   NP
          │          │
        Present      N
```

句構造規則は矢印の左側に現れる記号がなくなるまで適用していく。(15) の樹形図にはもう句構造規則は適用できない。次の段階はこの樹形図に語を挿入してやることである。

それぞれの言語には，語彙目録（lexicon）というものがある。これは，やさしく言えば辞書であり，我々が日常使用する辞書と同じように，その言語で使われる語がそれぞれの語の発音に関する情報，統語上の特徴に関する情報，意味に関する情報とともに，すべてリスト・アップされている。この語彙目録から語（専門的には語彙項目（lexical item）という）を選んで，上の樹形図に挿入してやると，次の (16a) ように，英語の文がその構造とともに示されることになる。

(16) a.

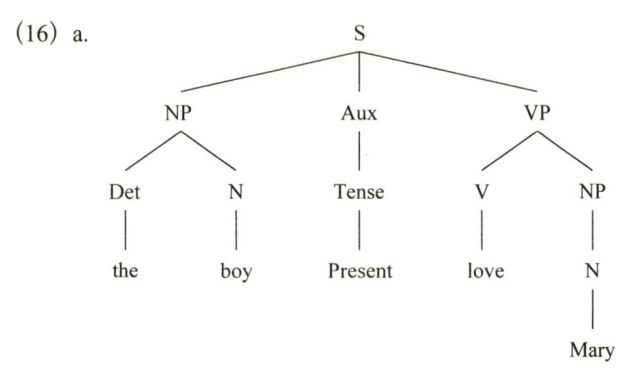

```
              S
    ┌─────────┼─────────┐
   NP        Aux        VP
  ┌─┴─┐       │       ┌──┴──┐
 Det   N    Tense     V     NP
  │    │     │        │     │
 the  boy  Present   love   N
                            │
                           Mary
```

b. The boy loves Mary.

　(16a) の構造に，後で紹介する変形部門で，Affix Hopping という時制（Present や Past など）を動詞の右側へ移動させる変形規則を適用して Present を love の右側に移動し，別の規則で love+Present を loves に変えると（16b）の文が派生できる。

　語彙目録から語を選んで樹形図に挿入するのであるが，何か取り決めをしておかないと，語が勝手な場所に挿入されて，次のような文が生成される可能性がある。

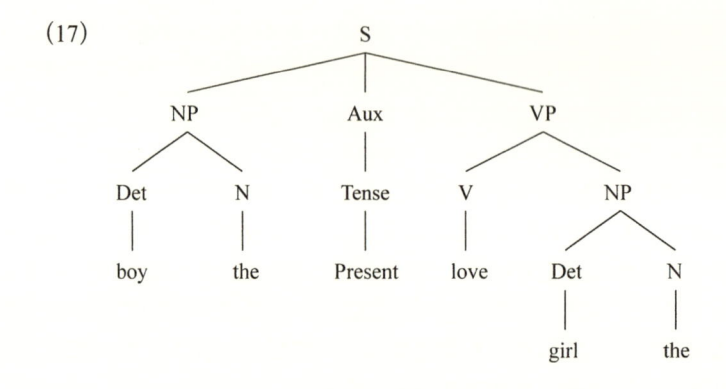

(17)
```
              S
    ┌─────────┼─────────┐
   NP        Aux        VP
  ┌─┴─┐       │       ┌──┴──┐
 Det   N    Tense     V     NP
  │    │     │        │    ┌─┴─┐
 boy  the  Present  love  Det  N
                           │   │
                          girl the
```

(18)
```
              S
      ┌───────┼───────┐
      NP     Aux      VP
    ┌─┴─┐     │    ┌───┴───┐
   Det  N   Tense  V       NP
    │   │    │     │     ┌─┴─┐
   the iron Present love Det  N
                         │   │
                        the girl
```

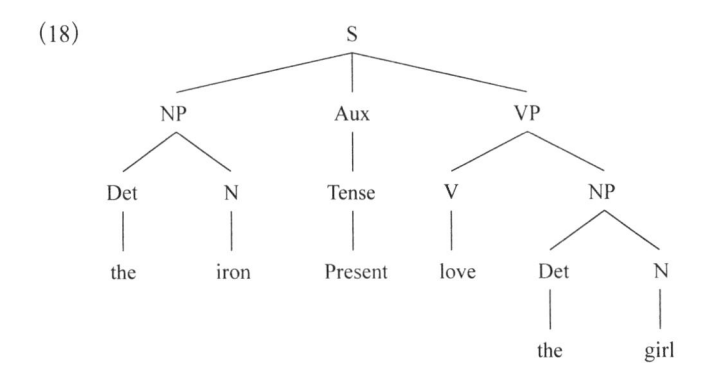

(19)
```
              S
      ┌───────┼───────┐
      NP     Aux      VP
    ┌─┴─┐     │    ┌───┴───┐
   Det  N   Tense  V       NP
    │   │    │     │     ┌─┴─┐
   the boy Present sleep Det  N
                         │   │
                        the baby
```

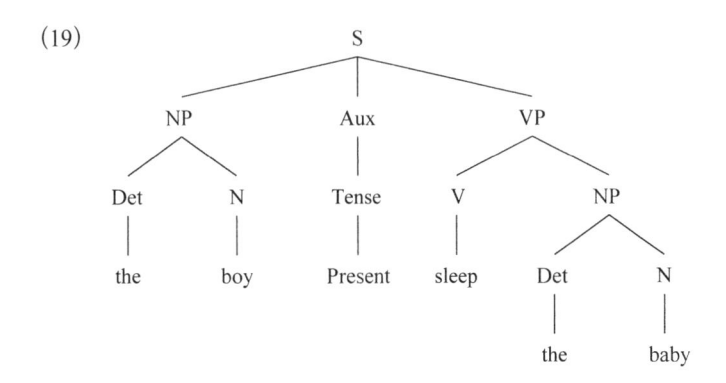

いずれも英語としては間違った文である。このような非文法的な文が生成されないように，語彙目録に語を記載する時に工夫をしておく。英語の語彙目録は次のような形式で各語が記載されている。

(20) baby: Noun, [+Human], [−Adult], ...
　　　boy: Noun, [+Human], [+Male], [−Adult], ...
　　　girl: Noun, [+Human], [−Male], [−Adult], ...
　　　iron: Noun, [−Animate], ...
　　　love: Verb, [+ [+Animate___]], [+___NP], ...
　　　sleep: Verb, [+ [+Animate]___], [−___NP], ...

第 10 章　統語論(2)　209

the:　Determiner, [+Definite], ...

Determiner, Noun, Verb というのは，品詞分類であり，その語がどういう品詞かを示す．我々が使う辞書でも必ず品詞が示してある．[+Definite] というのは the が定冠詞であることを示す．[+Human], [+Male], [+Animate] は，その語の意味特性を示す．つまり，boy は，人間で，男性で，未成年という意味である．(詳しくは，意味論の章を参照のこと．) love の項の [+[+Animate]＿＿] は,選択素性 (selectional feature) と呼ばれ，love という動詞は主語として [+Animate] の特性を持った名詞が必要である，つまり，生物を表す名詞が主語でなければならないことを示している．下線部のところに love が入るという意味である．love の [+＿＿NP] や sleep の [−＿＿NP] は厳密下位範疇化素性 (strict subcategorization feature) と呼ばれ，love は後ろに NP がくる場合に使え (すなわち，目的語をとる他動詞であることを示す)，sleep は後ろに NP がこない場合に使える (すなわち，自動詞であることを示す) ということを示す．

　語を語彙目録から選んで樹形図に挿入する時はこうした特性に合うように樹形図に挿入していけばよいことになる．the は Determiner であるから Det の下に挿入する．boy は Noun であるから N の下に挿入する．love は [+[+Animate]＿＿] という特性を持っているから主語に [+Animate] の特性を持った名詞がある樹形図に挿入する．sleep は目的語の NP がない樹形図に挿入する．このようにすれば非文法的な英語の文は生成されないはずである．

　これで樹形図が完成したのであるが，生成文法では，句構造規則を適用し，語彙目録から語を選んで挿入した段階の構造を深層構造 (deep structure) と呼んでいる．

　さらに，ここで，生成文法で使う用語をいくつか紹介しておこう．これまでに見たような樹形図は正式には句構造標識 (Phrase-marker あるいは P-marker) と称する．S, NP, Aux, VP, Det, N, V 等は，木が枝分かれしている様にならって，節点 (node) という．そして，上

第10章　統語論(2)　*211*

　下の枝でつながれている節点があれば，上の節点は下の節点を支配 (dominate) しているという。たとえば，(21) の樹形図では，S は，NP_1, Det_2, N_1 を支配している。なぜなら，S—NP_1—Det_1, S—NP_1—N_1 と上下の枝でつながっているからである。同様に，S は Aux, VP, V, NP_2, Det_2, N_2 を支配している。しかし，NP_1 は VP を支配していない。なぜなら，NP_1 と VP は上下の枝でつながっていないからである。支配関係のうち，2つの節点が，間に第3の節点が介在することなしに，直接，枝でつながっている時には，上の節点は下の節点を直接支配 (immediately dominate) しているという。(21) の樹形図では，S は NP_1 を直接支配しているし，また，S は Aux, VP を直接支配している。また，VP は V と NP_2 を直接支配している。

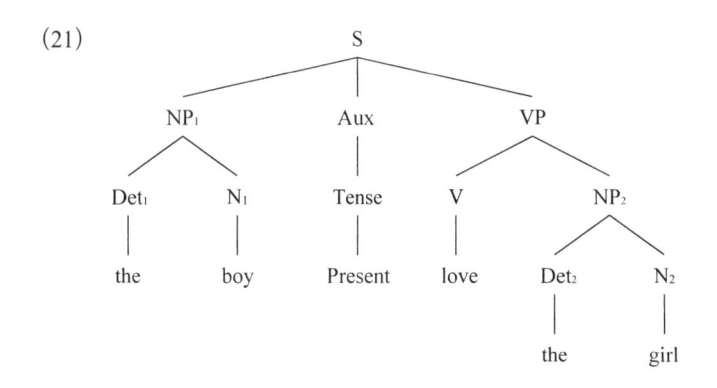

(21)
```
                    S
        ┌───────────┼───────────┐
       NP₁         Aux          VP
      ┌─┴─┐         │        ┌───┴───┐
     Det₁  N₁     Tense      V      NP₂
      │    │       │         │     ┌─┴─┐
      │    │       │         │    Det₂  N₂
      the  boy   Present    love    │    │
                                    the  girl
```

　生成文法では，この直接支配という関係を使って，主語・目的語を定義する。すなわち，主語とは S に直接支配されている NP であり，目的語とは VP に直接支配されている NP であると定義する。(21) の樹形図では，NP_1 が S に直接支配されているので主語であり，NP_2 が VP に直接支配されているので目的語である。

　今までに紹介した句構造規則は極めて簡単なものであったが，句構造規則を改訂して，もう少し複雑な文を生成してみよう。VP を展開する規則を次のように改訂する。

(22) VP → V $\left\{ \begin{array}{l} \text{(NP) (PP)} \\ \text{S} \end{array} \right\}$

次のような樹形図ができるはずである。

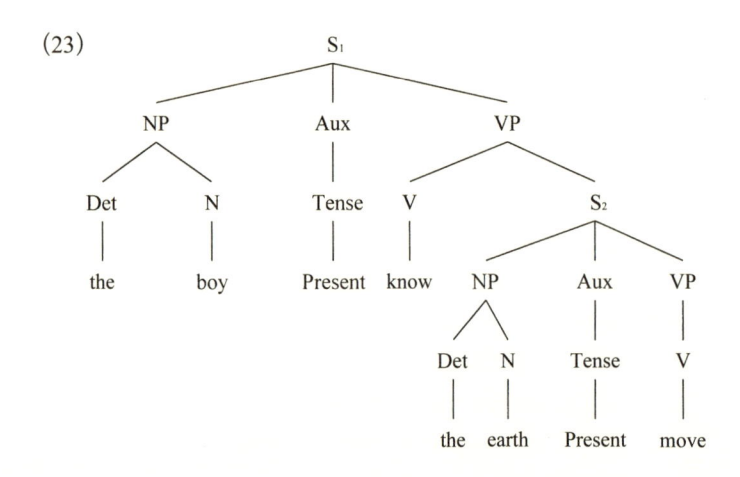

(23)
```
                        S₁
         ┌──────────────┼──────────────┐
        NP             Aux             VP
       ┌─┴─┐            │        ┌─────┴─────┐
      Det  N          Tense      V           S₂
       │   │            │        │      ┌────┼────┐
      the boy        Present   know    NP   Aux   VP
                                      ┌─┴─┐  │    │
                                     Det  N Tense V
                                      │   │  │    │
                                     the earth Present move
```

便宜上，S₁, S₂ と番号をつけたが，(22) の規則を適用すると，S が繰り返し出てくることになる。このように，矢印の左側の記号である S が矢印の右側にも出てくるので，S は繰り返し現れることができ，非常に複雑で長い文（理論的には無限の長さの文）が生成できることになる。生成文法では，(23) の樹形図でもみられるように，2 回目に出てくる S を埋め込み文 (embedded sentence)，埋め込み文をもつ上の文を主文 (matrix sentence) と呼んでいる。

2.1.2 変形部門

句構造規則を適用し，語彙目録から語を選んで挿入して深層構造を作ったわけであるが，この深層構造は変形部門 (transformational component) へ送られ，変形規則 (transformational rule) の適用を受ける。

変形規則とは，ある樹形図を別の樹形図に変える規則のことである。

たとえば，(24a) と (24b) は同じ意味を表している。また，(25a)，(25b)，(25c)，(25d) の4つの文も同じ意味を表している。この複数の文が同じ意味を表すという関係は変形規則というものを考えることによってとらえることができる。つまり，(24b) の文は (24a) の文に何らかの操作を加えて派生するのである。あるいは，(25b) の文は (25a) の文に何らかの操作を加えて派生し，(25d) の文は，まず，(25a) の文に何らかの操作を加えて (25c) の文を派生し，さらに (25c) の文に何らかの操作を加えて派生するのである。それらの操作が変形である。

(24) a. The lion threatened the elephant.
b. The elephant was threatened by the lion.
(25) a. The man gave the book to the boy.
b. The book was given to the boy.
c. The man gave the boy the book.
d. The boy was given the book by the man.

変形規則というのはある樹形図を別の樹形図に変える規則であるが，能動文を受動文に変える受動変形 (Passive Transformation) という変形規則を例にしてその説明をしよう。受動変形は文章の形で述べれば次のような形式になる。

(26) 受動変形（任意）
能動文の主語・動詞・直接目的語という語の連鎖があれば，目的語を主語にし，元の主語を by をつけて文末にまわし，be 動詞を加え，動詞は過去分詞形にしなさい。

しかし，一般的には，変形規則は記号を使って公式化される。受動変形は次のように公式化される。

(27) *Passive Transformation (optional)*

```
SD:  NP      Aux        V        NP
      1       2         3         4
SC:   4       2     be  en  3    by  1
```

SDとは structural description（構造記述）のことであり，SCとは structural change（構造変化）のことである。これは，SDに示すような構造があれば，それをSCに示すように変えなさいという意味である。optional（任意）とはこの変形規則は適用してもしなくてもよいという意味である。したがって，ある樹形図があって，それがSDを満たしていても，この変形規則を適用しなくてもよいということである。

では，この受動変形を具体例で説明してみよう。句構造規則を適用し語を挿入した樹形図が（28）のようになっているとする。

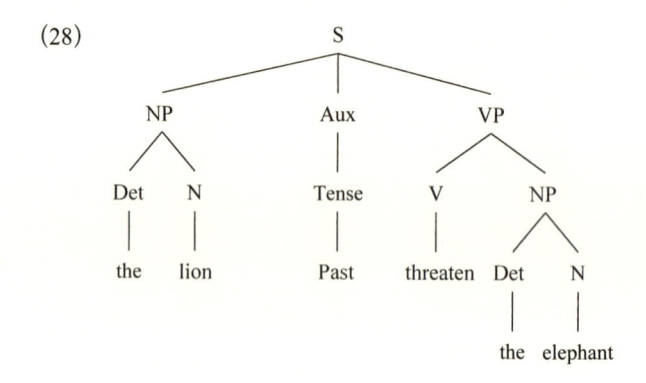

(28)
```
                    S
         ┌──────────┼──────────┐
        NP         Aux         VP
       ┌─┴─┐        │        ┌─┴─┐
      Det  N      Tense      V   NP
       │   │        │        │  ┌─┴─┐
      the lion     Past   threaten Det N
                                   │   │
                                  the elephant
```

この樹形図が受動変形のSDに合うかどうか調べてみると，次のようになる。

(29)

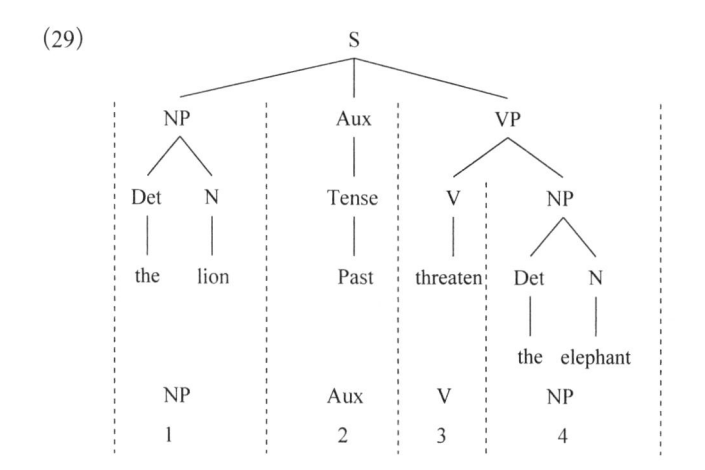

```
              S
    ┌─────────┼─────────┐
   NP         Aux        VP
   ┌┴┐        │        ┌─┴─┐
  Det N      Tense    V    NP
   │  │       │       │   ┌┴┐
  the lion   Past  threaten Det N
                            │  │
                           the elephant

   NP        Aux      V    NP
   1         2        3    4
```

確かに，受動変形の構造記述に合致する。そこで，SC に示されたように構造を変えてみる。(30) のようになるはずである。

(30)

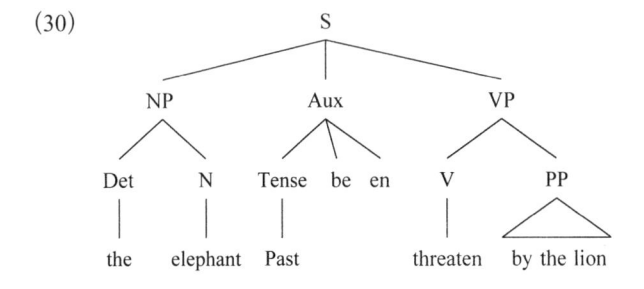

```
                S
    ┌───────────┼───────────┐
   NP          Aux           VP
   ┌┴┐      ┌───┼───┐      ┌─┴─┐
  Det N    Tense be en     V    PP
   │  │     │              │   △
  the elephant Past      threaten by the lion
```

(△は，詳細を示さないで省略したというしるしである。)
この後，Affix Hopping を適用して Past を be の右側に移動し，同じく en を threaten の右側に移動する。(過去分詞を作る en という接尾辞を動詞の右側に移動するのも Affix Hopping の役目である。) そして，別の規則で，be+Past を was に変え，threaten+en を threatened という過去分詞に変える。そうすると (24b) の文ができる。
　これで (24a) と (24b) の 2 つの文の関係づけができたわけである。

(24b) の文は受動変形という変形規則を適用して生成した文である。

もう1つ,与格移動変形 (Dative Movement Transformation) を取り上げよう。(与格というのは間接目的語のことである。)(25b) の文は与格移動変形という規則を適用して生成される。与格移動変形は,次のように公式化される。

(31) *Dative Movement Transformation (optional)*

$$\text{SD: NP Aux V NP} \begin{Bmatrix} \text{to} \\ \text{for} \end{Bmatrix} \text{NP}$$

$$\phantom{\text{SD: }}1 \quad 2 \quad 3 \quad 4 \quad 5 \quad 6$$

$$\text{SC: } 1 \quad 2 \quad 3 \quad 6 \quad \emptyset \quad 4$$

ø は削除のしるしであり,5 の要素を削除せよという意味になる。(25a) の文の樹形図を次に示す。

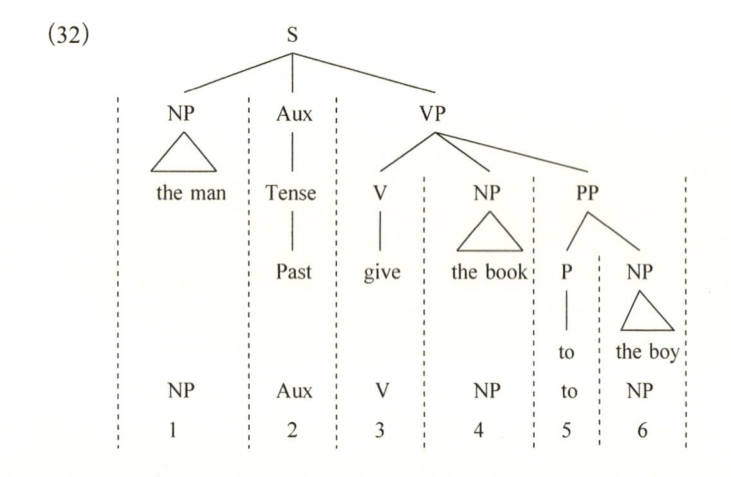

(32)
```
                    S
        ┌───────────┼───────────┐
        NP         Aux          VP
        △          │      ┌─────┼─────┐
      the man    Tense    V    NP     PP
                   │      │    △    ┌──┴──┐
                  Past  give the book P    NP
                                     │    △
                                    to  the boy
        NP        Aux     V    NP   to   NP
        1          2      3    4    5    6
```

この構造は,与格移動変形の SD に合致するから,SC に示されたように構造を変えることができる。すると (33) のようになる。

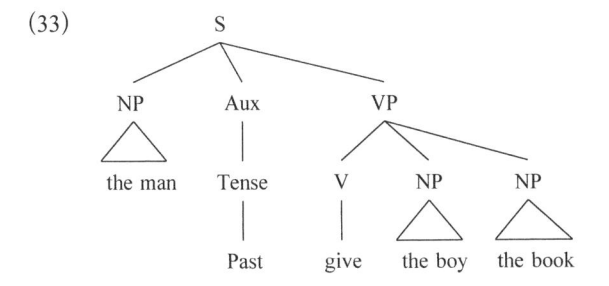

(33)
```
            S
      ┌─────┼─────┐
      NP   Aux    VP
      △    │   ┌──┼──┐
   the man Tense V  NP NP
           │    │  △  △
          Past give the boy the book
```

　この後，Past を Affix Hopping によって give の右側に移動し，さらに Past+give を別の規則で gave に変えれば，(25c) の文が生成できる。

　樹形図は 1 つだけの変形規則の適用を受けるのではなく，1 つの変形規則が適用されてできた樹形図が別の変形規則の適用対象となる。たとえば，(33) の与格移動変形を適用してできた樹形図は受動変形の適用対象である。(34) の樹形図をみるとそれがよくわかる。受動変形を適用すると (25d) の文ができあがる。

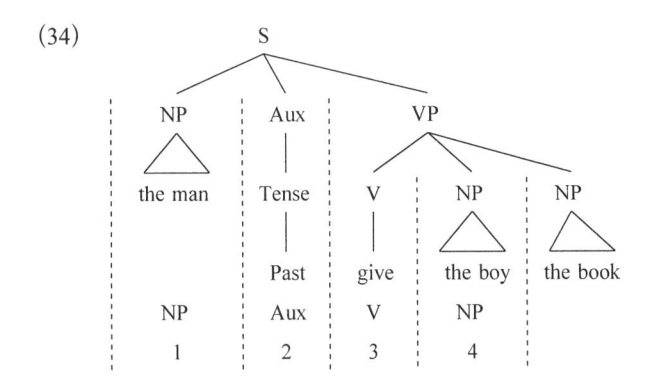

(34)
```
            S
      ┌─────┼─────┐
      NP   Aux    VP
      △    │   ┌──┼──┐
   the man Tense V  NP NP
           │    │  △  △
          Past give the boy the book
      NP   Aux  V   NP
      1     2   3    4
```

　さて，生成文法では，句構造規則を適用し語彙挿入をした段階の構造を深層構造と呼んだが，この深層構造に次々と変形規則を適用し，適用しうる変形規則をすべて適用し終わった段階の構造を表層構造 (surface structure) と呼んでいる。

生成文法では，1つの文について，深層構造と表層構造という2つのレベルの表示を与えるが，それぞれの役割は異なる。203ページのモデルに示したように，深層構造は意味部門に送られ意味解釈を受ける。生成文法の標準理論では，文の意味は深層構造で決定されると考えているのである。なぜなら，変形規則が適用されると，文の形が変わったり，ある要素が削除されてしまったりするからである。したがって，標準理論では，変形は意味を変えないというのが大前提である。一方，表層構造は，音韻部門に送られ，音韻規則の適用を受け，実際に発音される形に変えられる。

2.2 生成文法の統語論の優位性

以上で，生成文法の標準理論の統語論の紹介が終わったので，次に，生成文法の統語論が構造主義言語学の統語論よりも優れたものであることを，いくつかの例を挙げて説明しよう。

次の2つの文は表面的には同じような構造をしている。

(35) a. John is easy to please.
b. John is eager to please.

(35a) では John は to please の意味上の目的語であり，(35b) では John は to please の意味上の主語である。また，(35a) の意味は to please John is easy のことであり，(35b) の意味は John is eager to please someone のことである。これは，(35a) と (35b) の深層構造をみるとすぐ説明がつく。(35a) の深層構造は，概略，(36) のようである。(Aux は省略してある。)

(36)

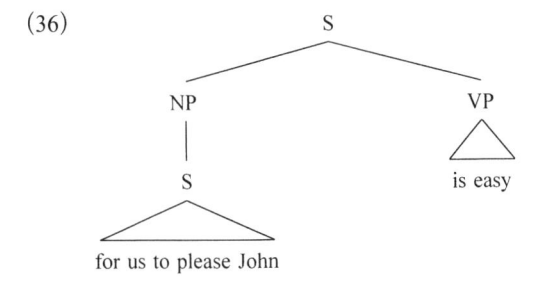

```
              S
           /     \
         NP       VP
         |        △
         S      is easy
         △
   for us to please John
```

確かに，John は please の目的語である。一方，(35b) の深層構造は，概略，(37) のようになる。

(37)

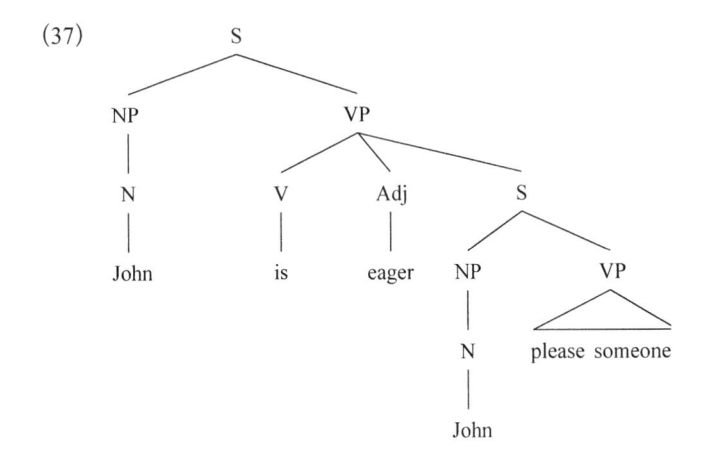

```
                S
           /         \
         NP           VP
         |       /   |   \
         N      V   Adj    S
         |      |    |   /   \
       John    is  eager NP   VP
                         |    △
                         N  please someone
                         |
                       John
```

確かに，John は please の主語である。
　生成文法は文の多義性も説明できる。次の (38a) の文は (38b) と (38c) のように 2 通りに解釈できる。

　　(38) a. Flying planes can be dangerous.
　　　　 b. To fly planes can be dangerous.
　　　　 c. Planes which are flying can be dangerous.

ある文が2通りに解釈できるということは，元々は，2つの異なった深層構造が，いろいろ変形規則を適用していくうちに，同じ表層構造になってしまったということである．(38a) の文の深層構造は，概略，次の2つである．

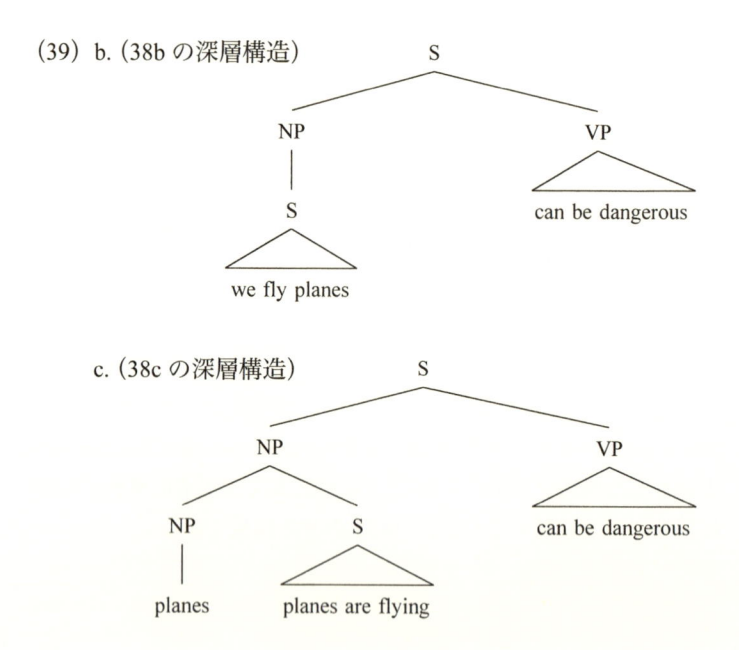

(39) b. (38b の深層構造)

```
         S
        / \
       NP   VP
       |    △
       S    can be dangerous
       △
    we fly planes
```

c. (38c の深層構造)

```
            S
           / \
          NP   VP
         /  \   △
        NP   S  can be dangerous
        |    △
      planes planes are flying
```

　(39b) と (39c) にいろいろ変形規則を適用した結果，表層構造が同じになってしまったのである．
　生成文法は，複数の文が同義であることもうまく説明する．生成文法では，文の意味は深層構造で決定されると考えるから，いくつかの文が同じ意味を持つということは，これらの文は共通の同一の深層構造を持つということである．ある1つの深層構造に変形規則をいろいろ適用していくうちに（すなわち，任意の変形規則を適用したりしなかったりすると），異なった表層構造がいくつかできてしまうのである．たとえば，(40) の3つの文は，共通の深層構造から派生される．

(40) a. To please John is easy.
　　 b. It is easy to please John.
　　 c. John is easy to please.

深層構造は (26) と同じである。

(41)（=26）

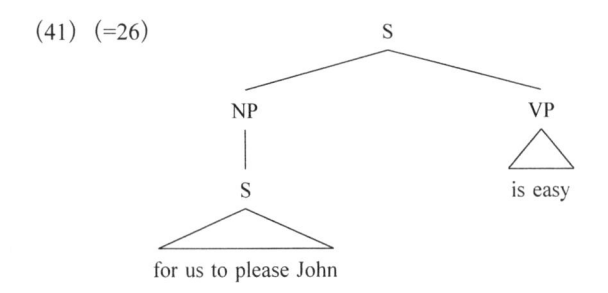

```
              S
           /     \
         NP       VP
         |        △
         S      is easy
         △
   for us to please John
```

この段階で, for us を削除すれば (40a) の文ができる。次に, for us to please John を文末に移動する外置変形 (Extraposition Transformation) という変形規則を適用してみる。(埋め込み文が文末に移動した跡には, 形式主語の it が挿入される。) (42) がその結果である。

(42)

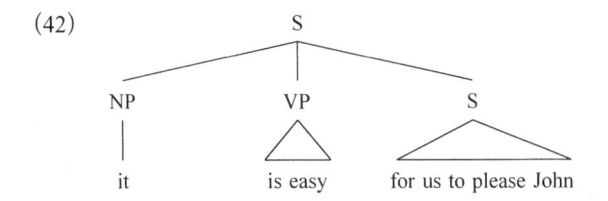

```
                S
            /   |   \
          NP   VP    S
          |    △    △
          it  is easy  for us to please John
```

この段階で for us を削除すると, (40b) の文ができる。(we のように一般的な表現は省略することが可能である。)

　外置変形を適用した構造に Tough 移動変形 (*Tough*-Movement Transformation) という変形規則を適用してみる。この変形規則は埋め込み文の目的語を主文の主語の位置に移動し, その目的語で形式主

語の it を置き換える変形規則である。(42) にこの変形規則を適用すると (43) のようになる。

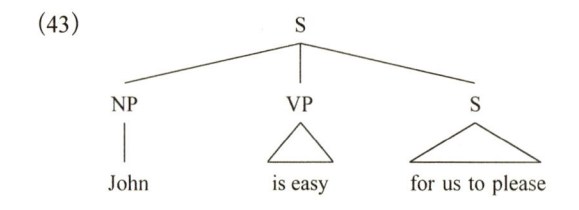

(43)
```
           S
       /   |   \
      NP   VP   S
      |    △    △
     John is easy for us to please
```

この段階で for us を削除すると (40c) の文ができる。

このように,生成文法の統語論はそれまでの構造主義言語学の直接構成素分析では説明できなかったことを説明できるのである。

3. 原理と変数の理論

3.1 標準理論の問題点

ここまでに紹介した生成文法は,主に,1960年代から70年代にかけての,文法を規則の体系と見る,標準理論 (Standard Theory, あるいは *Aspects*-Model) である。しかし,1980年代から1990年代にかけて行われてきた理論は,原理と変数の理論 (Principles and Parameters Approach) である。この理論では,文法は,規則の体系ではなく,原理 (principle) と変数 (parameter) からなっている。なぜ,規則の体系から原理と変数に変わったのであろうか。

前節で紹介したように,標準理論では変形規則が非常に大きな役割を果たしていた。(そのため生成文法は,変形文法 (Transformational Grammar),あるいは,生成変形文法 (Generative Transformational Grammar) と呼ぶのが普通であった。) ところが,この変形が大きな問題であることがわかってきたのである。問題は変形が強力すぎることであった。変形規則は,次の Dative Movement Transformation の例にもみられるように,SD (構造記述) と SC (構造変化) を与えれば

何でもできるのである。

(44) *Dative Movement Transformation (optional)*

SD:　NP　Aux　V　NP　{ to / for }　NP
　　　1　　2　　3　4　　5　　　　6
SC:　1　　2　　3　6　　ø　　　　4

(45) a. I gave a book to Mary.
　　 b. I gave Mary a book.

　標準理論のもう一つの問題は，標準理論では規則の体系が複雑すぎて，子どもの言語獲得がうまく説明できないことである。たとえば，標準理論の統語論の入門書である，Adrian Akmajian and Frank W. Heny, *An introduction to the principles of transformational syntax* では，(46) に示すような変形規則が提案されており，しかも，それらの規則の適用に関しては，複雑な順序づけがされている。この変形規則の一覧表で，2つの規則が弧でつながれている場合は，それら2つの規則の間には適用に関して順序づけがあることを示している。
　たとえば，1の Dative Movement と6の Passive が弧つながれているが，これは，Dative Movement を Passive よりも先に適用しなければならないことを示している。同様に，6の Passive は14の Negative Placement とも弧でつながれているが，これも，Passive は Negative Placement よりも先に適用しなければならないことを示している。このことは，また，Dative Movement と Passive と Negative Placement の間の適用順序は，Dative Movement → Passive → Negative Placement の順であることを示す。

(46)　　1. Dative Movement (Optional)
　　　　2. Equi NP Deletion (Equi) (Obligatory)
　　　　3. Raising to Object (Obligatory)
　　　　4. Raising to Subject (Obligatory)
　　　　5. For Deletion (Obligatory)
　　　　6. Passive (Optional)
　　　　7. Agent Deletion (Optional)
　　　　8. Reflexivization (Obligatory)
　　　　9. Extraposition (Optional)
　　　　10. It Deletion (Obligatory)
　　　　11. Number Agreement (Obligatory)
　　　　12. There Insertion (Optional)
　　　　13. Tag Formation (Optional) (LC)
　　　　14. Negative Placement (Obligatory)
　　　　15. Contraction (Optional)
　　　　16. Subject-Auxiliary Inversion (Obligatory) (LC)
　　　　17. WH Fronting (Obligatory)
　　　　18. Affix Hopping (Obligatory)
　　　　19. Do Support (Obligatory)

(Akmajian and Heny 1975: 392)

子どもがある言語を獲得するということは，子どもが，仮説演繹法によって，その言語の最もよい規則を選ぶ（もちろん，子どもが意識して文法の評価をしているわけではなく，あくまでも，子どもの脳内で子どもが意識しないで行われているということである）ということなのであるが，変形規則は各規則の間に適用に関して順序づけがあり，複雑な規則体系となっており，このような複雑な規則体系のうち1番よいものを選ぶというのが難しすぎるというのである。『AIジャーナル』(No.10) という雑誌のインタビュー記事中のチョムスキーの説明を引用する。

　　AIJ—この初期の文法の基本的な限界は，さらに具体的には，どのあたりにあったのですか。
　　チョムスキー—これらの2つの概念を用いて，先ほど申し上げました4つの問題に取り組むことができました。しかし，ある程度成功をおさめましたが，かなり決定的に失敗しました。本質的な失

敗は，4番目の問題，人間はどのようにして言語の知識を得るのかに関してでした。可能な規則体系があまりにも多過ぎるんです。もし言語資料を記述できるように，規則体系を十分豊富にすると，規則体系の可能な種類が多くなり過ぎて，どうしてそれらのうちの1つの体系を選べるのか説明するのが，難しくなってしまうんです。(p.10)

3.2 原理と変数の理論
そこで，1980年代から1990年代にかけてチョムスキーが押し進めてきたのが文法をいくつかの普遍的原理（principle）とパラメータ（parameter）からなると考える原理と変数の理論（Principles and Parameters Approach）である。

原理と変数の理論による文法のモデルを次に示す。

(47) 原理と変数の理論による文法のモデル

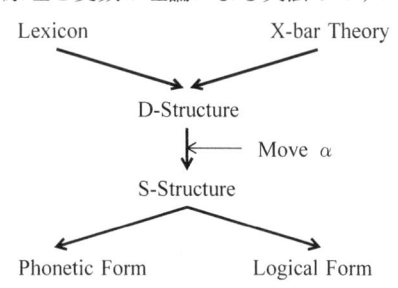

```
    Lexicon           X-bar Theory
         \           /
          D-Structure
              |  ← Move α
          S-Structure
         /           \
  Phonetic Form      Logical Form
```

では，原理と変数の理論では，文はどのようにして派生されるのであろうか。

標準理論では，句構造規則を適用して，語彙目録から語を選び文を派生した。たとえば，(48)の句構造規則を適用し，語を挿入した構造が(49)である。

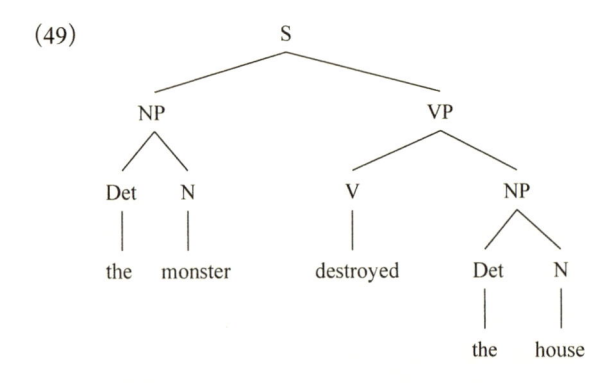

(48) S   →　NP VP
　　 VP →　V NP
　　 NP →　Det N

(49)
```
                     S
                　／　　＼
              NP              VP
            ／＼          ／＼
          Det   N        V      NP
           |    |        |    ／＼
          the monster destroyed Det  N
                                |    |
                               the house
```

　原理と変数理論ではこのような句構造規則は存在しない。ただ単に語と語を結合していけばよい。語彙目録（lexicon）では，destroy という動詞は他動詞で後に名詞句を従えると記載してある。つまり，VP → V NP という規則がなくとも destroy の後には名詞句がくるのである。冠詞の the は名詞の前にくることになっている。語彙目録に各語の特性が指定されていれば句構造規則は必要ないのである。生成文法では文法をできるかぎり単純で簡潔なものにするのが目標であるから，余分なものは排除するのである。
　また，言語の句（phrase）にはある型が共通してある。たとえば，次の動詞句と名詞句を比較してみよう。

(50) a.
```
      VP
     /  \
    V    NP
    |    △
  read  the book
```
b.
```
         NP
        /  \
       N    PP
       |   /  \
    review P   NP
           |   △
           of  the book
```

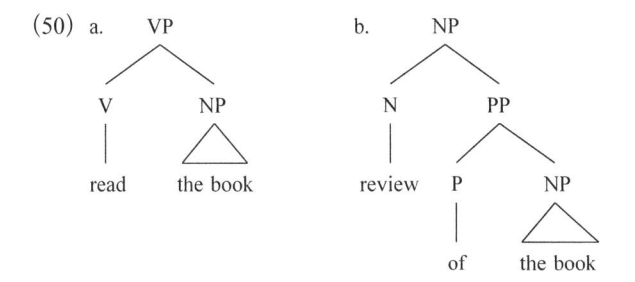

　句を構成するのはその句の範疇を決める主要部（head）と主要部を補う補部（complement）である。動詞句というのは主要部が動詞であり，名詞句は主要部が名詞である。(50a) の動詞句（Verb Phrase, VP）では，read という動詞が主要部であり，the book という名詞句が補部である。(50b) の名詞句（Noun Phrase, NP）では，review という名詞が主要部であり，of the book という前置詞句が補部である。また，(50b) の前置詞句（Prepositional Phrase, PP）では，of という前置詞が主要部であり，the book という名詞句が補部である。
　形容詞句（Adjective Phrase）も同様の構造をしている。

(51)
```
        AP
       /  \
      A    PP
      |    △
   afraid  of the monster
```

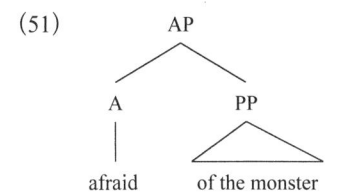

afraid という形容詞が主要部であり，of the monster という前置詞句が補部である。
　そうするとすべての句は次のような型に従っていることになる。

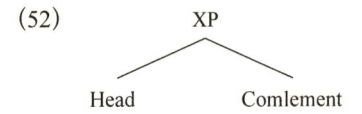

(52)
```
      XP
     /  \
   Head  Comlement
```

X は N, V, A, P をひとまとめにして表す変数（variable）である。主要部は N, V, A, P であり，補部は XP であるから，上の型は次のように表示できる。

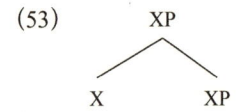

(53)
```
     XP
    /  \
   X    XP
```

X の上にあるのは XP であるが，実はこの間には中間のレベルがある。(54) の樹形図を見てみよう。

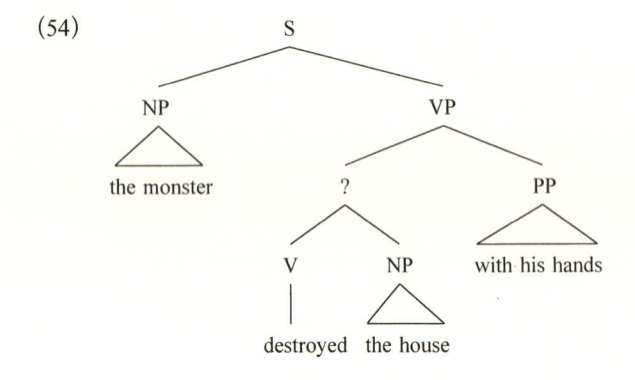

(54)
```
            S
          /   \
        NP     VP
        /\    /   \
   the monster ?   PP
              /\    \
             V  NP  with his hands
             |   /\
        destroyed the house
```

この V と VP の間の範疇を表示するために X バー理論（X-bar Theory）という理論がある。X バー理論とは次のような理論である。

ある範疇，たとえば，N を直接支配する同じ範疇の要素を $\overline{N}$，$\overline{N}$ を直接支配する同じ範疇の要素を $\overline{\overline{N}}$ と表記する。

(55) $\overline{\overline{N}}$
 |
 $\overline{N}$
 |
 N

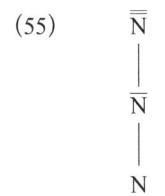

VならVを直接支配する同じ範疇の要素が$\overline{V}$, $\overline{V}$を直接支配する同じ範疇の要素が$\overline{\overline{V}}$である。

(56) $\overline{\overline{V}}$
 |
 $\overline{V}$
 |
 V

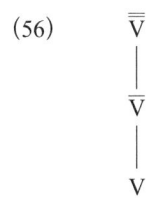

そうすると (54) の樹形図の？は$\overline{V}$ということになる。

(57)
```
              S
         /         \
       NP           VP
       /\          /    \
  the monster    V̄       PP
                /  \     /\
               V    NP  with his hands
               |    /\
          destroyed the house
```

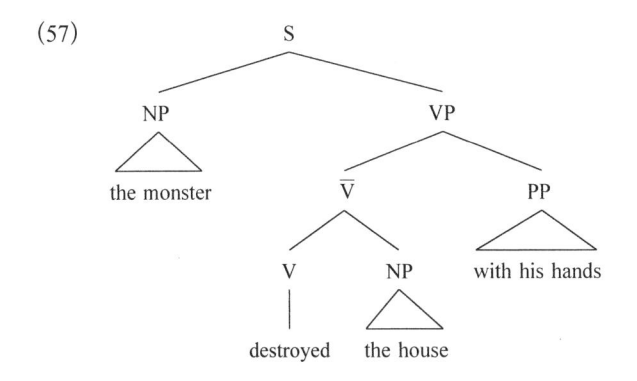

原理と変数の理論では節点が枝分かれする場合は必ず2つの枝に分岐する（これを binary branching という）と考えているので，(58) のような構造は認められない。(58) では VP が V と NP と PP の 3 つに

分岐しているからである。

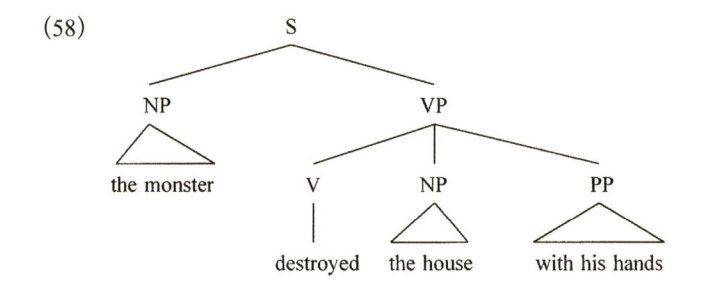

(58)
```
              S
           /     \
          NP      VP
          △    / |  \
     the monster V  NP  PP
                 |  △   △
             destroyed the house with his hands
```

$\overline{X}$, $\overline{\overline{X}}$ は印刷する時に不便なのでプライムを使って，X′, X″ と表記する。X″ は XP のことである。

(59) a. $\overline{X} = X'$
b. $\overline{\overline{X}} = X''\ (= XP)$

句にはもう1つ構成要素がある。それは指定部（specifier）である。名詞句を例にとる。次の (60) を見てみよう。

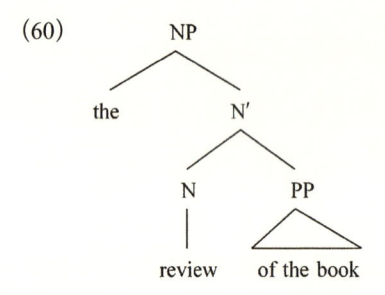

(60)
```
         NP
        /  \
      the   N'
           /  \
          N    PP
          |    △
       review of the book
```

この the が占めている位置が指定部である。すると X バーの型は次のようになる。

(61)
```
        XP
       /  \
  Specifier  X′
            /  \
           X   Complement
         (Head)
```

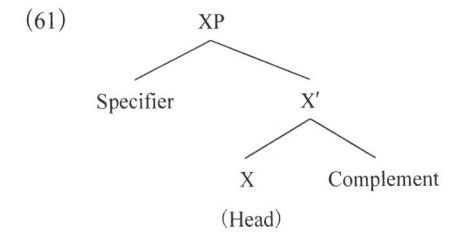

　原理と変数の理論では世界のすべての言語はこの型に従うことになる。
　ここでナイダの直接構成素分析を思い起こそう。ナイダの直接構成素分析では，内心構造（endocentric construction）と外心構造（exocentric construction）が区別されていた。しかし，原理と変数の理論では，句はすべて内心構造である。つまり，すべての句の統語範疇はその主要部の統語範疇と同じである。名詞が主要部ならば句は名詞句であり，動詞が主要部ならば句は動詞句であり，形容詞が主要部ならば句は形容詞句であり，前置詞が主要部ならば句は前置詞句である。
　ここでは英語の句を例に挙げたが，日本語では主要部と補部の語順が英語とは逆であり，主要部の前に補部がくる。

(62)　a. 本を　　　読む
　　　　complement　head
　　　b. 学校　　　から
　　　　complement　head

「本を読む」という動詞句の主要部は，当然，動詞の「読む」であり，「学校から」という後置詞句の主要部は後置詞（助詞）の「から」である。（前置詞（preposition）にならって，日本語の助詞は後置詞（postposition）と呼ばれる。）
　この英語と日本語の主要部と補部の相対的な位置の違いは，原理と変数の理論では，パラメータのスイッチの入れ方によって決まると考

えている。生成文法では，人間は生まれながらに普遍文法（Universal Grammar）を持っていると考えている。それは遺伝的に決められたものである。この人間が生まれながらにして持っている普遍文法には，原理の他に，いくつかのパラメータが含まれている。パラメータとはスイッチのようなものである。そうしたパラメータの1つが主要部と補部の順序を決めるパラメータである。このパラメータのスイッチは生まれた段階では入っておらず，言語を獲得していく過程で設定していくのである。主要部と補部の相対的な位置を決めるパラメータに関して言えば，英語を獲得する子どもは，主要部（head）+補部（complement）という語順になるようにパラメータのスイッチを入れ，日本語を獲得する子どもは，補部（complement）+主要部（head）という語順になるようにパラメータのスイッチを入れることになる。このようにして，すべてのパラメータのスイッチが入れば，子どもは母語の文法を獲得したことになる。これがパラメータの考え方である。

　では，具体的に文を派生してみよう。the house will be destroyed by the monster という受動文を派生してみる。まず，語彙目録とXバー理論から次のようなD-構造（原理と変数の理論では深層構造（deep structure）という用語は使用せず，D-structure という用語に変更した。）を派生する。

(63)
```
            IP
           /  \
         NP    I'
              /  \
             I    VP
             |    |
            will  V'
                 /  \
                V    VP
                |    |
                be   V'
                    /  \
                   V    NP
                   |    △
              destroyed the house
```

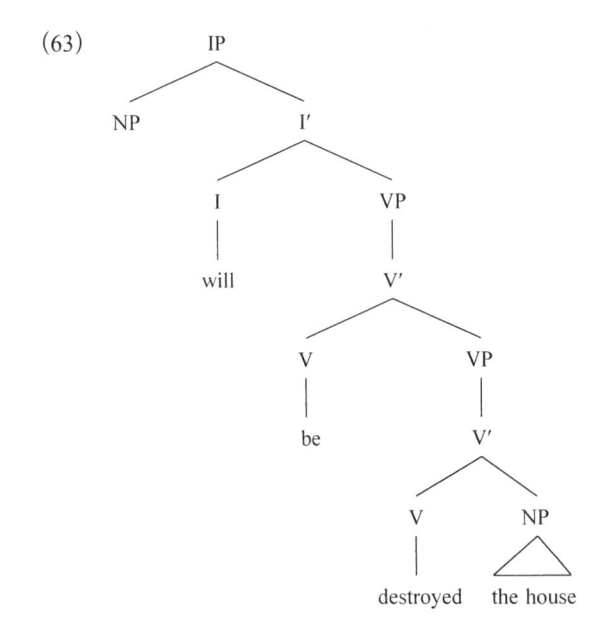

　I というのは Inflection（屈折）のことで，標準理論でいう Aux である。IP は Inflectional Phrase である。原理と変数の理論では，Sentence は I を主要部とする IP であると考えている。

　この D-構造に変形規則を適用するのであるが，原理と変数の理論にあるのは α 移動（Move-α）という規則のみである。この規則は任意の要素を任意の位置に移動せよという規則である。

　この α 移動を適用して destroyed の目的語の the house を空になっている主語の位置に移動する。移動した後には痕跡（trace, t と記す）が残る。(64) がこの文の S-構造（原理と変数の理論では表層構造（surface structure）という用語は使用せず，S-structure という用語に変更した）である。

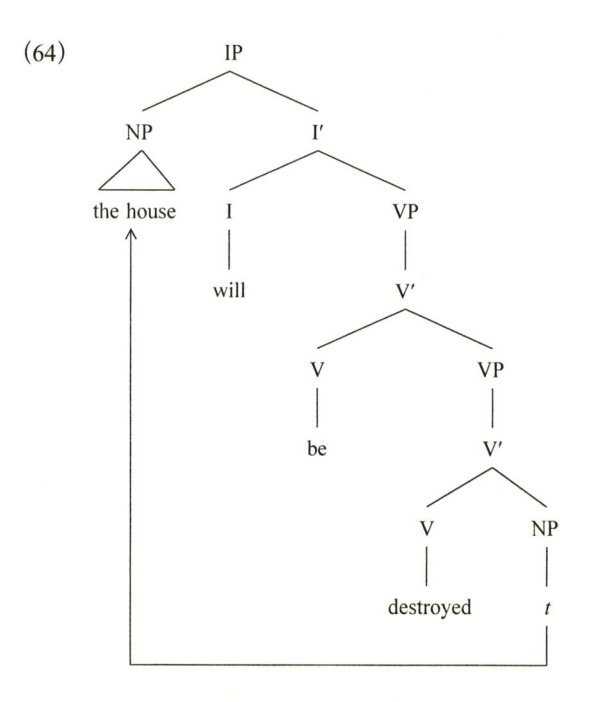

(64)
```
              IP
             /  \
           NP    I'
           /\   / \
       the house I  VP
              |   |
             will V'
                 / \
                V   VP
                |   |
                be  V'
                   / \
                  V   NP
                  |   |
              destroyed t
```
(the house ← ... ← t)

　要素が移動した後に痕跡が残るのは投射原理 (Projection Principle) があるからである。投射原理は次のように定義される。

(65) *The Projection Principle*
　　Lexical information (such as theta roles) is syntactically represented at all levels.
　　（語彙情報（たとえばθ役割など）はすべてのレベルで統語的に表示される。）
(Carnie 2013: 237)

θ役割については後ほど説明する。
　この原理に従うと，各語彙の特性はどのレベル (D-構造, S-構造) でも満たされなければならない。したがって，痕跡を残すことによっ

て destroy が目的語をとるという特性を S-構造でも満たすのである。

また，痕跡が残っていることによって the house が動詞 destroy の目的語であることがわかる。したがって，この文の意味解釈は S-構造で可能となる。文の意味解釈は深層構造に基づいて行うという標準理論の前提は必要なくなったのである。

受動文で動詞の目的語が主語の位置に移動する理由は格フィルター (Case Filter) である。格フィルターとはすべての名詞句は格を持たなければならないというものである。(66) が格フィルターの定義である。

(66) *The Case Filter*
All DPs must be marked with a Case.
If a DP doesn't get Case the derivation will crash.
(すべての限定詞句は格標示されなければならない。
もし限定詞句が格を持たなければ，その派生は破綻する。)
(Carnie 2013: 338)

原理と変数の理論では，the boy といった句は NP（名詞句）ではなく，the という限定詞を主要部とする DP（Determiner Phrase 限定詞句）と考えている。したがって，the boy という句の構造は次のようになる。

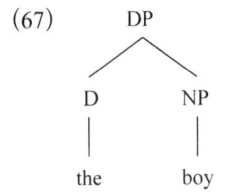

(67)
```
        DP
       /  \
      D    NP
      |    |
     the  boy
```

また，the derivation will crash とはその派生は非文法的として排除されるということである。

英語は，代名詞（英語の代名詞は he, him, his, she, her, we, us, our のように主格，目的格，所有格など格によって目に見える形が異なる）は別にして，名詞は格変化しないが，抽象的な格は持っているとされている。（上の定義で Case と大文字の C になっているのは抽象的な格であるからである。）主語の名詞句は主格（Nominative）を，目的語の名詞句は対格（Accusative）を持つ。主格は Inflection が主語に付与し，対格は動詞が隣接する目的語に付与するとされている。しかし，動詞の過去分詞形は形容詞と同じと見なされ，名詞に格を付与しない。したがって，受動文では，動詞の目的語は動詞から格を付与されないので，格をもらい格フィルターを通過するために，主語の位置に移動していくのである。（原理と変数の理論では，何か操作をするには，それを正当化する理由がある。）

ちなみに，形容詞が名詞に格を付与しないことは，次の (68) の例からわかる。

(68) a. *afraid the monster
b. afraid of the monster

形容詞が格を付与しないので，前置詞の of を形容詞と名詞の間に挿入すると，前置詞が名詞に格を付与する。

この格フィルター以外にも文の派生で満たさなければならない制約が他にもある。その一つがシータ基準（Theta Criterion）である。

文中の各名詞句は特定の意味役割を持つ。これを θ 役割（theta role, θ-role）（主題役割（thematic role）ともいう）という。たとえば，次の (69) の文では，the monster は throw という行為を行う行為者（agent）であり，the stone は throw という行為の対象（theme）であり，his left hand は throw the stone という行為を行う道具（instrument）である。

(69) The monster threw the stone with his lelf hand.

そして，動詞は主語や目的語にどのようなθ役割を付与するかが決められている。たとえば，(70a) の文では，walk という動詞は主語に agent というθ役割を付与し，(70b) の文では，eat という動詞は主語には agent というθ役割を，目的語には theme というθ役割を付与し，(70c) の文では，put という動詞は主語には agent というθ役割を，目的語には theme というθ役割を，box には location というθ役割を付与する。このように，動詞は名詞句にどのようなθ役割を付与するかが語彙目録で規定されているのである。これを動詞の項構造 (argument structure) という。項 (argument) とは名詞句のことであると思えばよい。

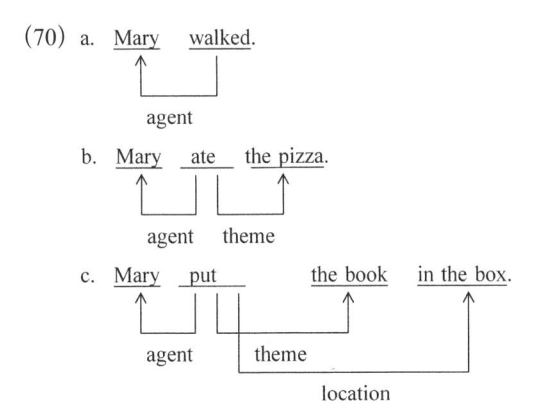

(70) a. Mary walked.
        agent

b. Mary ate the pizza.
   agent   theme

c. Mary put the book in the box.
   agent   theme   location

シータ基準 (Theta Criterion) は (71) のように定義される。

(71) *The Theta Criterion*
　　a) Each argument is assigned one and only one theta role.
　　b) Each theta role is assigned to one and only one argument.
　　(a) それぞれの項は1つだけθ役割を付与される。b) それぞれのθ役割は1つだけの項に付与される。)

(Carnie 2013: 234)

したがって，*Mary ate the pizza the banana では，ate という動詞は隣の the pizza に theme という θ 役割を付与するが，1つの θ 役割は1つの項にしか付与されないので，the banana には θ 役割が付与されないことになり，この文は非文法的として排除される。

このようにして派生された文の S-構造が音声形式部門に送られると実際に発音される音声形式に変えられ，論理形式部門に送られると論理形式（意味表示）に変えられ，意味解釈がなされるのである。

4. 極小理論 (Minimalist Program)

現在行われている理論は，さらに単純で簡潔な極小理論 (Minimalist Program) と言われる理論である。この理論を簡単に紹介しておこう。

極小理論では X バー理論や D-構造や S-構造もない。α 移動 (Move-α) という規則もない。あるのは Merge（併合）という操作のみである。Merge というのは2つの要素を結合して1つの要素にする操作のことである。この Merge という操作を繰り返し適用して文を派生する。Hornstein et al. (2005: 69-70) の例を借りて（若干改変してある），極小理論では文がどのように派生されるかを説明しよう。

例として，that woman might buy that car という文の派生を見てみよう。まず，語彙目録 (lexicon) から選んだ might, that, buy, woman, car という5つの語がある。この語の集合を Numeration と呼び，N と表記する。N は，語彙項目とその語彙項目が何回計算に利用できるかを示す指標 (index) の組の集合である。この場合の N は次のようになる。

(72) N = {might$_1$, that$_2$, buy$_1$, woman$_1$, car$_1$}

この N から，まず，car と that を選ぶ。語を選んで使用するたびにその語の index の数字は1つずつ減る。(car の index は1から0になり，that の index は2から1になる。) そして，that と car を Merge して that car という DP（限定詞句）を派生する。これが第1回目の Merge の適用である。

(73) N = {might₁, that₁, buy₁, woman₁, car₀}
that + car → that car

```
      that
      /  \
    that  car
```

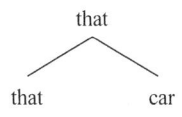

極小理論の統語論では，N とか V か VP といった範疇は表示しない。したがって，that と car が Merge されてできる that car は DP であるが，DP とは表示せず，単に that とのみ表示する。これは，この句が主要部の that の特性を引き継いでいるという意味である。

次に，N から buy を選び（buy の index も 1 から 0 になる），buy と that car を Merge して buy that car という（動詞）句を派生する。これが第 2 回目の Merge の適用である。

(74) N = {might₁, that₁, buy₀, woman₁, car₀}
buy + that car → buy that car

```
      buy
      /  \
    buy  that
         /  \
       that  car
```

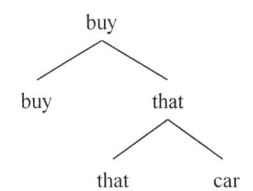

ここでも 1 番上の節点は単に buy としか表示しない。この句は主要部の buy の特性を引き継いでいるからである。

次に，N から might（might の index も 1 から 0 になる）を選び，might と buy that car を Merge すると，might buy that car という句が派生される。これが第 3 回目の Merge の適用である。

(75) N = {might₀, that₁, buy₀, woman₁, car₀}
might + buy that car → might buy that car

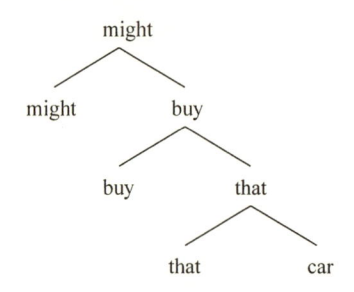

```
        might
       /    \
    might    buy
            /   \
          buy    that
                /   \
              that   car
```

ここでも 1 番上の節点は might としか表示していない。この句は主要部の might の特性を引き継いでいるからである。

さらに，N から that と woman を選び（that の index は 1 から 0 になり，woman の index も 1 から 0 になる），that と woman を Merge する。

(76) N = {might$_0$, that$_0$, buy$_0$, woman$_0$, car$_0$}
that + woman → that woman

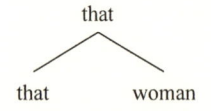

```
      that
     /    \
   that   woman
```

最後に，that woman という句と might buy that car という句を Merge すると，that woman might buy that car という文が派生できる。N の語彙項目はすべて index が 0 になっており，使い切っているので派生はこれで終了である。

(77) N = {might$_0$, that$_0$, buy$_0$, woman$_0$, car$_0$}
that woman + might buy that car → that woman might buy that car

```
                     might
              ╱              ╲
           that              might
          ╱    ╲            ╱    ╲
       that   woman      might    buy
                         ╱    ╲
                       buy    that
                              ╱    ╲
                           that    car
```

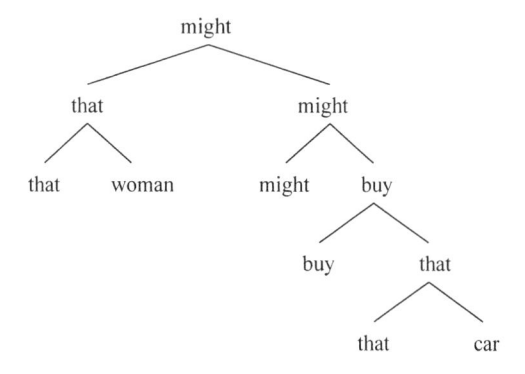

これが極小理論における文の派生の例である。生成文法の初期の標準理論に比べると実に単純・簡潔で経済的な派生になっていることがわかるであろう。

参考文献

Akmajian, Adrian, and Frank W. Heny. 1975. *An introduction to the principles of transformational syntax*. Cambridge, Mass.: The MIT Press.
Carnie, Andrew. 2013. *Syntax: A generative introduction*. 3rd ed. Chichester, West Sussex, UK: Wiley-Blackwell.
Chomsky, Noam. 1957. *Syntactic structures*. The Hague: Mouton & Co.
Chomsky, Noam. 1965. *Aspects of the theory of syntax*. Cambridge, Mass.: The MIT Press.
Chomsky, Noam. 1994. *Bare phrase structure*. MIT Occasional Papers in Linguistics 5.
Hempel, Carl G. 1965. *Aspects of scientific explanation and other essays in the philosophy of science*. New York: The Free Press.
Hornstein, Norbert, Jairo Nunes, and Kleanthes K. Grohmann. 2005. *Understanding minimalism*. Cambridge: Cambridge University Press.
Kiparsky, Paul, and Carol Kiparsky. 1970. Fact. In *Progress in linguistics: A collection of papers*, ed. by Manfred Bierwisch and Karl Erich Heidolph, 143-173. The Hague: Mouton & Co.
Langacker, Ronald. W. 1969. On pronominalization and the chain of command. In

Modern studies in English: Readings in transformational grammar, ed. by David A. Reibel and Sanford A. Schane, 160-186. Englewood Cliffs, New Jersey: Prentice-Hall, Inc.

Nida, Eugene. 1966. *A synopsis of English syntax*. 2nd and revised edition. The Hague: Mouton & Co.

雑誌

『AI ジャーナル』. No.10 (1987 年).

第11章　意　味　論

意味論とは

　人間がコミュニケーションを担う機能として，「音声」が重要な役割を果たすことは既に見たが，音声だけでは意志の疎通はできない。dog という語が言語単位として成立するためには，[dɔg] という形で具現化される音声的な面と，それに結びついている「犬」という意味的な面が必要である。これは音声的に可能な結合でも語頭音の無声化による /kog/，前舌母音との交替による /deg/ は英語の単語として成立しないことからも容易に理解できる。すなわち，言語は「音声と意味」という二面性によって成立するのである。この意味を研究する学問を意味論（semantics）と呼ぶ。

　/dog/ は「犬」を意味すると言ったが，では「犬の意味は」と問われると色々な答えが返ってくるものと思われる。例えば，犬とは「哺乳類の一種で品種が多い愛玩用動物」，「可愛くて忠実，盲導犬など人間にとって有用」，「大きな声で吠え，咬みつくこともあるので危険」，あるいは「スパイ，まわしもの」などが考えられる。これらはわれわれ個人が持っている犬に対するイメージを基に，様々なレベルから出された意味解釈である。この外にも意味についての捉え方は論理学，哲学，心理学などにより多様性を極め，古くからその定義については種々の議論が盛んであったにもかかわらず，未だ確立した概念はない。しかしある単位がある意味をもつというのは，何かを「指し示す機能・作用（指示）」（reference）とそれによって「指し示されるもの（指示対象）」（referent）という関係が存在することに他ならない。こ

[*243*]

のような関係を持つ卑近な例としては，交通信号が挙げられる。ここでは「指示」としての「青」，「黄」，「赤」がそれぞれ「指示対象」として，「進め」，「注意」，「止まれ」という意味を表わしている。他にも種々の道路標識や，ある種の身振り，また花ことばやトランプ占いなども「指示」と「指示対象」との関係が成立する例としてよく挙げられる。このような関係が成立する場合，「指示」として機能している単位を「記号」（sign）と呼び，一連の記号から成る組織は記号体系（systems of signs）と呼ばれる。そこで言語も一連の記号からなる記号体系であるといわれるが，上述の信号や花ことばなどとは同じカテゴリーとしては扱えない。それは信号や花ことばなどは言語という存在を前提として初めて成立するからである。記号を対象とした学問は「記号論」（semiotics）と呼ばれ，意味論とは区別されるので，ここではこれ以上立ち入らないことにするが，記号としての指示がそれを示す指示対象との関係で「意味」という概念を生ずる点は特に注意したい。

　本章では「語の意味」の捉え方から始め，「意味の関係」，「意味の持つ曖昧性」と進み，語の上の単位である「文の意味解釈」，さらに次章では文という単位を超えて，話し手と聞き手の関係からなる談話（discourse）と呼ばれる中での意味合いを研究する語用論（pragmatics）と呼ばれる分野までを概観していくことにする。

1. 意味の捉え方

　日常我々が特に注意を払わないで使用していることばにも，その語がもつ様々な意味の変化がある。例えば以下に示すように mean という語も「意味する」という意味で使われるのは (1a, b) のみで，(2a-j) はそれぞれが違った意味をもっている。

　　(1) a. Procrastinate means "to put things off."
　　　　b. In saying that, she meant that we should leave.

(2) a. That was no mean (insignificant) accomplishment.
   b. They are so mean (cruel) to me.
   c. This will mean (result in) the end of our regime.
   d. This means so much (is so important) to me.
   e. I mean (intend) to help if I can.
   f. Keep Off the Grass! this means (refers to) you.
   g. His losing his job means (implies) that he will have to look again.
   h. Lucky Strike means (indicates) tobacco.
   i. Those clouds mean (are a sign of) rain.
   j. She doesn't mean (believe) what she said.
   (Akmajian et al., 1984: 238)

　以上の意味の違いは（la, b）が語の言語的意味（linguistic meaning），そして（2a-j）が語の話者的意味（speaker's meaning）という2つに分類される。言い換えれば，前者は言語表現についての意味を表わし，後者は話し手の意図についての意味を表わしているといえる。したがって，話者的意味には話し手による文字通りの意味の他に，皮肉や風刺，また隠喩や暗喩という類の意味合いも含まれることになる。

　このようにmeanという語1つにしても様々な意味をもっているのであるが，以下にこのような意味が現在までにどのように捉えられてきたかを見て行くことにしたい。

1.1　イメージ
　我われはある語を見たり，聞いたりするとそれに対する映像を心の中に思いうかべることができる。これは心的映像，すなわちイメージ（image）と呼ばれるもので，これが語の意味であると考えられてきた。しかしイメージは個人の体験によっても変化するものであり，語とイメージの関係は常に同じではない。例えば「犬」の例で見たように，犬という語を見聞きした時，ある人は自分の愛犬を思い，「可愛い」

というイメージを抱くが，一方犬に咬まれたり，追いかけられた経験の持ち主は「大嫌い，怖い」というイメージを抱くだろう。これではイメージがその語の意味を表わしているとは言えない。さらに語によっては，a, so, not のようにイメージをもつのがはなはだ困難な語もある。そこでイメージが語の意味を表わすという考えは妥当性を欠くことになる。

1.2 思想，観念

20世紀前半，特にオグデンとリチャーズ（Ogden-Richards (1923)）を中心に広まった意味の捉え方で，ある語の意味とは「その語によって指示されるものについてわれわれが考えること」というものである。これもイメージ説と同様，多分に心理的な傾向があるが，イメージを伴わない語についてもそれが指示するものについては，我われはなにかを考えることができるという点で，イメージ説よりは一歩進んだといえる。この考えを表わしたものとして図1に示す有名な意味の三角形（triangle of signification）というのがある。これは，オグデンとリチャーズ以後，三角形の3つの角に与えている名称については個々の変化がなされたが，最近ではライオンズ（Lyons (1968: 404)）がこれを図2のように改訂して用いている。

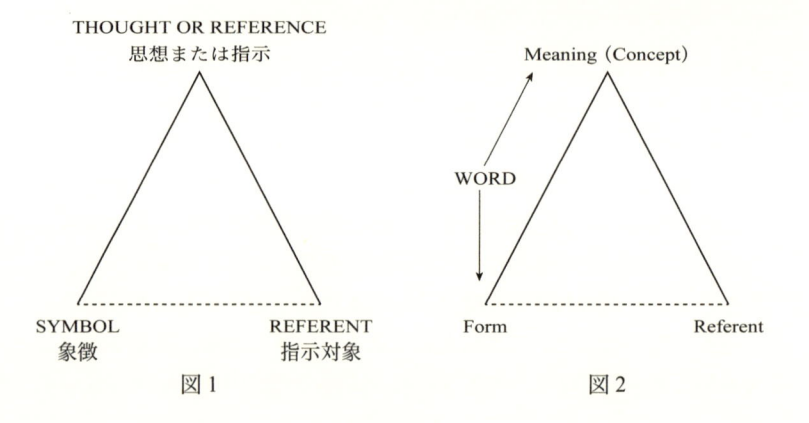

図1

図2

この図は実際の言語使用の際に問題となる3つの要素を規定し，その相互関係を明らかにしようとしたものである。ここでの実線は直接的な関係を示し，点線は間接的な関係を示している。左下の SYMBOL (=Form) は言語記号を示し，頂点の THOUGHT OR REFERENCE (=Meaning (Concept)) は言語使用者が考える思想を示し，右下の REFERENT は言語記号の表わす外界のものを指示するという関係にある。すなわち，形式は形式と指示対象の両者と，それぞれ独立に連合している概念的な意味を通じて指示対象に関係づけられていることを示しているのである。

1.3 刺激－反応

上述の2つは心理的な対象物を媒介して意味を定義しようとしているところに問題があった。意味の三角形における頂点も明らかに心理的な対象物である。そこで心理的な要素を排除しようとすれば，残るのは左右の2点だけということになる。この2点を刺激 (stimulus) と反応 (response) という概念に結びつけ，図3のように表わしたのがブルームフィールド (Bloomfield (1933:26)) である。

$$S \longrightarrow r\ldots\ldots s \longrightarrow R$$
図3

小文字を点線で結んだ r.......s の部分が言語の世界を示し，大文字の S と R が言語の世界を取り巻いている現実の場面を示している。したがって，S と R はそれぞれ実際の刺激と反応を示していることになる。例えば A が空腹な B にりんごを見せる（刺激 S）と B がりんごを取って食べれば（反応 R），これは現実の場面での S-R である。しかし A がりんごを見せるという同じ刺激 S に対し，B がりんごを取るという実際の行動（反応 R）に出る代わりに「りんごが欲しい」と発声したとすると，これは反応 r となる。すなわち，言語を通しての代用反応 r を行なっていることになる。この代用反応はそばにいる

聞き手に言語を通しての代用刺激 s を起こさせ，この代用刺激に対して実際にりんごを取るという反応 R をおこすのである。これを有名な条件反射を用いて apple という語の意味の習得に言い換えると以下のようになる。

(3) a. 人にりんごを見せる。⟶ 人は食べてみたいと思う。
　　b. 人にりんごを見せると同時に apple という語を使う。⟶ 人は食べてみたいと思う。
　　c. 人に apple という語を聞かせる。⟶ 人は食べてみたいと思う。

(3) ではりんごを見せるという刺激 S と同時に apple と発する刺激 s という条件づけの結果，apple という語のみの刺激 s が食べてみたいという反応 R に結びつく結果となる。すなわち，話し手が言語形式を発するという刺激 s の結果，その言語形式が聞き手の中に反応 R を呼びおこしたのである。したがって apple という語に対し，それを食べてみたいと思う，という反応 R が apple の意味ということになるのである。

　しかし語を発する刺激に対する反応が意味であるとすれば，その反応は常に一定でなければならない。ところがこれはいろいろな場面によって当然変化してくるので，この説も意味解釈にとっては問題があると言わざるをえない。そこでブルームフィールドは意味の定義に関し以下に示すような「場面」という要素を組み込むが，これもある語が用いられる全ての場面を想定することは不可能であり，またそれから共通項を抽出することも不可能ということになる。以上の理由から，この説も意味の定義に関しては不適切と言わざるをえない。

We have defined these meaning of a linguistic form as the situation in which the speaker utters it and the response which it calls forth in the hearer.

(我われは言語形式の意味とは，話し手がそれを発する場面，並びにそれが聞き手にひき起こす反応であると定義した。)

(Bloomfield 1933 : 139)

以上代表的な意味の捉え方をみてきた。この他にも数種類の説があるが，それぞれに問題があり，完全な意味の定義に関しては未だ確立したものはないのである。

2. 成分分析

前節で見たように，語をそれ以上分解できない単位として，その意味を捉えようとすると色々な問題が生じる。そこで語もいくつかの要素から構成されていると考えれば，語におけるお互いの類似点や相違点が明確になり，意味の分析にも繋がることになる。これはあたかも音韻論で言語音をいくつかの素性の束として扱ったのと同様の考え方で，ここでは語をいくつかの意味素性（semantic feature）から構成される素性の束として扱うことにする。このように語が基本的な意味成分に分解できるという分析方法は成分分析（componential analysis）と呼ばれる。

何が意味成分となり得るかという決定に際しては，先ず部分的に意味が類似していると思われる語を比較し，次にそれらの意味の分化に関する相違点を見つけることが必要である。例えば man と woman では，[human] という点では類似しているが，前者は [male] で，後者は [female] という点で区別される。次に man と woman に対する関係は bull と cow に対する関係と同じであり，さらに，これは stallion と mare という関係にも見いだせる。ここで重要なことは，各対における man, bull, stallion が意味素性として [+male]（or [-female]）をもっているのに対し，woman, cow, mare は，[+female]（or [-male]）という意味素性をもっていることである。次に man, woman, と bull, cow, stallion, mare の関係はというと，前者は [+human] という意味素性があてられるのに対し，後者は [-human] という意味素性があて

られる点である。それでは bull, cow と stallion, mare はどういう意味素性で区別したらよいのか。これには ［bovine］という意味素性をあててみる。すると bull, cow は ［+bovine］, stallion mare は ［-bovine］となる。さらに各々のグループに child, calf, foal を付け加えたものを表1としてあげておくので再度各語の意味素性を検討してもらいたい。

	man	woman	child	bull	cow	calf	stallion	mare	foal
human	+	+	+	−	−	−	−	−	−
male	+	−		+	−		+	−	
adult	+	+	−	+	+	−	+	+	−
bovine	−	−	−	+	+	+	−	−	−

表1

　ここでの重要な点は，語の意味の成分分析による意味素性がそのまま語の意味にあてはまるのではないということである。この方法はある語の意味を他の語の意味と区別するのに必要十分な特徴をもって規定するのに有益な手段ということなのである。言い換えれば，これを用いれば各語間における意味の関係について的確な記述を行なうことが可能となり，この点に意義があるのである。

3. 意味の関係

　単語間では全く同じ意味をもつものと，全く反対の意味をもつものがある。成分分析に従うならば，意味素性が全く同じものは意味も同じであり，これは同義語（synonym）と呼ばれる。反対に，中心となる意味素性が対立しているものは意味が違う反義語（antonym）と呼ばれる。そこで，以下では単語を基にした意味関係を考察していくことにする。

3.1 同義関係

　厳密には意味が完全に等しい2語をみつけることは不可能であるが，ここでは文体的および情緒的意味を除外し，概念的意味の中で同義語

(synonym) を見ていくことにする。

(4) a. Judy is a spinster.
b. Judy is unmarried.

(5) a. The occulist examined Bill.
b. Bill was treated by the eye doctor.

(4a) と (4b) は単語が異なるが意味は同じである。また (5a) と (5b) では単語 (複合語を含む) と共に文の構造も異なるが, 意味は同じである。このようにお互いの関係が同じものを同義関係 (synonymy) と呼ぶ。(4a, b) では spinster の意味素性の1つである unmarried が使われていることから2つの語が同義語であることが明白である。

3.2 包摂関係, 上下関係
同義は意味的に重なり合う等合関係であるが, 1つの意味が他の意味に含まれる, すなわち, お互いが上下の状況をもつものは, 包摂関係, あるいは上下関係 (hyponymy) と呼ばれる。

(6) a. The meaning of a flower includes the meaning of a rose.
b. The meaning of an auto theft includes illegal.

(6a) における flower は rose より一般的であり, (6b) の auto theft は当然 illegal という意味合いを含んでいる。この場合範囲が広い一般的な語を上位語 (hypernym), 範囲の狭い特定的な語を下位語 (hyponym) と呼ぶ。
それでは下位語に対して常に上位語があるかといえば, そうではない。以下に示すように常に包摂関係は成立するとは限らないのである。

(7)　hypernym　　　　　　hyponym
　　　a. child　　>　son　　：daughter
　　　b. parent　>　father　：mother
　　　c. ∅　　　>　nephew　：niece
　　　d. ∅　　　>　uncle　：aunt

　さらに (8a, b) からわかるように，包摂 (inclusion) の関係にある 2 文での意味的に含まれているものは，ある意味から他の意味への一方向である場合が多い。

(8)　a. I have a bullterrier.
　　　b. I have a dog.

(8a) の bullterrier は (8b) の dog の下位語であるから，(8a) は (8b) を意味する。しかし，(8b) のように言ったとしても，(8a) のことを意味しているとは限らない。すなわち，dog には，poodle, bulldog, sheep dog のように色々な種類の犬がいるからである。

3.3　非両立関係

　意味の中には互いに相容れない関係のものがある。これは非両立性 (incompatibility) と呼ばれるが，ある一つの実体が選択されると他のものはすべて排除されてしまうような関係を言う。たとえば，(9) のように，

(9)　This tiger is white.

と言えば，トラという動物はライオンでもヒョウでもなく，トラ以外の何者でもない。また白色を選択すると，他の色はすべて排除されてしまう。これは数多くある色彩の中で，白色というのは他の色と決して混同されることはないからである。この他，曜日では日曜日を選

択すると，他の6曜日は全て排除されてしまう。即ち，日曜日と「月曜日や土曜日」は決して重複される概念ではない。このように1対多の関係で成立するものを非両立性と呼ぶ。

3.4 背反関係

これに対して，背反関係（complementary）とは，一方を肯定すれば，他方が必然的に否定されてしまうような関係をいう。これには man:woman, married:unmarried, present: absent, alive :. dead などのように1対1の関係で相反する関係にあるものを言う。したがって，かつて話題となったが，cupid の性別について，

　　(10) a. *Cupid is both a boy and a girl.
　　　　 b. *Cupid is neither a boy or a girl.

のようには言えず，cupid は男性であると明言する必要がある。

3.5 反義関係

一対の語が正反対の意味を表しているような場合，その関係を反義関係（antonymy）と呼ぶ。

これには (11) のような「程度による反義関係（gradable pairs of antonym）」と，(12) に見られる「方向による反義関係（directional pairs of antonym）」がある。

　　(11) big/small　hot/cold　fast/slow　happy/sad
　　　　 a. John lives in a big mansion.
　　　　 b. Susan lives in a small cottage.

　　(12) go/come　sell/buy　teach/learn
　　　　 a. Professor Strong teaches linguistics.
　　　　 b. Sophomores learn linguistics at D university.

このような反義関係の観点からみると，先にあげた背反関係も complementary pairs として反義関係の一種に分類することも可能である。

4. 意味の曖昧性

われわれは「あの人が言っていることは曖昧だ」という表現をよく使う。この曖昧性（ambiguity）と呼ばれる言語現象はどのようにして生じるのかを見ていきたい。これには，語のレベルでの曖昧性と文構造のレベルでの曖昧性の2つが考えられるが，まず語のレベルについて見ていくことにする。

ほとんどの語はその表わす意味は1つであろう。しかし表わす意味が2つ，あるいはそれ以上ある語も少なくない。そこで形態が同じで，2つ以上の意味を表わすことを同音異義性（homonymy）と呼ぶ。例えば bank は「銀行」と「堤防」，glasses は「めがね」と「ガラスのコップ」，ball は「ボール」と「舞踏会」のように2つの意味をもっている。このような語は同音異義語（homonym）と呼ばれる。同音異義語を含む（13a, b, c）には当然2通りの解釈が可能となる。

(13) a. Mary took her brother to the bank.
　　 b. Ronald asked his father to buy the glasses.
　　 c. Janette is expecting a colourful ball.

語によっては2通りに限らず，数種の解釈を許す場合もおこる。paper という単語には一般に使う「紙」という意味の他に，それに関連して「書類」，「研究論文」，「新聞」，「紙幣」，「手形」，「手紙」など実に様々な意味をもっている。さらに発音は同じでも綴りと意味が違う語もある。これは異綴同音異義語（homophone）と呼ばれ，air: heir, sun: son, night: knight などがこれにあたる。他には第2節で紹介した mean という単語がもつ意味のヴァリエーションを多義性（polysemy）と呼ばれる捉え方と，上述の同音異義性という2つの捉え方をするこ

ともよく挙げられる例である。
　次に文構造での曖昧性を見てみよう。

　　（14）a. I observed Ken in the church.
　　　　　b. We had to decide on the plane.
　　　　　c. Flying planes can be dangerous.
　　　　　d. Mr. Howard likes baseball better than his wife.

（14a）は in the church という前置詞句の修飾関係から生じる曖昧性である。「教会にいる Ken を見た」のか，「私が教会にいて Ken を見た」のか，すなわち，教会にいるのは誰かということになる。（14b）では decide という動詞を他動詞の decide（決心する）とするか，自動詞の decide on（ーに決定する）とするかに起因する曖昧性である。（14c）は Flying planes の深層構造として，we fly planes と planes which are flying の2つが考えられることによる曖昧性である。すなわち，名詞（planes）が動詞相当語句（flying）に対し，意味的に主語と目的語という2つに機能することに起因する。最後の（14d）は，異なった深層構造要素の消去により生じる曖昧性である。すなわち，than 以下を than Mr. Howard likes his wife とするか than his wife likes baseball とするかである。以上のように曖昧性は語のレベルにも文構造のレベルにも見いだせる意味の特質ともいえる重要な概念である。

5.　意味の真偽性

　前節で言語のもつ意味の曖昧性についてみたが，言語の情報伝達という機能を第一義的に考えるならば，言語によって伝えられた情報の真偽（true/false）という点がより重要な問題となってくる。例えば次のような2文を考えてみよう。

　　（15）a. Professor Jones teaches semantics.
　　　　　b. Janette played Bach on the piano.

(15a, b) の真偽について，われわれは答えることができるだろうか。答えは否である。すなわち，(15a) の Prof. Jones は Phonetics を教えているかも知れないし，また semantics を教えているのは Prof. Ulmann かもしれない。同様に (15b) では，どうして Susan でなく Janette が，Beethoven でなく Bach を，violin でなく piano で弾いたといえるだろうか。このように言語学的観点からの真偽（linguistically true/false）だけでは判断できない文もある。これらは総合的文（synthetic sentence）と呼ばれ，経験的観点からの真偽（empirically true/false）に基づいて判断されるため，意味論の対象からは除外される。ところが以下の文はどうであろうか。

(16) a. Either it is muggy here or it is not muggy here.
b. If Charles is strong and Peter is strong, then Charles is strong.
(17) a. *It is muggy here and it is not muggy here.
b. *If Charles is strong, and Peter is strong, then Charles is not strong.

(16, 17) に関しては，その真理価（truth value）(true=T, false=F) を言語学的観点からのみ決定できる。すなわち，(16a, b) の各文は真であり，(17a, b) の各文は偽であることが言語上の意味により決定される。このようにして決定される (16, 17) は分析的真（analytical truth）と呼ばれる。また (16, 17) には「論理語」(logical word) と呼ばれる either or, and, if～then, not が含まれており，これらの論理語が真理価の決定に関与することから，これらの文は論理的真（logical truth）とも呼ばれる。either or, if～then を持つ (16a, b) は真であり，and, not および if～then, not を持つ (17a, b) が偽であることは明白である。しかし，ここで注意しなければならないのは，真理価と論理的真との混同をさけなければならない点である。すなわち，if～then という論理語が現れる文の真理価が常に真であるとは限らないのである。上述のように，if～then という論理語を持つ (16b) は論理的に

真であり，かつ真理価も真である。ところが，if～then を持った文でもその真理価が偽である場合もある。例えば以下の文をみて見よう。

(18) a. *If Charles is strong, and Peter is strong then Charles is feeble. (F)
b. *If James killed the tiger, then it is still alive. (F)

(18a, b) では，2文とも IF THEN 構造をもつが，その真理価は真とはいえない。このようなことが起こるのは，この論理構造に有意味な記述的語彙 (descriptive word) を使用する為に文の意味解釈がこの論理構造における論理的真を妨害する結果となっているからである。そこでこれを避けるために論理構造を以下のような形で一般化してみる。

(19) a. If S and S′, then S.　(T)
b. If S and S′, then not S.　(F)

(19a) は，S という一般化された平叙文を用いて if S と then S という2つが同じ S であることを述べており，(T) である。一方 (19b) は S ならば (if S) は S でない (then not S) と言っているのであるから (F) である。そこで (16b) は真であり，(17b) は偽ということになる。このことより，2つの S における記述的語彙が，もし違っていたとしても，それは同義語でなければならないことになる。例えば，以下の文では記述的語彙が使われているが，(20a) における bull と bovine の関係は第3節でみたように bovine は bull を構成する意味素性であり，(20b) における killed と died はお互いに因果関係がある。したがって，(20a, b) はともに論理的真である。

(20) a. If Blacky is a bull, then Blacky is bovine.　(T)
b. If James killed the tiger, then the tiger died.　(T)

以上のことから記述的語彙であっても bull=bovine and adult and male という関係が正しいとすると，次のような語彙変換が可能になる。

(21) a. Definition of the word
　　　　bull=Def. "bovine and adult and male"
　　　b. Logical form.
　　　　If Blacky is a bull, then Blacky is bovine.
　　　c. Replacement of the word *bull* with the definition.
　　　　If Blacky is bovine and adult and male, then Blacky is bovine.

これは記述的語彙を含む文であっても，(21a, b, c) に示すようなある語のしかるべき定義をもって交替すれば，常に論理的真の文に変換することが可能であることを示している。このようにある語の定義を用い，それで記述的語彙を交替することによって，論理的真の文に変換可能な文は分析文（analytic sentence）と呼ばれる。

6. 含意と前提

文は記述的語彙の集合から成るので，各々の語彙がもつ意味により，その文意は真にも偽にもなりうる。文のもつ真偽の関係という点に注目すると，いま 1 つ意味論で扱うべき重要な概念が生じる。まず文意の真関係（truth relation）に関する問題について，次の文を見てみよう。

(22) a. Mr. Bond killed two spies.
　　　b. Two spies died.

(23) a. Ron is married to Nancy.
　　　b. Nancy is Ron's wife.

(24) a. Diana bought a castle.
　　　b. Diana bought something.

(22)-(24) における，文a, bの関係は，文aが文bを内包しているといえる。言い換えれば，文aは文bの意味も伝えていることになる。すなわち，文aが真ならば，文bも真とならねばならない。このことを確かめるためには主となる文を否定してみるとよい。例えば，(22)-(24) の文aを否定文に変えると，

(25) a. Mr. Bond did not kill two spies.
b. Ron is not married to Nancy.
c. Diana did not buy a castle.

のようになり，(25a, b, c) はそれぞれ (22b, 23b, 24b) を意味しなくなる。そこで2つの文SとS'において，もしSが真ならばS'も真となる真関係が成立するならば，S'はSの含意 (entailment) であるという。すなわち，2文は論理的に等価 (logically equivalent) なのである。また上で見たように，このS'がSの含意となる関係では，主命題Sが否定されるとS'も否定されて消滅してしまう。このような場合S'は「否定の影響」を受けるという。

では2文において真関係が成立する場合は，S'は必ず否定の影響を受けるのであろうか。この点については以下の有名な例文を観察してみたい。

(26) a. The present King of France is bald.
b. The present King of France is not bald.
c. There is a present King of France.

(27) a. John realizes that his car has been stolen.
b. John does not realize that his car has been stolen.
c. John's car has been stolen.

(Akmajian et al. 1984: 254)

(26b), (27b) はそれぞれ (26a), (27a) を否定したものであるが, (26c), (27c) を基準にして考えると, それぞれの意味は成立する。すなわち, (26c) 及び, (27c) が真であるならば, (26a, b), (27a, b) は真であるといえる。このことは, 基準となる (26c), (27c) が否定されると (26a, b) と (27a, b) が以下のように意味の通らない文になることからも容易に理解できる。

(28) a. *The present King of France is bald but there is not a present King of France.
b. *John realized that his car has been stolen but John's car has not been stolen.

いま (26a, b) と (27a, b) に対して「基準」ということばで表現した (26c) 及び (27c) は, 意味論では前提 (presupposition)(あるいは, 意味論的前提 (semantic presupposition) と呼ばれる。前提とは, 2つの文 S と S′ において S が真ならば S′ も真という真関係が成立する時, たとえ S が否定されでも, S′ は成立する意味関係のことをいう。すなわち, 含意の場合と異なり主命題 S が否定されても S′ は否定の影響を受けて消滅しないものをいうのである。このことより前提は含意の特殊なケースであるとも言われる。

7. イディオム

ことばの意味とは, 単語のみの意味 (lexical semantics) と, それが複数個集まった時に解釈される意味 (compositional semantics) との2つの観点から分析される。たとえば, 以下の例を見てみると

(29) a. Robert loves Suzan.
b. Suzan loves Robert.

このふたつの文には, 全くまったく同じ語彙が使用されている。そ

の意味ではこの2つの文に曖昧性はない。しかし、2つの文の命題として具現されている事実には異なった意味解釈が成立する。即ち、RobertがSuzanを愛しているからといって、Suzanも必ずしもRobertを愛しているとは限らないことから、(29a)の文が正しいからといって、(29b)の文も正しい内容を伝えているとはならない点に注意する必要がある。言い換えれば、(29b)はあるコンテクストのもとでは間違いであると言える。これも単語の意味が理解できたからといって、ここでの2つの文の意味が正しく理解できたとは言えない。この例はふたつの文をひとつのセットとして意味解釈を行った際にのみ具現する事実で、単語レベルでは正しい意味解釈ができないことを物語っている。

この点において、単語の意味だけでは決して正しい意味解釈ができない特殊な例がイディオム（idiom）といわれ、これは複数個の単語の集合からなる意味解釈である。中でも特に有名なイディオムとしてkick the bucket という表現がある。これは文字通りに解釈すれば、「バケツを蹴る」という意味しか見えてこないが、実は、この表現で「死ぬ」という内容を意味している。言語表現では忌み嫌う内容を表すには色々な迂言的表現が用いられるが、英語の場合もdieに対しては、pass awayが広く用いられる。日本語などでも同じで「死ぬ」の表現には「亡くなる」「お隠れになる」「崩御される」など多数ある。その中で、一件関係がないような表現をもって、「死ぬ」という意味を表しているのが、kick the bucketである。このイディオムの語源とは、かって、罪人に対して絞首刑を行う際、バケツを逆さにしておきその上に罪人をのせ、このバケツを蹴ることで絞首刑が遂行された。この死刑執行にもとづき、このような表現が生まれたのである。これなどは、その経緯を知っているなら、バケツを蹴る＝死ぬという事実につながるだろうが、それを知らない限りは、バケツを蹴ることと死ぬこととの関連性はない。この他にも下記の例（30）を見てみよう。

(30) a. sell down the river　　　…を裏切る。だます。台無しになる。
　　　b. rake over the coals (ashes)　過去の不愉快なことを話題にする。
　　　c. put his foot in one's mouth　へまな事を言う。言いしくじる
　　　d. drop the ball　　　　　　失敗をする。へまをする。
　　　e. bite one's tongue off　　　言ったことを後悔する。(舌をかみ切る)

以上のイディオムは個々の単語の意味が分かっても(30)にあげた例は正しい意味解釈に結びつかず，単語集合体として特別な意味を形成しているのである。したがって，下記に上げた例文(31)ではイディオムとして表現される解釈と，そうでないものとではまったくその意味解釈は異なるものとなってしまう。

(31) a. Betty put her foot in the mouth.
　　　　　　　　　(Bettyはへまなことを言った。)
　　　b. Betty put her ring in her drawer.
　　　　　　　　　(Bettyは指輪をタンスにいれた。)

以上のことから，日常生活の意味とは単に単語の意味が理解できたらそれで十分というのではなく，その単語が構成する文，またある一つの集合体として捉えられた時の意味も視野にいれて分析を行わなければ正しい意味解釈は成立しない。イディオムと言われる特殊な意味解釈が必要とされる所以である。

8. 文の意味解釈

　伝統的な意味論は語を中心とするものであり，われわれも語のレベルで意味論の基本概念をみてきた。一方新しい意味論は，文の意味解釈がどのようにして与えられるかという点に焦点を合わせたもので，

統語論と結びついた，文を中心としたものである。ここでの新しい意味論とは第 10 章でみた生成変形文法の枠組みの中で誕生したものを言う。そこで文の意味解釈という観点において先駆的役割を果たしたカッツとフォーダー（Katz & Fodor）の理論を中心に，最近の文法理論における意味の捉え方について見に行くことにする。

8.1 カッツとフォーダーの理論

文が生成されるには，単語と統語構造が必要である。そこでこの 2 つを基礎として文が成り立つのに必要な要素がすべて備わった統語部門の存在を仮定する。次に文の意味解釈という点から相互に関係がある 2 つの部門を設定する。1 つは辞書（dictionary）と呼ばれる部門で，ここには文の意味解釈に必要な語彙項目（lexical item）が含まれる。他の 1 つは投射規則（projection rule）と呼ばれる，統語構造と密接な関係にある一連の規則からなる部門である。先ず辞書であるが，ここに登録される単語は 1 つ，あるいはそれ以上の複数の意味をもつことがあるので，以下に示すような各種の情報が登録されることになる。

(32) 1. noun, adjective などの品詞を表わす文法標識（grammatical marker）
2. Human, Male など単語間における意味関係を表わし，特定の単語の意味を表わすものではなく，他の幾つかの単語にも，共通な意味を表わす意味標識（semantic marker）
3. 他とは共有しない個々の単語がもつ特別な意味を表わす識別素（distinguisher）
4. 語と語の文法的共起関係を示す選択制限（selection restriction）

これを，カッツとフォーダーによる有名な bachelor という例で示すと，(33) のようになる。

(33)
```
                      bachelor
                         │
                        noun
                       ╱    ╲
                  (Human)   (Animal)
                  ╱    ╲        │
              (Male)  [who has  (Male)
              ╱   ╲   the first   │
        [who has [young or lowest [young fur seal
        never   knight  academic when without a
        married] serving degree]  mate during the
                under the         breeding time]
                standard of
                another knight]
```

(Fodor 1977: 65)

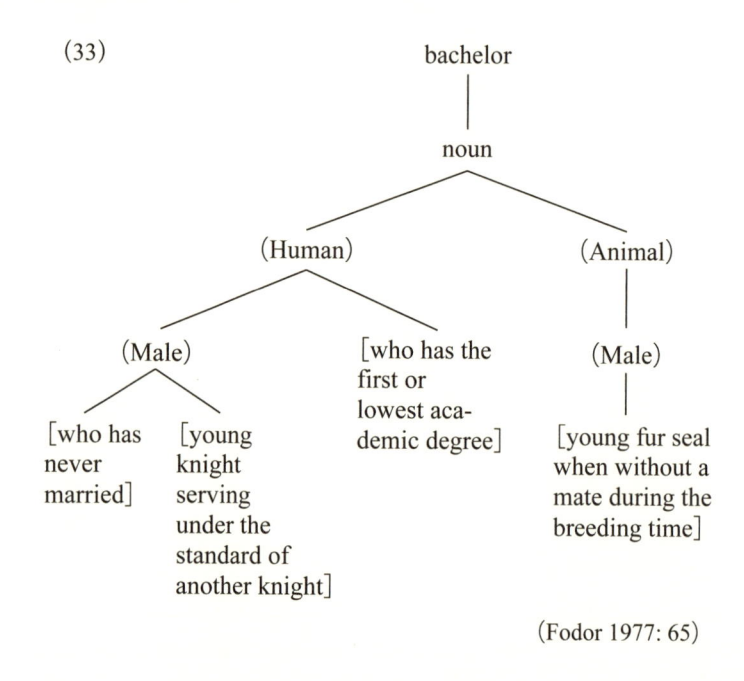

　(33) の [ ] で示された [who has never married] どが識別素と呼ばれるもので，選択制限はこれには示されていない。
　次に投射規則について見てみる。まず文全体の意味解釈をするのに辞書で得た語彙項目を深層構造における各々の句構造標識に挿入する。語彙項目の挿入が完了すると，枝分かれ図の一番下の構成素から，順次上方の構成素へ，それぞれの構成素がもつ読み (reading) を合併 (amalgamating) するように，この規則を適用していくのである。具体例として以下の (34) に投射規則を適用して意味解釈を与えてみよう。

(34)

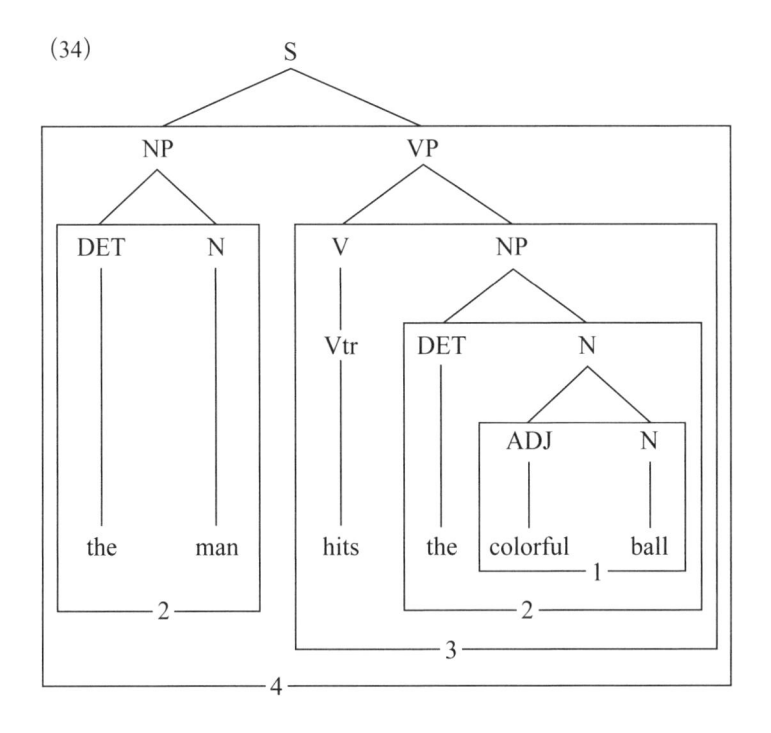

```
                          S
              ┌───────────┴───────────┐
              NP                      VP
           ┌──┴──┐              ┌─────┴─────┐
          DET    N              V           NP
           │     │              │       ┌───┴───┐
           │     │             Vtr     DET      N
           │     │              │       │    ┌──┴──┐
           │     │              │       │   ADJ    N
           │     │              │       │    │     │
          the   man            hits    the colorful ball
```

投射規則は，まず最下位にある N という節点に直接支配されている ADJ の colorful と N の ball に適用され，N としての colorful ball という読みが得られる。次に冠詞と名詞に対して投射規則は二度適用され，その結果，DET の the と N の man，DET の the と既に規則が適用された N の colorful ball を合併する。第3に本動詞と目的語に対する投射規則が適用され，動詞句として hit the colorful ball という読みを得る。最後に主語と動詞句に対して投射規則が適用され，文全体の読みが得られるのである。投射規則において読みが成立するには，同一節点に直接支配された句構造標識に限るため，隣接している句構造標識，例えば N の man と V の hits，DET の the と ADJ の colorful は投射規則の適用をうけることはない。

上述のように語彙には複数の読みが可能であるが，これを制限して

正しい読みをあたえるのが選択制限である。例えば動詞の hit は目的物に対し "Physical Object" という選択制限を設けることにより，ここでの the colorful ball に対しては「華やかな丸い物体」，「色あざやかなボール」という読みは可能でも，「華やかな舞踏会」「派手な舞踏会」という読みは不可能ということになる。このような選択制限は各語彙項目に対し，投射規則における不必要な合併可能性を制限するためのものである。

さらに選択制限は以下のような文が生成されないためにも必要である。

(35) a. *Colorless green ideas sleep furiously.
b. *One of my brothers became pregnant.
c. *James said that truth exploded the dancing sound.

(35a, b, c) の各文は統語構造上での問題はない。しかし文の意味解釈という観点からみれば変則的な文である。これを説明するには単語間における共起関係という点から選択制限を設けるのが得策とされる。例えば (35a) では動詞の sleep は主語として [+animate] を，(35b) では形容詞 pregnant は主語として [+female] を要求するという選択制限を設定する。そうすれば主語と動詞との共起関係から生成された文が統語論上の制限に違反するかしないかを判断できることになる。以上のような文は表現の変則性 (anormaly) と呼ばれ，選択制限によって排除されるのである。

8.2 チョムスキーと拡大標準理論

変形文法では深層構造という抽象的なレベルを設け，そこでの語彙挿入後，意味解釈部門に移る。その結果，2つの文がたとえ表層構造が異形であろうと，同形であろうと，それぞれに適切な意味解釈を得ることができた。その際に2つの文構造が異なっていても，変形という操作を用いてその関係を明示的に説明できた。しかし変形は意味解

釈には関与しないとされている。そこで意味の類似性があっても挿入された語彙が異なれば，その文の生成過程も異なったものになるという点から意味の捉え方を見て行くことにする。まず統語論でも見たように次の2文は文構造は同じでも意味解釈は全く違ったものである。

(36) a. John is easy to please.
b. John is eager to please.

さて (36) の文をもとに次の文を見てみる。

(37) John's eagerness to please.

(36b) と (37) は意味の上では類似性があるが，表層では (36b) の eager に対し，(37) では eagerness が用いられている。そこでこの2つにおける語彙の相違という点から，2つは同じ深層構造から変形の適用をうけた後に異なった表層をもつ表現が生成されたという捉え方はされない。一方，以下に示す (38) と (36b) は同じ eager という語彙を用いていることより (38) は変形操作の適用をうけて生成されたものとされる。

(38) John's being eager to please.

(37) と (38) を比較してみると，(39a, b) のように (37) は副詞がとれず，一般の名詞句と同様，形容詞しかとることができないのに対し，(38) では副詞をとることができる。

(39) a. *John's obviously eagerness to please.
b. John's obviously being eager to please.

以上の違いにより，(37) は派生名詞化形 (derived nominal)，そし

て (38) は動名詞的名詞化形 (gerundive nominal) と呼ばれ区別される。さらに，(36a) には (40a) にみられるように，派生名詞化形を生成することができない。これは (36a) の Jonh が主格ではなく，(40b) という深層構造から，①「外置変形」，②「tough 移動変形」という操作を経て生成された文であるという理由による。

(40) a. *John's easiness to please.
b. To please John is easy.

また，語彙レベルで形容詞 easy は不定詞補文 (infinitival complement) に先行できないという関係をもつが，派生名詞化形の easiness と形容詞の easy とが同じ語彙的特徴を備えているとすれば当然 (36a) に対応する派生名詞化形 (40a) が存在しないことになる。このように，派生名詞化形とは一般名詞の主要部 (head) が，ある動詞や形容詞に対し，特別な語彙的関係 (lexical relation) をもつものとされ，(40a) 以外にも，派生名詞の形成には様々な制限がある。そこで，派生名詞は始めから基底部門で名詞（句）(nominal) という統語レベルの下で直接生成されるものとする。つまり，動名詞的名詞化形とは異なり，派生名詞化形の生成に変形操作は必要とされない。従って，being easy: easiness, また前述の being eager: eagerness は区別され，easy, easiness, eager, eagerness はそれぞれ単一の語彙項目として語彙目録に登録されることになる。このように意味解釈において変形操作を考慮せず語彙単位で考える方法は，語彙論的分析 (lexicalist analysis) と呼ばれ，チョムスキーの拡大標準理論の意味解釈における特徴である。また，深層構造と区別して意味部門を設定し，意味解釈規則を必要とする点では，上述のカッツとフォーダーの理論と共通点があり，文法には意味解釈部門が必要という点で，これらは解釈意味論 (interpretive semantics) と呼ばれる。

本節では最近の言語理論の枠組による意味解釈を概観してきた。意

味というもの自体が言語にとってなくてはならない概念であるが，それだけにその捉え方に問題もあり，その解釈には多様さを極めている。その意味でも，今後さらに意味論という分野が研究されるべき分野であると言える。

参考文献

Akmajian, Adrian, Richard A. Demers, and Robert M. Harnish. 1979. *Linguistics: An Introduction to Language and Communication*. Cambridge, Mass. : The MIT Press.

Bloomfield, Leonard. 1933. *Language*. London: George Allen and Unwin Ltd. （三宅鴻・日野資純訳『言語』大修館書店）

Fodor, Janet D. 1977. *Semantics: Theory of Meaning in Generative Grammar*. New York: Thomas Y. Crowell Company.

Jackendoff, Ray. 1972. *Semantic Interpretation in Generative Grammar*. Cambridge Mass: The MIT Press.

Kats, Jerrold and Paul Postal. 1964. *An Integrated Theory of Linguistic Description*. Cambridge Mass.: The MIT Press.

Kempson, Ruth. 1977. *Semantic Theory*. Cambridge : Cambridge University Press.

Lyons, John. 1968. *Introduction to Theoretical Linguistics*. Cambridge: Cambridge University Press.

Ogden, C. K. and I. A. Richards. 1923. *The Meaning of Meaning*. London: Routledge and Kegan Paul.

第12章　語　用　論

　　チョムスキーにより提唱された生成変形文法では，言語研究の目的は母語話者の文法能力を記述，説明することにあり，現実の言語の運用能力はその研究から除外されてきた。現実の言語の運用という状況では，話し手と聞き手の関係が重要な課題となる。これには話し手による発話の場面，意図，さらに聞き手に対する影響が考えられ，と同時に聞き手の反応なども考えられる。しかし，チョムスキーの枠組みではこのような話し手と聞き手の関係は一切考慮されないで言語の分析が進められてきた。確かに言語を構成するのに必要な領域は音声と意味に関する音韻論，文の構成に関する統語論，さらに意味解釈に関する意味論という3つの領域によって成立していると言える。しかし，意味解釈，とくに「意味とは」という問題に対する適切な意味の定義は未だになされておらず，意味とは第一義的に具現されている記号（指示）と，その指示対象との関連を記述しているにすぎない。その意味では，言語本来の姿を的確に捉えているかというと問題があると言わざるを得ない。言い換えれば，従来の意味論では1つの言語モデル内の形式意味論なのである。一方で，言語がもつ意思疎通という本来の機能を考えると，話し手と聞き手の間で実際に生じる種々のケースを研究対象とする意味解釈，即ち，実践的意味論と呼べる，表面には現れない意味解釈が分析できる領域が必要となってくる。この点に関して次の例文を見てみよう。

　　(1)　You've come to the right place. I'm just putting dinner on the table.

Trueman Capote "Hospitality" in *Music for Chamereon*

例（1）は確かに音韻論，統語論，意味論という3分野からの分析で，文構造や意味解釈は可能であるように思える。しかし，特に意味論の立場からこれを分析した場合，次のような解釈以外に，表面には現れない重要な意味が含まれているという分析は可能だろうか。

(2) ちょうどよいところに来たね。食事の用意ができたところだ。

しかし，(2) が意味するところは，単に食事の用意ができたという意味の他に，慣例的に「是非食事を一緒にしよう。」という意味解釈が成り立つことが容易に判断できる。残念ながら，意味論からの解釈では「一緒に食事をしよう」という食事への勧誘の意味を分析することは不可能に近い。即ち，(1) で発話された内容にはこの意味は含まれていない。しかし，この状況下では，「食事への勧誘」という意味解釈が最も重要な点である。それにも関わらず，現行の意味論からは，このような意味を分析することは不可能である。ここでいう状況とはコンテクストと呼ばれる概念である。このコンテクストがなければ，如何なる発話も正しい意味解釈は成立しない。しかしながら，意味論にはこのコンテクストによる意味解釈という方法論は考慮されない。この点から言語の語法，慣用法などを含む文の意味を話し手と聞き手の立場から，場面の脈絡（context of situation）に沿って研究する分野が言語哲学者を始めとして，ハリデー（M.A.K Halliday）などによって盛んに論じられるようになった。またリーチ（Geoffrey Leech）はグライス（H.P.Grice）やレビンソン（Stephen Levinson）に見られる会話の原則（Maxims of Conversation）や協調の原理（Cooperative Principle），ポライトネス理論（Politeness Theory）と呼ばれる話し手と聞き手との関係を重視した談話分析を行った。このような方法論は「意味から意味論を取りのぞいたもの（meaning minus semantics）」と言われ，これが語用論（pragmatics）と呼ばれる分野である。

Levinson (1983:9) は語用論を以下のように定義している。

(3) Pragmatics is the study of those relations between language and context that are grammaticalized, or encoded in the structure of language.
（語用論とは，言語の構造において文法化され，あるいは，記号化された言語とコンテクストとの関係を研究する学問である。）

ここで，コンテクストという概念をもう少し詳しくハリデー（Halliday: 2014）の枠組みで見てみよう。

ハリデーは，言語の使用方法に重きをおいた分析，機能言語学（Functional Linguistics）という枠組みから言語を分析することで知られている。特にハリデーは，選択体系機能言語学（Systemic Functional Linguistics）と呼ばれるアプローチを提唱するが，ハリデーによると，言語という実態，これを語彙文法層（lexico-grammar）と呼ぶが，これ以前に，以下の 2 つのコンテクスト層があると言う。

(4) a. 文化のコンテクスト（Context of Culture）
    b. 状況のコンテクスト（Context of Situation）

(4a) は潜在的なコンテクストで，物事の認識や社会関係，行動様式等から成立する。またこれにはジャンル（genre）として知られる，ある文化のもとで一定の定められた段階（stage）によって発話が具現されていく状況をさす概念がある。言い換えれば，言語の具現化は文化によって決定されるという考え方である。例えば品物の購入には，通常は以下のようのやりとりによって進んでいく。

(5) Shop Clark (SC): Can I help you?
    Customer (C): Show me this scarf in the case.

SC: Yes. Is this what you wanted?
C: Yes, how much is this?
SC: 225 dollars including tax, ma'am.
C: All right, I will take it.
SC: How would you like to pay?
C: Can you accept a credit card?
SC: Of course we can.
C: Here you are.
SC: May I have your signature here, please?
C: All right.
SC: Thank you very much. Please come again soon.

このように先ず，品物の売買に関する言語理解には「文化のコンテクスト」という概念があり，次に（4b）であげた「状況のコンテクスト」という段階が必要となる。

これは言語使用域（register）と呼ばれる，（6）に示される3つの機能的側面から成る。

(6) 活動領域（field）：何についての会話か，文の内容，話題
役割関係（tenor）：話し手と聞き手，書き手と読み手との関係
伝達様式（mode）：どのように伝えるのか，話し言葉か書き言葉か

以上の3つが言語理解に大いに関与することになる。この点に関しては，次の例文を見てみよう。

(7) I suggest we attack the reds

これは Eggins（2004:8）から取られた例文であるが，特に重要なのは

suggest という動詞の意味である。これは通常は,「提案する」とか「ほのめかす」という意味にとられるが,実はこれが誰に対しての発話であるかによって,この suggest は意味が異なってくる。例えば先輩や上司が部下に対してこのように言えば,これは「命令」に近い発話となり,聞き手の意志はほとんど認められない。反対に部下が上司に対して使用すると,「懇願」となり,「なんとかお願いします。」という丁寧な依頼になる。上述した「提案,ほのめかし」はあくまで,話し手と聞き手の立場が対等であるという場合のみ成立する。この点から一つの発話も話し手と聞き手の関係（tenor）が明確でなければ正しい意味解釈はできない。さらに reds の意味も極めて曖昧で,どのような領域の中で reds という語彙が用いられているかにより,「赤」という色が意味する実体はすべて含まれることになる。例えば,赤鉛筆,赤い包み紙のキャンディー,赤ワイン,共産主義者,赤いユニフォームを着た選手等々。特に日本語の環境では,赤門で知られる東京大学を受験するという意味にも使用可能であろう。とすれば,(7) の意味は「東大受験に挑戦しよう。」ということにもなる。さらに,これが話し手と聞き手による音声言語によって具現された音声言語による表現か,または書き手と読み手によって具現された書記言語としての表現かによってもその意味するところは異なるはずである。

　ここでも意味論では正しい意味解釈をするには限界がある,否,不可能であると言っても過言ではない。このように意味論で扱えなかったコンテクストに則った話し手と聞き手の関係からなる意味解釈を扱うのが語用論と呼ばれる分野である。このほかにも Kempson (1975:237ff) が指摘しているように,ダイクシス（deixis）（発話内依存直示性）と呼ばれる代名詞や固有名詞がある発話の中でどのように働くかを研究する部門も含まれる。

1. オースティンと発話行為
　語用論の中では発話行為理論と呼ばれるものが特に研究が進んでおり,ここではオースティン（J. L. Austin）の理論にそって発話行為に

ついて簡単に見ていくことにする。
まず以下の文を見てみよう。

(8) a. I see a beautiful mountain.
　　b. I buy a personal computer.

(8a, b) は「見る」,「買う」という行為を単に記述しているにすぎず,このような平叙文は事実確認文 (constative sentence) と呼ばれる。では次の文はどうであろうか。

(9) a. I acknowledge this statement to be true.
　　b. I nominate Mr. Earnest for Mayor.
　　c. I guarantee this diamond to be guniune.
　　d. I advise you to major in linguistics.
　　e. I congratulate you on your recent marriage.
　　f. I request you to sign the paper.

(9a-f) の文は発話されれば, ある行為を遂行していることになる。すなわち,「言う」ということがある行為を単に述べているのではなく, 同時にその行為を行なっているのである。(9) において話し手は, (a) 確認行為, (b) 指名行為, (c) 保証行為, (d) 助言行為, (e) 祝辞行為, (f) 要求行為を遂行していることになる。そこでこれらは, 行為遂行文 (performative sentence) と呼ばれ, (8a, b) の事実確認文とは区別される。さらに, (9a-f) に現われた動詞は遂行動詞 (performative verb) という特別な名称で呼ばれる。このように考えると行為遂行文とは, 以下のように定義することができる。

(10) 1. 発話することにより, 同時にある行為を遂行する。
　　 2. 発話の主語は一人称単数である。
　　 3. 発話は肯定形で能動態である。

4. 遂行動詞という特別に分類された動詞をもつが，それは，直説法現在時制である。

では1つの発話に対し，発話と行為は常に一対一の関係なのであろうか。これについてオースティンは，話し手が発したあるひとつの発話は聞き手に種々の行為を引き起こすとして，話し手による発話の，聞き手に及ぼす行為を発話行為（speech act）と呼ぶ。この発話行為は次の3つに分類され，実際にはこの3つのタイプの行為の複合が，発話行為と呼ばれるのである。

(11) 1. 発語行為（locutionary act）
  明確かつ正常な意味で「何ごとかを言う」行為。
 2. 発語内行為（illocutionary act）
  発語行為の結果，ある具体的な行為（提案，約束など）を遂行する行為。
 3. 発語媒介行為（perlocutionary act）
  発語内行為の結果，聞き手に種々の感情や思考などをもたらす結果となる行為。

(11) に対する具体例として (9c) を使って見てみると，

(12) 1. "I guarantee this diamond to be gunuine." と発音することが発語行為。
 2. 1の結果，相手にこのダイヤモンドは本物であると保証する行為が発語内行為。
 3. 2の結果，「相手を喜ばす」という結果を得たら，これが発語媒介行為。

ということになる。
　アクメジアン等は，発語内行為と発語媒介行為として，以下の行為

を挙げている。またこれらの行為を表わす英語例はそのまま各々の行為に使用される動詞として使用されるのである。

(13) 発語内行為
asking, ordering, promising, proposing, reporting, requesting, stating, suggesting, telling, threatening.

(14) 発語媒介行為
deceiving, embarassing, impressing, inspiring, intimidating, irritating, misleading, persuading.

　以上見てきたように，全ての発話にはそれが発せられると同時に様々な行為を遂行する力が備わっているのである。このような力を発語内の力（illocutionary force）と呼ぶ。また話し手と聞き手という双方の関係からなる発話行為にあっては，聞き手による了解の確保（securing of uptake）が重要な要素となる。すなわち，話し手が色々述べたことも聞き手に了解されなかったり，聞こえなかったりした場合は，その発話は意味をなさないばかりか，どのような発語内の力が働いたとしても発語内行為や発語媒介行為は生じることはない。この点をふまえた上で，話し手，聞き手間におる発語行為の生じる場面を考慮にいれ，発語内の力により，いかなる発語内行為がおこり，その結果，いかなる発語媒介行為がおこるのかを分析することが重要な問題なのである。

2. グライスと会話の原則
　話し手と聞き手という関係が最もよく現われるのは，会話の場においてである。そこで会話とは話し手と聞き手の協力的な行為であるという前提のもとに，グライス（H. P. Grice）は以下のような協調の原理（co-operative principle）を提唱する。

(15) Make your conversational contribution such as is required, at the stage at which it occurs, by the accepted purpose of direction of the talk exchange in which you are engaged.
(係わっている会話における発話の内容をそれが生じる段階において，その会話に即した目的や方向に要求されるものであるようにせよ。)

この協調の原理を基礎に会話が成立すると仮定して，さらに次のような4つのカテゴリーから成る「会話の原則」(maxims of conversation)を設ける。

(16) 1. 量の原則（The maxim of Quantity）
　　　ⅰ　発話に必要とされるだけの情報量をもたせよ。
　　　ⅱ　発話に必要とされる以上の情報量をもたせるな。
　　2. 質の原則（The maxim of Quality）
　　　ⅰ　偽であると信じるようなことを言うな。
　　　ⅱ　妥当な確証を欠くようなことを言うな。
　　3. 関係性の原則（The maxim of Relation）
　　　ⅰ　適切であれ。
　　4. 方法の原則（The maxim of Manner）
　　　ⅰ　表現の曖昧さをさけよ。
　　　ⅱ　2通りの意味にとれることは避けよ。
　　　ⅲ　簡潔であれ。
　　　ⅳ　順序だった発話にせよ。

以上の会話の原則を基にして次の文の発話を考えてみよう。

(17) Peter went to the bank at 10 o'clock.

(17)からは Peter が10時に bank へ行ったということはわかるが，

この文は聞き手にとってはなはだ不親切な発話である。まず 10 o'clock という時刻と bank という語彙から、聞き手は Peter は午前10時に銀行へ行ったと解するのが普通であろう。しかし時間には午前と午後があり、bank にも先述のように「銀行」と「川の土手」という2つの意味がある。そこで (17) は次のような2通りの解釈が成立する。

(18) a. Peter went to the bank for depositing $2000 at 10 o'clock in the morning.
b. Peter went to the bank of the river for watching stars at 10 o'clock in the evening.

以上2通りの解釈が可能なのは、(17) の文が時間という点で (16-1i) に違反しているからであり、bank の曖昧性という点では (16-4i, ii) に違反しているからである。そこで、(17) の文の発話は文字通りの意味が一見明瞭でも、聞き手に与える「量と方法の原則」に関しては十分とは言えないことになる。このように会話の原則に従えば、話し手の文の発話に対して、また違った角度から文の意味解釈についての分析が可能となるのである。

3. より広いコンテクストから見たグライスの会話の原則

グライスの提唱する会話の原則は、確かに一般的な状況の下では成立する。故に会話の原則と言われる。しかし、これも社会的な側面を無視して、この原則が成立しないという点を理解しておく必要がある。

例えば、日本語では以下のような発話は日常茶飯事に聞くことができる

(19) a. 何もございませんが、どうぞお召し上がりになってください。
b. つまらないものですが、どうぞお受け取りください。

上の日本語例文をそのまま英語に翻訳するとすればとんでもないことになってしまうのは火をみるより明らかである。例えば，

(20)　a. ?There is nothing to offer, but please have a dinner.
　　　b. ?This is just an insipid thing, but please accept it.

　このような英語の発話は冗談，あるいは意味不明の発話以外の何ものでもなく，これを聞いた英語母語話者なら自分の耳を疑うに違いない。
　しかし，日本という文化のコンテクストにおいては，「謙譲の美徳」という文化がある以上，いくら美味しいものでも，すばらしい高価な品物でも，決して「極上の一品」というような意味のことばは使用しない。したがって，相手に品物を送る場合も，普通なら失礼にあたるはずだが，のし紙には「粗品」と書くのが通常である。
　この場合，発話者は「うそ」をついていると思っているのだろうか。決してそうではあるまい。しかし，表現上の意味からは「何もない」「つまらない物」という意味しか伝わらず，その意味では，話し手は「うそ」を言っていることになる。その結果，この日本語の例はグライスの「質の原則」に反した発話，即ち「うそ」だと思うことは言うなという原則に反していることになる。しかし，日本語では「すばらしい食事の用意ができましたので，お召し上がりください。」とか「これは滅多に手に入らない極上品ですので，お持ちしました」などというのは，かなり限られたコンテクストの場合に見られる発話であろう。その意味では日本語では「うそ」を言っているのではないと知りながら，発話内容には「うそ」の要素が入ってくるという特異な文化をもった言語であるといえる。
　反対に英語の場合は，ピアノの練習を始めたばかりの自分の子供に対して，"S/he is a talented, excellent, superb pianist" などと言って紹介するのは，明らかに質の原則に反していると言わざるを得ないが，これも欧米の文化では許される発話のひとつであろう。
　さらに，当該の話題について不適切だと思う場合など，それとは別

の観点からいかにもそれがすばらしいと言う意味の事を伝える場合もある。これなどは「軽蔑の原則（Flouting Maxims）」と呼ばれる原則で，その話題について，別の角度から軽蔑したり，あざけったりしたりする意味で用いられる原則である。これなどは，相手の紹介の際，当人の能力や技量をあまり高く評価できない場合に，それとは関係のない，服装や生活習慣，また時間の観念（約束の時間は正確に守る）等をもって，いかにも当人の長所を述べているように見せかける手法などを言う。

　以上のように，会話の原則といってもそれが適用される範囲は，社会的なコンテクストをよく理解した上で，適用することが肝要であるといえる。

4. サールと間接発話行為

　発語行為によって発語内行為がひきおこされるのは前節で見たが，ある文の発話がその文の意味によって規定される発語内行為とは別のタイプの発語内行為をひきおこすことがある。このような発語内行為のことを間接発話行為（indirect speech act）と呼び，これはサール（J. R. Searle）によって発展させられた。まず次の例を見てみよう。

　　（21）a. Student X: Let's go to the movies tonight.
　　　　　b. Student Y: I have to study for an exam.
　　　　　　　　　　　　　　　　　　　　　　（Searle 1975: 61）

　（21a）に対する（21b）の答えは一見不適当に思える。すなわち，映画に行くのなら"All right, let's go!"と答えるだろうし，行かないのなら"Sorry, I can't go tonight."と答えるのが普通だろう。しかし上でみたグライスの「関係性の原則」に基づき（21b）の発話が適切であるとすれば，これは立派な答えになっていると言える。すなわち，「試験があるので勉強しなければならない。だから今晩は行けない。」という拒否の答えである。ここで考えられることは，（21b）という発

話が決して直接的な拒否の答えではなく，単なる言明にすぎないということである。この言明という発話を通して，拒否という違ったタイプの発語内行為を生じている。言い換えれば，間接的に拒否という行為を遂行したことになる。だからこそ，これが間接発話行為なのである。では次の文はどうであろうか。

 (22) a. Could you be a little more quiet?
    b. You could be a little more quiet.
    c. I would appreciate if you would be a little more quiet.
    d. Would you kindly be a little more quiet?
    e. Would you mind not making so much noise?
    f. Why don't you be quiet?

　(22a-f) の各文は表現法は疑問文，平叙文と色々と違っても，相手に「静かにせよ。」と要請していることに違いない。これも直接的な表現を使うことなしに，聞き手を間接的に静かにさせるという発語内行為をとっているのである。
　以上のように1つの発話でもそれが表わす意味，内容は色々に変化して現われ，常に直接的な行為に止らず，聞き手に対し間接発話行為として発語内の力が働き，その発話が表わすのとは全く別の発語内行為を遂行することになるのである。

5.　スペルベルとウィルソンの関連性理論

　関連性理論（Relevance Theory）とは D. スペルベルと D. ウィルソン（Sperber, Dan and Deirdre Wilson）によって提唱された理論で，グライスの協調の原理をその出発点とし，グライスが提唱した諸原則の中から，特に関連性といわれる点のみに焦点をあてて，人間のコミュニケーションにおける，話し手と聞き手の解釈を心的表示に対してなされる推論的処理が関わる認知的な事柄であるとみなす理論である。ここで言う関連性とは，以下のようなものである。

(23) ある想定がある文脈中で何らかの文脈効果を持つとき，そしてそのときに限りその想定はその文脈中で関連性をもつ。
Sperber and Wilson（1995：122）

　現代は情報化社会と言われるごとく，我われをとり巻く環境には様々な情報があふれている。しかし，この情報をすべて理解し，利用しているかというとそうではない。多くの情報は直接我われに関係あるものではなく，その意味ではそれらの情報は関連性が低いと言える。反対に，我われの注意を引く情報とは，その人間にとって大切な情報，すなわち関連性が高い情報といえる。例えば日常生活においても，テレビのワイドショウを始め，ニュース等でとりあげられるトピックに関して，そのトピックに費やされる時間によって，その話題がいかに日常生活に関係しているかを，関連性というバロメータから容易に理解することができる。言い換えれば，情報に対する指向性は，常に，我われにとって関連性の高い情報に向けられており，関連性の低い情報には注意能力が向かないように定められているのである。このように考えると，人間のコミュニケーション能力とは，「自分に必要な，関連性のある情報には，自然にアクセスする能力を備えている。」と言えるのである。
　言い換えれば，ある情報が人間にとって必要であるか否か，またそれを処理するに値するか否かは関連性という尺度によって測られることになる。ここではその情報が前提となるコンテクストと相まって生じる，コンテクスト効果（contextual effect）が大きければ大きいほど，またその処理にかかる効果（effect）が小さければ小さいほど，その情報は関連性が大きいと言うことになる。すなわち，情報の価値とは，それを得るための労力と，その結果として生じるコンテクスト効果との相関関係によって評価されるのである。
　スペルベルとウィルソンによれば，グライスの接近法との根本的な違いはグライスが挙げた原則や原理は話し手と聞き手が適切な伝達行為をするためには「知っていなければならない規範」であるが Sperber

and Wilson (1995：50) によると，関連性の原則とは意図的明示推論的伝達 (ostensive-inferential communication) についての一般的原則であると言う。すなわち話し手は関連性の原則に「従う」というのではなく，たとえその原則を破りたいと思っても，簡単に破ることはできない。その結果，関連性の原則はすべてのケースに当てはまるというのである。これはすべての意図的明示的伝達行為は関連性の見込みを伝達するのであり，聞き手が推論的理解の際に利用するのは，関連性の原則という一般原則ではない。それは，Sperber and Wilson (1995：163) によれば，「ある特定の伝達行為によって，ある特定の関連性の見込みが伝達された。」という事実なのである，ということになる。

　関連性がコンテクスト効果の大きさと処理能力の少なさによって決定されるのは先述の通りであるが，理論的には「最小の処理能力によって，最大のコンテクスト効果を得られれば『最大の関連性』を得られたことになる」。従って，この最大の関連性を Sperber and Wilson (1995：267) は，「最適の関連性 (optimal relevance)」と呼び，実際の発話は最適の関連性を満たしているものとされる。しかし，実際の発話では「最大の関連性」を満たすことは極めて難しい。というのも聞き手が最大限にコンテクスト効果を満たすには，無限にコンテクストを拡張しなければならないからである。当然そのための処理能力は増加することと思われる。また話し手は聞き手の望んでいる情報を常に満足のいくように伝達できるとは限らない。さらに，聞き手の要望を100%理解するのは難しいし，話し手の伝達能力も常に100%の効果的な話し方をするとは言い難い。したがって，最適の関連性に関しては，以下のような見込みが条件として必要となってくる。

(24) a. 意図的明示的刺激 (ostensive stimulus) は，聞き手がそれを処理するための労力に見合う程度の関連性をもつ。
    b. 意図的明示的刺激は，伝達者の能力や好みの範囲内で最大の関連性をもつ。

(Sperber and Wilson 1995：267)

(24a) と (24b) は，それぞれ聞き手が意図的明示的刺激としての発話などに対して期待するコンテクスト効果に関して，上限と下限を設定していることになる。すわなち，聞き手はその発話を最適の関連性を持つという期待のもとに，現在得られた情報を処理していくことになるはずである。このように，意図的明示的に伝達された発話は，すべて，このような関連性の原理に即してなされたものであるという見込みの下に解釈されるのである。

　したがって，以下のような「関連性の伝達原理（communicative principle of relevance）」が定義づけられることになる。

(25) すべての意図的明示的伝達行為は，その行為自体，最適の関連性の見込みを聞き手に生じせしめている。
（Sperber and Wilson 1995：158）

　人間がコミュニケーションを成功させるには，話し手が意図的明示的な発話をする必要がある。話し手がこのような手段を用いるとは，聞き手の注意を引くに値する十分に関連ある情報を，最小限の労力で伝える内容を，効果的に伝達していることに他ならない。このように関連性理論は，話し手と聞き手との関係からなるコミュニケーションを，話し手としての人間の認知に関する普遍的な一般化として捉えられる事象を考察し，人間にとって根元的な認知活動という観点から捉え直している。この点から，関連性理論とは，語用論の基礎理論として現在大きく発展している理論なのである。

　本節では語用論という見地から，話し手と聞き手という関係に焦点をあわせ，そこでおこる色々な現象についてどのように捉えるのかを概観してきた。上述のごとく，語用論という分野の歴史はまだ浅いが，言語の運用という点で色々な角度からの研究が可能な分野である。したがって今後の研究の成果が大いに期待される分野なのである。

参考文献

Austin, J. L. 1962. *How to Do Things with Words*. 2nd ed. Cambridge, Mass: Harvard University Press. (坂本百大訳『発話行為』大修館書店)
Eggins, Suzanne. 2004 *An Introduction to Systemic Functional Linguistics*. 2nd ed. London: Continuum.
Halliday, M.A. K. 1985. *An Introduction to Functional Grammar*.2nd ed. London: Arnold.
Halliday, M.A. K. Revised by Matthiessen, C.M.I.M. 2014. *Halliday's Introduction to Functional Grammar*. London & New York: Routledge.
Sperber, Dan and Deirdre Wilson. 1986. *Relevance, Communication and Cognition*. Cambridge, Harvard University Press.
Grice, H. P. 1975. "Logic and Conversation." *Syntax and Semantics, Vol. 3*, eds. by Cole, P and J. Morgan, 41-58. New York: Academic Press.
Levinson, S. C. 1983. *Pragmatics*. Cambridge: Cambridge University Press.
Searle, John. 1960. *Speech Act*. Cambridge: Cambridge University Press.
_____. 1975. "Indirect Speech Act." *Syntax and Semantics, Vol. 3*, eds. by Cole, P. and J. Morgan. 59-82. New York: Academic Press.
Sperber, Dan and Deirdre Wilson. 1986. *Relevance, Communication and Cognition*. Cambridge: Harvard University Press.
龍城, 正明（編）．2006.『ことばは生きている：選択体系機能言語学序説』．東京：くろしお出版．

第 13 章　言語と認知

　第 6 章から第 12 章まで，英語を中心としながら，言語音や語，文構造，意味など，言語を構成するさまざまな側面を見てきた。本章では，人間の認知活動から言語を捉え直そうとする試みについて紹介する。このような考えを持つ認知言語学は 1970 年代の終わり頃，言語の「意味」の側面を重視する立場から生まれたが，特に近年広がりを見せ，英語教育の分野などでも注目されている。ここでは，認知言語学の基本的な考えを簡単に述べた後，特に英語の意味や文法に関係する事柄をいくつか取り上げて説明することにする。

1.　認知言語学とは
　言語が人間の認知能力と何らかの関係を持つことは言うまでもないが，どのような関係であるかは明らかではなく，その考え方は立場によって異なる。認知言語学は，言語を人間の一般的な認知能力と共通の経験基盤を持つものと考え，言語の構造も人間の認知能力の特性が反映されたものと考える。
　では，認知能力の特性とはどのようなものだろうか。まず知覚について考えてみよう。たとえば人間は物を見たとき，必ずその中のある部分に注目し，それが何であるかを解釈しようとする。次の絵を見てみよう。

図1：ルビンの盃

　これは「ルビンの盃」と呼ばれる有名な錯視の絵である。この絵には「黒い盃」と「向き合った2つの白い横顔」の2通りの見方ができる。黒い盃を見ているときには中央の黒い部分が際立ちをもつものとして前景化される一方，左右の白い部分は意味を持たない背景として理解される。逆に白い横顔を見ているときには，左右の白い部分が前景化される一方，中央の黒い部分が背景化される。このような前景化される部分は「図（figure）」，背景化される部分は「地（ground）」と呼ばれる。人間はものを見る際，図と地を区別して知覚する傾向があり，それを「図地分化（figure ground segregation）」という。
　ルビンの盃の絵では，図と地は見方によって反転するが，これは特殊なケースであり，通常は図として知覚されやすいものと地として知覚されやすいものは決まっている。たとえば机の上に本が置いてあるのを見ると，通常は本を図，机を地と捉えて「机の上に本がある（a book on the desk）」と理解する。その逆，すなわち机を図，本を地として「本の下に机がある（a desk under the book）」と知覚するのは何か特別な理由がある場合に限られる。これは本の方が机よりも小さいこと，机は位置が比較的固定されているのに対して本の位置は簡単に移動可能なことなどの理由がある。
　このような知覚における図地分化の特性は視覚に限らない。たとえば私たちはオーケストラの演奏の中からバイオリンの主旋律だけに注意を向けてそれを聴き取ることができるが，そのとき，主旋律を図と

して，その他の楽器の音よりも際立つものとして知覚しているのである。

認知言語学ではこのような認知の特性が言語の構造にも反映されていると考える。たとえば文はある出来事や状態を捉えて叙述するもので，大まかには「何がどうした」ということを表すが，その「何が」の部分が図であり，文法的には「主語」という役割を果たしている。また，主節と従属節を含む複文の構造では，主節が図，従属節が地となる。たとえば John went to bed early because he was tired（疲れていたのでジョンは早く寝た）という文では，John went to bed early という主節が図で，その理由を表す従属節が地である。

言語を認知能力の反映とする認知言語学では，「意味」の問題を考えるときも，その言語表現が指示する客観的な対象そのものではなく話者の「概念化（conceptualization）」や「捉え方（construal）」に注目する。同じ指示対象であっても，どこに視点を置き，何に注目するかによって，その捉え方（意味）は異なる。そして人間の認知能力は柔軟性をもつため，言語の意味はある程度の弾性（弾力があること，柔軟であること）を示すことになる。つまり，日常言語の意味は厳格に規定され，固定されているわけではなく，一定の範囲で文脈に応じた捉え直しが行われる。意味の弾性については，次節以降で，具体例を用いてさらに説明することにする。

また，言語の厳格な意味規定を否定する立場は認知言語学のカテゴリー観とつながる。ここでのカテゴリーとは語などの意味の範囲のようなものを指す。たとえば「鳥（bird）」のカテゴリーとは「鳥」という語で指し示されるものの集合体である。従来のカテゴリー観では，ある概念には定義があり，その定義に当てはまりさえすれば，そしてそういうものだけがそのカテゴリーのメンバーを構成すると考え，その概念カテゴリーの範囲は明確に決められるとする。しかし，「鳥」にはスズメやジュウシマツのように誰もがすぐに鳥として思い描くような鳥——美しくさえずり，空を飛ぶ，小さくて軽い鳥——もあれば，空を飛ばないニワトリ，がっしりと大型で地上を走るダチョウ，さら

には翼のないペンギンまでが含まれる。生物学的には何らかの基準で鳥類を明確に規定することができるだろうが，私たちが通常持つ鳥という概念において，スズメとペンギンがまったく同じ位置を占めているとは思われない。また，その一方で，生物学的には鳥ではないと教えられていても，コウモリを鳥に近いもののように感じる人は少なくないだろう。認知言語学では，カテゴリーはプロトタイプと呼ばれる典型例を中心に，より周辺的な例へと連続的に広がるような構造を持っていると考える。そこには厳密な境界線は存在せず，隣接するもの同士がなんらかの類似性をもってつながりあっていると考えるのである。このようなプロトタイプ的なカテゴリー観は「鳥」のような事物の概念を説明するだけでなく，以下で説明するような言語の句や構文など，文法的なカテゴリーにもあてはまるとされる。

　このように，認知言語学では言語は人間の認知活動を反映するものと考えるため，すべての言語形式には意味が結びついているという理念が導かれる。そして，ここから次の3つの主張が導かれる。

1. 言語はその単位の大きさに関わらず，すべて「音（形）」と「意味」から成る記号（シンボル）である。そして，形と意味は不可分であり，「音（形）」が違えば「意味」も違うと考える。
2. 逆に，同じ形を持つ以上，それらは何らかの意味的なつながりをもち，まとまっていると考える。
3. 上記のように言語は記号であるが，ソシュールが述べるように「音（形）」と「意味」の関係が本質的に恣意的であるとは考えない。なぜこのような「形」を取るのかには，意味に基づく理由（＝動機付け）が見いだされることが少なくない。

このような考えは，認知言語学で言語を分析する際の基盤となっている。では，具体的にどのような分析がおこなわれているのか，次節からいくつかの例を取り上げて見ていこう。

2. 概念メタファー

　メタファー（metaphor）とは，あるものや概念をより具体的で身近

な別のもので例えることを指すが，長い間，主に日常言語を扱う言語学の問題というよりも，特殊な表現効果を狙った文学や修辞学の問題と考えられてきた。そのようなメタファー観を根底から覆したのがレイコフやジョンソンらの研究である（Lakoff and Johnson 1980）。彼らはメタファーとは表現方法の問題ではなく，ものの捉え方，すなわち認知の問題であると主張し，これまで字義通りと考えられてきた日常的な言葉遣いの中にもメタファー的な認知に基づくものがあふれていること，そしてメタファーは人間の概念形成の根本にあることを明らかにした。

　文学的なメタファーは隠喩と訳され，たとえば「絶望的な状況」を「風前の灯火」とたとえたりするようなものを指す。この場合，実際に伝えようとしているのは「火」の状態でなくても，「風前の灯火」という具体物によってその絶望的な状況をより明確に印象深く描き，「もうすぐ消える＝だめになる」ということまでも暗に伝える。このように，メタファーは2つの事柄の間にある類似性を利用して意味をより効果的に伝える特別な表現方法と考えられてきた。「灯火」ではないものを「灯火」と表現することは論理的には逸脱である一方，ありふれたものにたとえるよりも独創性なものの方が効果的で，価値が高いとされてきた。

　一方，次の例を見てみよう。

(1) a. Sunday comes before Monday.（日曜日は月曜日の前に来る）
　　 b. Christmas is getting close. （クリスマスが近づいてきた）

これらの例は日常的に用いられることばで，特殊な表現効果を狙ったものではない。しかしながら，よく考えてみると，to come や to get close は本来，空間移動を表す語であるのに対し，これらの例が表しているのは，時間的関係である。そもそも「日曜日」や「クリスマス」も本来，移動するものではない。つまり，ここには「時間」を「空間を移動するもの」として捉えるメタファー的な認知が見られる。

重要なことは，ここに挙げた個々の言語表現がメタファーなのではなく，それを支える「捉え方」がメタファーであること，そして，このメタファーは私たちの「時間」の概念を形成していることである。

改めて考えてみると「時間」は人間の生活に深く関わるものでありながら，その本質的な性質を私たちが捉えるのは非常に困難である。物理学者であれば別かもしれないが，通常の人間にとって，時間をそのまま捉えることはできず，たとえば，太陽の位置の変化や身体的な変化（空腹や疲労）によって時間の経過を感じる。一方，空間上の移動は私たちが直接経験し，また，具体的に感知できるものである。遠くに見えたものが近づく時，そこには時間の経過が含まれているし，目の前のものが遠ざかっていくときにも時間の経過が含意される。その結果，私たちは時間を空間上を移動するもののように概念化し，理解しているのである。

レイコフとジョンソンはメタファーを起点領域（source domain）から目標領域（target domain）への写像（mapping）によって成り立つものと規定した（Lakoff 1987: 276）。「時間」を「空間を移動するもの」と捉えるメタファー（TIME IS A MOVING OBJECT）では，空間内の物体が起点領域となり，目標領域である時間概念へと写像される。この場合，起点領域の方が認知しやすいことが重要である。つまり，メタファーを支えるのは，認知的な際立ちがより高いものを参照点（reference point）とし，それを手がかりに関連する別のものを認識するという認知構造なのである。

このように私たちの持つ概念を形成する働きをもつメタファーのことを「概念メタファー（conceptual metaphor）」と呼ぶ。概念メタファーには，他にも人生を旅にたとえたり，時間をお金のように捉えるものなどいろいろな例があるが，中でも代表的なものに「方向性メタファー（orientational metaphor）」がある。方向性メタファーとはさまざまな抽象概念を上下といった空間的な方向性に当てはめて概念化するものを指す。次の例を見てみよう。

(2) a. John is feeling down.（ジョンは落ち込んでいる）
b. The economy is going up.（景気は上向いている）
c. Mary fell asleep.（メアリーは眠りに落ちた）
d. The boss had a strong power over us.（そのボスは私たちに対して強い力を持っていた）

時間のメタファーと同様，これらも特殊な表現効果をもつメタファーというより，字義通りの日常表現と感じられるのではないだろうか。しかし，(2a) の to feel down（落ち込む）は元気がない状態を述べているのであって，何も下に落ちているわけでない。(2b) の to go up（上向く）も経済状態が改善していると述べているのであって，物理的に何かが上を向いているわけではない。(2c) の to fall asleep（眠りに落ちる）も，実際にどこかに落ちるわけではない。ここには，たとえば活動的な状態を up と捉え，不活発な状態を down と捉えるメタファー的な捉え方が表れている。また (2d) の over も，実際に私たちの頭の上に力を持っている訳ではなく，ここでは支配関係が示唆されている。

興味深いことに，これらの概念メタファーの中には英語と日本語に共通するものが少なくない。一般に，メタファーには文化による違いが表れる場合も多く，たとえば人をだますことを狐や狸に喩えたり，入学試験に合格することを桜の花が咲くことに喩えたりするのは特定の文化・伝承や気候風土に根ざしたメタファーといえる。その一方で，方向性メタファーのような概念メタファーは，細かな差異はあっても，英語と日本語だけではなくさらに広い普遍性をもつように思われる。この普遍性はどこからくるのであろうか。言語が経験基盤を持つと考える認知言語学では，これは人間が身体経験を通して獲得する認知内容を反映していると考える。ではそれは具体的にどのような経験なのだろうか。

人間はその言語や文化の違いはあっても，すべて同じような身体を持ち，重力のある地球上で生活している。その結果，垂直方向に立つ

ためにはエネルギーが必要で，エネルギーを失ったものは地面に倒れてしまう。人間も活動するときには身体を起こすが，疲れて力を失うと地面にうずくまったり，横たわるだろう。また，容器にものを入れた場合，その分量が増えると積み上げられたものの高さが増す。固体でも液体でも，日常経験の中では分量が増えることと高さが高くなることの間には強い相関関係がある。利益が増えること，その数値が大きくなることもまた上向きの変化と捉えられ，よくなることは上方向への変化，悪くなることは下方向への変化と関連づけられる。さらに，重力のある地球上では，上から押さえつけられると，自由を奪われ，身動きがとれなくなってしまう。つまり，方向性メタファーが表現する意味は抽象的で，現実の物理的な上下方向を表しているわけではないが，その方向性には経験に支えられた動機付けがあり，その動機が個々の言語や文化を越えて共通するものであるために，そのメタファーにもある程度の普遍性が見られると考えられる。

　また，メタファーと並んで注目されてきた参照点構造を構築する認知的現象にメトニミー（metonymy）がある。メタファーと同様，文学的な表現法と考えられてきたメトニミーは換喩とも訳されるが，レイコフやジョンソンのメトニミー研究は代喩（synechdoche）も含んでいる。メタファーが異なる領域に属する2つの概念を類似性に基づいて写像することを指すのに対し，メトニミーの場合の写像は同一の概念領域に属するものの間で行われるとされる。たとえば，「シェイクスピアを読んだ」と言うとき，「シェイクスピア」は人物を指すのではなく，その作品を指す。また，「風呂を沸かす」と言うとき，「風呂」は「浴槽の中の水」を指す。「シェイクスピアの作品」を「シェイクスピアのよう」とたとえているわけではないので，その場合の写像の基盤となるのは類似性ではない。それは「部分と全体」「容器と中身」「制作者と産物」「原因と結果」のようなある種の近接性（あるいは現実世界の中での強い関連性）のようなものである。

　メトニミーは上の例のような名詞とその指示物の間の関係と考えられがちだが，実はそれだけではない。たとえば，「友人の幸子と電話

で話をした」ということを伝えるために,「昨日,幸子に電話をかけた」という発話をすることはごく自然であろう。しかし,実際にはこの発話では,「電話をかけた」ことだけが述べられていて,「電話がつながって,その後,幸子と話をした」ということは推論できるものの,述べられてはいない。つまり,この場合,電話で話をするという行為の中でもっとも重要な事柄である「電話をかける」という部分に言及しながら,それを含んだ行為全体を意図しているのである。この発話に見られるような,一連の行為連鎖の中での部分と全体の写像関係もメトニミー的であると考えることができる。

このように,メタファーやメトニミーは「効果をもたらす特殊な表現」というよりも人間の概念形成の基盤となっており,より具体的で身近な事柄を手がかりとして抽象的な事柄や関連する事象を捉えようとする参照点構造を基盤とする認知メカニズムの1つと考えられる。従来のメタファーやメトニミー研究は日常言語とは切り離し,その新奇性を重要視したが,近年の研究は,もはやメタファーやメトニミーであるとは意識されないほど慣習化され,日常言語化したものにこそ認知の方略としてのメタファーやメトニミーの重要性が表れていると考える。

3. 空間前置詞の多義性——意味のネットワーク—

1つの語彙が複数の意味をもつことを多義性(polysemy)と呼ぶが,認知言語学ではそれらの意味の間には何らかの関係があり,まとまりをもつネットワークをなしていると考える。実際のところ,1つの語彙に1つしか意味がないということは稀であるので,ほとんどの語彙は多義性を持つ。本節では語彙の中でも空間を表す前置詞・副詞を取り上げ,その多義性について考えてみる。

in や out,また on や over など,英語の前置詞(およびそれと同形の副詞)にはいろいろな意味用法があることが知られているが,その意味の広がりやまとまりについても,意味ネットワークの観点からの研究が盛んに行われている。これらの語は物理的な空間関係を意味す

る一方，時間やそのほかの抽象的な意味領域に関わる意味も表す。このような空間前置詞（および副詞）の意味を考えるには，イメージ・スキーマ（image schema）という概念が有効であると考えられている。イメージ・スキーマとは我われの運動・知覚経験において繰り返し生じるパターンを抽象化したものとされる。我われはさまざまな身体経験を通して「前・後」「上・下」「遠・近」「全体・部分」などの抽象的な概念をイメージとして持っている。空間前置詞の意味はこれらのイメージ・スキーマを手がかりとして規定していくことができる。

　ところで「イメージ」ということばからは視覚的なものを指すように思われるかもしれないが，イメージ・スキーマは必ずしも視覚的な概念に限らない。主に空間領域に根ざした概念であり，便宜上，図を使って説明されることが多いが，図示できるかどうかも本質的な問題ではない。「容器」のイメージ・スキーマは図示しやすいが，「均衡」「接触」などのイメージ・スキーマはそれほど図示しやすくないかもしれない。

　基本となるイメージ・スキーマは対象を概念化し，理解するのに役立つだけでなく，イメージ・スキーマが空間領域以外へと写像されることを通して，他の領域へのメタファーやメトニミー的意味拡張を支える。前置詞の多義性には，このようなイメージ・スキーマやその変換が重要な役割を果たしていると考えられている。

　たとえばoutの意味について考えてみよう。outの意味は注目している物体が基準点となる容器のようなものの中から外に出た，図2のようなイメージ・スキーマが基本となるだろう。この場合，注目しているものは図，その基準点となるものは地ということになるが，ここではラネカー（Langacker）のモデルに従って，前置詞など，言語の意味構造に反映されるものに関しては，図をトラジェクター（trajector：TR），地をランドマーク（landmark：LM）と呼ぶ。

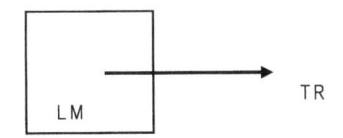

図 2：out の基本スキーマ（Lee 2001: 35）

しかし，out は多義であり，(3) に示すように，このイメージ・スキーマが直接当てはまるとは思えない用例も多い。

(3) a. The dog came out from the park.（犬が公園から出てきた）
　　b. The lava spread out.（溶岩が広がった）
　　c. The stars came out.（星が出てきた）
　　d. The candle went out.（ろうそくが消えた）
　　e. I couldn't figure out what he wanted to say.（彼が何を言いたかったのか私にはわからなかった）

(3a) の out は基本的なイメージ・スキーマの例といえるが，(3b) では溶岩が何か別のものから外に出てきたのではなく，溶岩自体の面積が広がったことを表している。(3c) は日本語でも「出てきた」と訳せるが，何かの中から外に出てきたというよりも，暗闇になって星が見えるようになったことを指す。(3d) の out は (3c) とは逆に，火が見えなくなったことを意味する。そしてここには位置変化の意味は含まれていない。(3e) はさらに抽象化が進み，具体物の知覚ではなく，より高度な認知活動としての「理解」に結びついた意味を表すようになっている。

しかし，これらさまざまな意味用法は，すべて基本となるイメージ・スキーマからの拡張と考えられる。まず，(3b) は再帰的な用法である。つまり，この場合の TR と LM とは同一指示物で，out は TR が LM より外にあることを表すので，まず二次元的に LM よりも外にある範囲が TR ということになる。そして，今度はその TR の範囲を

新たな LM とし，さらに外に出た範囲を TR と捉える。このように，TR が LM の外にあるという out のイメージ・スキーマを守りながら，TR がそれ自身を LM と捉え直していくという過程を繰り返していくことで，範囲の拡大という新たな意味を表している。

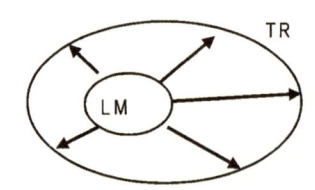

図3：out の再帰的スキーマ（Lee 2001: 32）

　（3c）と（3d）は知覚の領域（見える／見えない）に関する意味であるが，これはその場面を概念化するものの視点の位置の問題として理解できる。すなわち，視点を LM の外に置いている場合，TR が LM の外に出てくることは「見える」ことを表す。一方，視点が LM の中にあるとすれば，その LM の外に出るということは「見えなくなる」ことを表す。このように，一見，矛盾した正反対の意味を表すように見える例も，視点の位置，という観点から統一的に説明することができる。

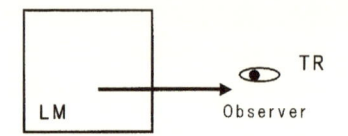

図4：out のスキーマ「見える」 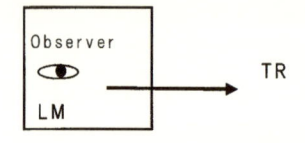　　図5：out のスキーマ「見えない」
　　　　　　　　　　　　　　　　　　　　　　　　（Lee 2001: 35）

　（3）のうち，もっとも抽象的な（3e）の意味は概念メタファーが関与している。我われにとって「わかる」ことを「見える」ことと捉え

るメタファー的な概念化は身近なものである。宝物を土の中に「隠す」のは見えなくすることだが，秘密を「隠す」のはわからないようにすることである。(3e)のようにoutが「わかる」を表すのは，LMの外に視点を置く(3c)のイメージ・スキーマにこのような概念メタファーが適用された結果と考えることができる。

　このように，前置詞の意味の広がりは基本的なイメージ・スキーマが表す意味を中心に，視点の移動やメタファーなどの認知操作によって拡張されていると考えることができる。

　英語の前置詞の多義性をどのように捉えるべきかという問題は言語学の問題としてだけではなく，どのように教えたらよいのかという英語教育の問題としても多くの関心が寄せられている。空間前置詞の研究は認知言語学の初期の段階から行われ，多くの試みがあるが，いくつの意味に分けるべきなのかを厳密に特定したり，単一のネットワークを決定するには至っていない。大まかな構造は特定できても，それぞれの意味は連続的に関連しているので，個別の意味として切り取ることに疑問の余地のあるケースもある。このことは，認知言語学の多義性の捉え方の誤りを示すというよりも，言語の意味をモデル化することの本質的な問題を映していると考えるべきだろう。

　ある語の意味について，全体として過不足のない完結したネットワークが構築されることは，理論あるいは英語を教える際の説明としては望ましいかもしれないが，そもそも話者の語彙知識はそれほど完全で理路整然としているとは限らない。また，実のところ，母語話者であっても，語の意味の理解は一様ではない。語義は経験を通して身につけていくものであるから，意味のネットワークについても，大まかな共通理解はあったとしても，細部については人によって異なる理解をしている可能性がある。これは問題というよりも，人間の言語知識の本質である。多義性のネットワークを考える際には，その点を理解した上で，意味の広がりについての動機付けを考え，ネットワークの妥当性を検証していく必要がある。

4. 可算名詞と不可算名詞（質量名詞）

　日本語の名詞には単数／複数の区別がなく，数えられるかどうかの区別もないため，たとえば「車」と「水」という2つの名詞についてその数や量に言及するときも，「1台の車」「多くの車」／「1杯の水」「多くの水」のように，基本的には両者とも同じような形で表現する。一方，英語ではこの2つに対応する名詞 car と water は性質の違うものとして区別される。まず car は数えられるので一台の時には one car と言うことができ，複数になると many cars のように -s をつける。しかし water は数えられないので数えられず，one water とは言えない。「1杯」と数えるためには one glass of water というように単位を明示する必要がある。そして，複数にはできず，「多くの」というときには much water となる。

　このような違いは従来の英文法でも「可算名詞／不可算（質量）名詞」として取り上げられてきた。しかし問題は，このような「数えられるかどうか」という定義ではうまく説明できない例外的な事例があることである。たとえば鶏 (chicken) は1羽 (one chicken)，2羽 (two chickens) と数えることができるが，昼食に鶏肉を食べたときには "I had chicken for lunch." と言い，chicken は不可算名詞となる。このような例を見ると，可算名詞／不可算（質量）名詞という区別は曖昧ででたらめなもののように思えるかもしれない。

　認知言語学では，可算名詞と不可算（質量）名詞の区別を，固有の境界性 (boundedness)，内的均質性 (homogeneity)，分割可能性 (divisibility)，複製可能性 (replicability) という観点から考える。たとえば「水」は容器に入れないかぎり，それ自体固有の境界線はもたないが，「車」は具体的な形をもつため，明確な境界線がある。また，「水」はどの部分をすくい取っても原則的に同じ「水」なので，内的均質性をもつが，車はエンジンやハンドル，窓，外枠など，それぞれ異質のものから構成されている。その結果，「水」は容器に入ったものを2つに分けてもそれぞれは「水」であるが，「車」は一部を取り出すと，それ自身は「車」とは呼べない。また，「水」を容器に入れ

て2つ合わせても，容器を取り去れば1つの「水」でしかないが，「車」は2つを並べると2台の車となる。

このような名詞の性質をまとめると下の表のようになる。

	境界性	内的均質性	分割可能性	複製可能性
可算名詞	＋	－	－	＋
不可算名詞	－	＋	＋	－

それぞれのタイプの名詞をイメージ・スキーマで表したものが次の図5である（Talmy 2000: 59に基づく）。

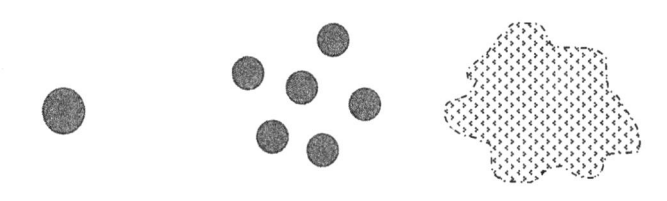

図5：単数可算名詞　　複数可算名詞　　不可算（質量）名詞

可算名詞は明確な境界線を持つ物体で，複数集めても，一つ一つが個別化されている。それに対し不可算（質量）名詞は境界線がなく（ここではいびつな点線でそれを表している），自由にその分量や形を変形させることができる。そのため，半分に分割しても2倍にしてもその性質自体は変わらない。

ここで重要なのは，これらの可算名詞／不可算（質量）名詞の性質とその区別は，対象となるものの特質を客観的に規定したものではないということである。上述のように，認知言語学では「意味」は「捉え方」の問題とされている。対象物の客観的な様態は，それをどう捉えるかに大きな影響を与えるため，たとえば内的に均質な性質を持つ「水」は，通常，不可算（質量）名詞として捉えられる。しかし，捉え方には弾性があるので，本来とは異なる性質をもつように捉えるこ

とも可能である。
たとえば次の例を見てみよう。

(4) a. I bought three tomatoes.（私はトマトを3個買った）
b. I ate a tomato.（私はトマトを1つ食べた）
c. This sauce needs more tomato.（このソースにはもっとトマトが必要だ）

トマトは皮や果肉や種といった異なる部分から成るため内的に均質とはいえず，固有の境界性を持ち一つ二つと数えることできる。(4a)や(4b)では，そのような性質を反映して可算名詞として扱われている。それに対し，(4c)では不可算名詞となっている。これは，トマトを本来の固形物として捉えている(4a-b)に対し，(4c)はトマトを素材として捉えているからである。つまり，同じトマトであっても，1つ1つの個体として捉える場合と，素材として捉える場合では，その捉え方の違いを反映して名詞の性質も異なるのである。
また，この例とは逆に，本来は不可算名詞として扱われる傾向のあるものが，可算名詞として使われる場合もある。次の例を見てみよう。

(5) a. He ordered a beer.（彼はビールを一杯注文した）
b. They have excellent wines in Bordeaux.（ボルドーにはすばらしいワインが（いくつも）ある）

ビールのような液体は本来は数えられないので，「一杯」と言うときも，a glass of (wine) や a cup of (coffee) のような器，また，a pint of (beer) のような容積の単位を明示して表す。しかし，(5a)が示すように，ある決まった単位で販売される時など，標準的な量が単位として慣習的に決まっているような場合には，その単位で区切り，可算名詞扱いすることがある。また，(5b)では，ワインを液体の飲料として捉えているのではなく，その銘柄に注目しているため，可算名詞

として複数化がおこなわれている。

　このように，同一の対象物が可算名詞として扱われたり不可算名詞として扱われたりするのは，決して意味が曖昧であるわけでも，区別がでたらめであるわけでもない。その区別は対象物の物理的な性質を反映すると同時に，捉え方の違いに動機づけられており，その結果，意味の弾性を示しているのである。

5. 動詞の事態認知モデル

　我々は身の回りの出来事を認識し，それを表現するとき「文(sentence)」を使う。文は端的には「何がどうした／どうである」を表すが，その出来事や行為の意味は述語動詞によって決まる。次の文を見てみよう。

　　(6) Floyd broke the glass with a hammer.（フロイドはハンマーでガラスを割った）

この文は，break（割る）という動詞を含み，Floyd が行為者として hammer を用いて glass に働きかけをし，その結果，その glass の状態が変化した（割れた）ことを示している。このように名詞句はある動詞が表す出来事に対して何らかの役割を果たしているが，これを伝統的には意味役割（主題役割）と呼び，その中には動作主（agent），被動作主（patient），道具（instrument）などがある。ここでの Floyd は動作主，glass は被動作主，hammer は道具ということになる。認知言語学では，このような一方から他方への働きかけを含むような動的事態の構造をより詳しく捉えるために，以下のような行為の連鎖を考える。

```
         Agent              Instrument           Patient
         Floyd               hammer              glass
```

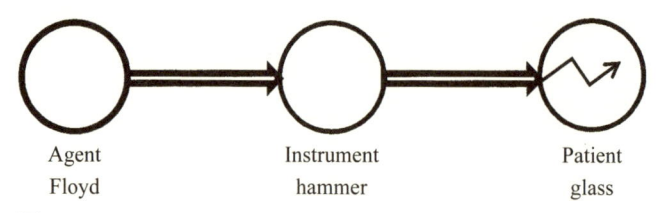

図6：Floyd broke the glass with a hammer のアクション・チェイン

(Langacker 2002: 217 に基づく)

　認知言語学にはいくつかの事象構造を捉えるモデルがあるが，上記のものはアクション・チェイン (action chain) モデル，またはビリヤードボール (billiard ball) モデルと呼ばれる (Langacker 2002)。その名が示すように，ビリヤードボールのような丸印はそれぞれの名詞句が表す「モノ」を，矢印はエネルギーの流れを表す。つまり，外界の存在物を物体に見立て，その物体間のエネルギーの伝達によって，連鎖的に事態が生じるとみなすモデルである。この場合，Floyd の主体的な動きによって行為は始まり，hammer から glass へとエネルギーが伝達され，最終的に glass の状態変化としてエネルギー伝達は終了する。(6) の文では3つの名詞句はすべて言語化され表現されており (このモデルでは太い線がそのことを表している)，このうちエネルギーの源となる一番左の Floyd が主語となる。

　ただし，break という動詞の場合，これら3つの名詞句がすべて必要というわけではない。次のような文も可能である。

　　(7) a. The key opened the door. (鍵が扉を開けた)
　　　　b. The door opened. (扉が開いた)

このそれぞれの場合の事態の捉え方を上のモデルで捉えると次のようになる。ここでは，太い実線は言語化されている要素，波線は表現されていない要素を表す。

```
                Agent              Instrument            Patient
                Floyd               hammer               glass
```
図7：The hammer broke the glass のアクション・チェイン

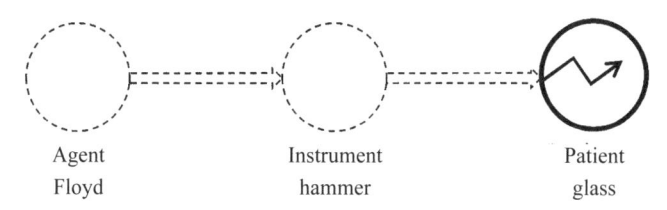

```
                Agent              Instrument            Patient
                Floyd               hammer               glass
```
図8：The glass broke のアクション・チェイン

(図7-8とも Langacker 2002: 217 に基づく)

　この3つのアクション・チェインの図を比べてみよう。すべて基本となる出来事は同じであるが，言語化されている要素が異なっている。ここで興味深いのは，break のようにいくつかの種類の文を作れるとき，その主語になるのは，必ずしも特定の意味役割を担う名詞句とは限定されないが，それぞれのアクション・チェインの中でもっとも左に来るもの，すなわちエネルギーレベルの高いものであるということである。

　このような主語の選択とアクション・チェインの関係は何を示すのだろうか。この章の初めに，主語は文の図であると述べたが，前置詞の場合と同様，アクション・チェインのモデルを提唱するラネカーに従い，ここでは主語をトラジェクターと呼ぶことにする。動作主，道具，被動作主のすべてを含んだ出来事を捉える場合，もっとも高いエネルギーをもち，その出来事を始動するのは動作主である。生物としての人間は動的に活動し，周囲の環境に働きかけてそれを制御して生活している。エネルギーを持ち，他に働きかけをするものは重要な意

味を持つことが多いため，それを際立つものとして捉え，注意を向けるのは自然なことといえる。動作主が明確でなく，そのエネルギーを媒介して伝える道具が含まれる場合には，動作主をあえて除外して捉え，その中でもっとも際立ちの高い道具をトラジェクターとして選択するのもそれに準ずると考えられる。

　働きかけをする側をトラジェクターとするのが因果関係の中での際立ちの非対称性を直接反映する自然な捉え方である一方，影響を受けるものの方に注意を向けることができないわけではない。たとえば上の「割る」という行為の結果が明示的に表れるのは動作主ではなく被動作主である glass の方であるし，何かに影響を受けて存在するもののありように注目するのも自然なことであろう。何度も述べたように，捉え方には弾性があるのでこのような言語化をすることも可能である。被動作主を主語とする（7b）はその例といえる。

　興味深いのは，このように，動作主も被動作主もトラジェクターになりうるものの，そのような主語の選択が無制約に自由に行えるわけではないということである。たとえば（7b）のようにアクション・チェインの中で一番右になる被動作主 glass を主語として文を作ることは可能であるが，そのとき，それよりも左にくる動作主は言語化されない。(8) が示すように，この場合，動作主は by 句を使っても表現することはできない。

　　(8)　*The glass broke by Floyd.

動作主や道具を捉える範囲から除外した上で，被動作主はトラジェクターとなっている。

　もちろん，英語のような言語では，被動作主をトラジェクターとしながら動作主も言語化するということがまったくできないわけというではない。ただし，その際には次のような受動化などの文法的に特別な方法をとる必要がある。

(9) The glass was broken by Floyd (with a hammer).

言い換えれば，受動化というような文法的な操作は，通常とは異なる事態の捉え方を可能にするためのものと考えることができるだろう。
　このように，認知言語学では主語や受動文といった事柄を単なる文法概念としてではなく，認知的な視点から説明する。そして，出来事の展開の仕方やそれを捉える認知方略という点から考え直すことで，主語の選択にも人間の経験に根ざした認知の仕組みが関係することがわかるのである。

6. 構文と意味

　認知言語学では，言語は形が異なれば意味も異なると考える。このことは，たとえば能動文と受動文は同じ意味を表すのではないということを意味する。表現している対象となる出来事自体は同じでも，その捉え方は異なり，「捉え方」を意味と考えることから，能動文と受動文の意味は異なるということになる。
　中学校や高校などでの英語の授業では，能動文や受動文以外にも「同じ意味を表す」とされ，一方から他方へ「書き換え」や「言い換え」ができると教えられることの多い構文ペアがいくつかある。これらも認知言語学では別々の構文と考える。それらの中には同じ状況を表すことがあり，そのために言い換え可能に見えているものがあることを否定するものではないが，それぞれはあくまでも別の意味と形を持つ独立した構文なのである。
　言い換え可能であると言われる構文の1つに，(10)のような前置詞与格構文と二重目的語構文がある。

(10) a. George brought some breakfast to Lily.（ジョージはリリーに朝食を運んできた）
　　 b. George brought Lily some breakfast.（ジョージはリリーに朝食を運んできた）

(10a) は前置詞 to を含む前置詞与格構文であるのに対し，(10b) はそのような前置詞を含まず，目的語となる名詞句が2つ並列される二重目的語構文である。形の違いはあるものの，これらは同じ意味を表し，言い換え可能，特に前置詞与格構文から二重目的語構文が派生されると説明されることが多い。しかし，この2つの構文は常に言い換え可能なわけではない。(11) の例を見てみよう。

(11) a. George brought some breakfast to the table.（ジョージはテーブルに朝食を運んできた）
b. *George brought the table some breakfast.（ジョージはテーブルに朝食を運んできた）

(11) は (10) と同じ「朝食を運ぶ」という出来事を表しているにもかかわらず，(10) とは異なり，二重目的語構文にすると不自然になる。
　一方，二重目的語構文は可能であるのに前置詞与格構文が不可能な文もある。(12) の例を見てみよう。

(12) a. *John gave a big punch to him.（ジョンは彼を殴った）
b. John gave him a big punch.（ジョンは彼を殴った）

To give a punch は to punch という動詞と同じような意味であるが，このような場合，二重目的語構文 (12a) は可能であるのに，それに対応する前置詞与格構文 (12b) は不可能である。このような例は2つの構文が言い換え可能ではないことを示唆するだけでなく，特に，前置詞与格構文から二重目的語構文が派生されるという考えの致命的な問題を露呈する。つまり，そもそも前置詞与格構文が成り立たないのであれば，二重目的語構文も派生できるはずがない。前置詞与格構文が不可能なのに二重目的構文が成立しているということは，前者から後者が派生したわけではないことを示していると考えられるのである。

認知言語学では二重目的語構文と前置詞与格構文は一方から他方が派生されるのではなく，それぞれを別の構文と考えている。両方の構文が同じ状況を表現できる場合もあるが，まったく同じ意味を表しているわけではないと考える。上記のように，言い換え可能なケースも多くある一方，いずれかしか使えないケースもあることは，この両者の意味がまったく同じではないことを示していると考えられる。

では，二重目的語構文はどのような意味を持ち，どのような事態の捉え方を表しているのだろうか。二重目的語構文に対しては認知言語学の中でもいくつもの分析があるが，ここでは Goldberg (1995) の構文文法のアプローチを手がかりに見てみよう。Goldberg は二重目的語構文の中心的な意味を「意志を持つ動作主から自発的な受容者への移送」と規定している。そして，二重目的語構文にはいろいろなバリエーションがあるのだが，それらはこの中心的な意味をもつ構文を中心に関連を持ち合った構文ネットワークを形成していると分析している。

上の (10b) は二重目的語構文の中心的な構文といえる。つまり，(10b) では意志を持つ動作主であるジョージが朝食を自発的（すなわち自立した人間である）リリーに持って行き，それをリリーが受け取ったことを意味する。それに対し，二重目的語構文として不適格な (11b) はジョージが朝食を運ぶのは同じでも，それを自発的な受け取り手に対して運んでいるのではなく，「テーブル」という「場所」に運んでいる。つまり，(11b) は，自発的な受容者に向かっての移送という意味制約を満たさないため，二重目的語構文にならないのである。一方，前置詞与格構文にはこのような制約が働かないため，移送先を前置詞で示す (11a) には問題がない。

では (12) の例はどうだろうか。これは to punch（殴る）という行為を to give a punch という表現で表しているのであり，具体的に何かを「移送」しているわけではないので，一見，二重目的語構文の意味とは矛盾するように思われるかもしれない。Goldberg (1995) はこのような文を概念メタファーが関与する例と分析している。つまり，ここには「CAUSAL EVENTS ARE PHYSICAL TRANSFERS（何らかの

結果を生む出来事を物理的移送として捉える)」メタファーが関与し，「殴る」という行為をパンチを食らわすこと（パンチの移送）と捉えている。このメタファーは実は一般的なもので，行為を移送と捉える表現は (12) の他，下の (13) を初めとして，いろいろなものがある。

 (13) a. Mary gave him a hug.（メアリは彼を抱きしめた）
    b. The sound of the ambulance gave him some relief.（救急車の音に彼は少しほっとした）
    c. We should give it a try.（それをやってみるべきだ）

このような文では，メタファーによる変換を受けているために，本来の二重目的語構文の意味制約のいくつかが無効になっている。たとえば (13c) が可能であることは，受容者が自発的でなくてもよいことを示している。いずれにせよ，二重目的語構文という観点から重要なのは，この場合，移送物の受容者は本来の行為の被動作主であることである。そのため，原理的に，移送と受容者が切り離せず，二重目的語構文の要件である「移送物の受容」が常に成り立つことになり，二重目的語構文としては適格になる。そして，その一方でこの原理的な不可分性のために前置詞与格構文としては不適格になると考えられる。
　次に，二重目的構文の中心的な意味から少し離れた周辺構文の一例として，下の (14) を見てみよう。

 (14) Lily knitted George a sweater.（リリーはジョージにセーターを編んだ）

この文は物（セーター）を移送したことではなく，ジョージにあげようとセーターを編むことを意味する。その点で，これは中心的な意味から拡張した「移送の意図」を含意する二重目的語構文の1つと考えられる。興味深いのは，上記の (10)–(12) の bring や give といった動詞とは異なり，knit はあくまでも何かを「編む」ことを意味する動

詞にすぎず，本来，「移送」や「移送の意図」という意味は含まれていないということである。Goldberg (1995) は，このような対象物の移送という意味は，二重目的語構文という構文自体が持つ意味であると主張している。つまり，文法構造，構文自体が意味を持ち，その構文に生起する動詞の意味を補完して全体の意味を生み出しているというのである。

　動詞や名詞といった語彙がそれぞれ意味を持つことはいうまでもないが，これまでは文法構造はそのような意味を持つ語彙の組み合わせを規定し，いわば語彙の意味を生かして文全体の意味を作り出すもので，それ自身が意味を持つとは考えられていなかった。認知言語学では，言語の形と意味は切り離せないものと考えるので，構文にもそれぞれの意味があると主張する。そして，構造の違いは意味の違いを反映するため，違う構造を持つ文は，意味がある程度対応することはあっても，まったく同じ意味を表すことはないと考えるのである。

　このように，認知言語学では言語は人間の認知活動を映すものと考え，その意味や構造の問題を認知の特性という観点から捉え直そうとしている。言語を概念化と結びつけることで，これまで説明されなかったことにも意味に基づく理由があり，一貫した説明が可能になることが多いことが示されてきている。しかしながら，人間の言語の仕組みや，認知との関係にはまだわからないことも多い。日本語や英語の特性やそれらを含めた言語の問題を明らかにするには，これからも研究を進めていくことが大切である。

参考文献

Evans, Vyvyan and Melanie Green. 2006. *Cognitive linguistics: An introduction*. Edinburgh: Edinburgh University Press.

Goldberg, Adele E. 1992. The inherent semantics of argument structure: The case of the English ditransitive construction. *Cognitive Linguistics* 3 (1): 37-74.

Goldberg, Adele E. 1995. *Constructions: A Construction Grammar approach to argument structure*. Chicago: Chicago University Press.

Lakoff, George. 1987. *Women, fire, and dangerous things: What categories reveal about the mind.* Chicago: Chicago University Press.（池上嘉彦・河上誓作他訳. 1993.『認知意味論―言語から見た人間の心』東京：紀伊國屋書店）

Lakoff, George and Mark Johnson. 1980. *Metaphors we live by.* Chicago: Chicago University Press.（渡部昇一・楠瀬淳・下谷和幸訳. 1986.『レトリックと人生』東京：大修館書店）

Langacker, Ronald W. 1987. *Foundations of Cognitive Grammar, Vol. I, Theoretical prerequisites.* Stanford: Stanford University Press.

Langacker, Ronald W. 2002. *Concept, image, and symbol: The Cognitive basis of grammar,* 2nd ed. Berlin: Mouton de Gruyter.

Langacker, Ronald W. 2008. *Cognitive Grammar: A basic introduction.* Oxford: Oxford University Press.

Lee, David. 2001. *Cognitive linguistics: An introduction.* Oxford: Oxford University Press.（宮浦国江訳. 2006.『実例で学ぶ認知言語学』東京：大修館書店）

Radden, Günter and René Dirven. 2007. *Cognitive English grammar.* Amsterdam: John Benjamins.

Talmy, Leonard. 2000. *Toward a cognitive semantics Vol. 1: Concept structuring systems.* Cambridge, MA: MIT Press.

Ungerer, Friedrich and Hans-Jörg Schmid. 2006. *An introduction to cognitive linguistics,* 2nd ed. London: Longman.

第 14 章　世界語としての英語の変種

世界語としての英語

　英語の歴史で見たように，1700 年以降は後期現代英語の時代に入るのであるが，この年を境に英語が世界各地に普及したために，英語には各種の変種が誕生する結果となった。代表的なものには，米語 (American English) があり，その他カナダ英語 (Canadian English)，オーストラリア英語 (Australian English)，インド英語 (Indian English)，さらには黒人英語 (Black English) や，英語と現地語との混種であるピジン英語 (Pidgin English)，また，それがある地域においては母語となったクレオール (Creole) などがあり，今や英語は世界語としてその話される地域を着実に拡げつつある。このような英語を母語とする国々の人々は従うことのできる標準英語の実現という希望をもってはいるが，これとは裏腹に口語の英語は語法や発音に関しても，その差異は日増しに顕著となる傾向があり，とうてい単一の形に統一することは不可能な状態である。そこで本章では世界で話されている英語の変種 (variety) について概観して行くことにする。

1. イギリス英語

　ブリテン島で話されている英語には，地域による方言の相違が非常に大きい。これは，歴史的に英国人が自国内を旅することが困難で，その為にお互いのコミュニケーションは，近接地域に限られていたことに由来する。現在ディース (Eugen Dieth (1893-1956)) とオートン (Harold Orton (1898-1975)) によって成された英語方言調査 (the

Survey of English Dialects (SED)) により，イギリス英語は下記の4つの主な方言に分類される。

(1)　1. Northern dialect　　　　（北部方言）
　　 2. Midland dialect　　　　 （中部方言）
　　 3. South-Eastern dialect　　（南東部方言）
　　 4. South-Western dialect　　（南西部方言）

これに対して，英国南東部のロンドン地方には宮廷があり，政治的，経済的な理由からも社会的に権威を得て，その結果，この地方の言葉は暗黙の内に社会的標準としての地位を確立することになった。特に発音に関しては，これが「容認発音」(Received Pronunciation: RP) と呼ばれるもので，基本的には教育のある人が用いる南部イギリス英語であるが，この特別な地位のためにRPは英国の英語音声学の教授に基本発音として記述されているのである。そこでこのRPと各方言との発音の差異を中心に各方言の特徴を見ていくことにする。

1.1　北部方言
　北部地方はロンドンから遠く離れているという地理的理由もあり，現在も標準語としては容認不可能な擬古的な表現や発音を多くとどめている。例えば，中期英語の長母音は大母音推移の結果，二重母音と変化したが，北部方言では，中期英語の [u] は RP の [aw] とはならず，[u] という単母音として残っている。他にも中期英語の ō (RP [u])，ā (RP ([ej])，ǭ (RP [əw]) は融合されて二重母音の [ɪə] となった。そして中期英語の短かい ŭ が長音化され [uə] となった。その結果，北部の6州には古期英語 hūs の [uː] という発音を含めて house の発音には少なくても17種類の母音，あるいは二重母音があるといわれる。RP の r は，口蓋垂摩擦音 (uvular fricative) として発音され，rat, red の語頭の r は [ʁ] となる。その他中期英語の ir, ur は RP では [əː] となったが，この方言では，[ːrː] となり，これらは，

third, bird, cursing などの単語に聞かれる。

　語彙の点からはスカンディナビア語からの影響で，今なお efter "after", stee "ladder", beck "brook", laik "play" などが使われ，その他，whin "gorse", lea "scythe", lait "look for (it)", gaumless "silly" などのように，この方言のみに用いられるスカンディナビア語からの借用語がある。形態的な特徴としては I is や I's という形があり，また定冠詞の the は t' として具現され，一般に母音の前での the は in t'oven のように表わされることもあるが，ここでは，子音の前でも till t'sun のように広く使用されている。

1.2　中部方言

　中部方言の特徴は，butter, thunder など，RP では [ʌ] で表わされる母音が [u] として発音されることである。また tongue, tongs などの語末の ng という子音連結では [ŋg] という発音より，[g] 音が保たれている。また中部方言には発音上の統一がないと言われるが，北部方言と比較すれば，以下のような音韻対応がある。

(2) 1. 北部方言の [u] は中部方言では house, snout, cow において，[aw], [ɛw], [aj] のように各種の二重母音となる。
    2. 北部方言の -nd に先行する [i] [u] は，中部方言では blind [aj], pound [aw] のように二重母音となる。
    3. 北部方言 [iə] は中部方言では boots, goose, moon における [u] や [uj] となる。
    4. 北部方言の [iə] は中部方言では spade, naked, both, loaf における [ɛw] / [ʊə] となる。
    5. 北部方言の [uə] は中部方言では coal, foal, caat における [ɔj] となる。
    6. 北部方言の [i] [iə] は中部方言では eat, speak における [ɛj] [eː] となる。

　　　　　　　　　　　　(Russ 1982: 41, In Bailey and Görlach)

以上の他に中部方言では1つの母音が様々な異なった音として具現されるのが特徴で，これには house が [aw], [aː], [ɛə], [ɛw], [aj], [æː], [ɛː], [æw] のように全く任意の形で発音されているかのような感をうけるのである。

形態的には no が not や n't のかわりに用いられ，West Midlands では I can no, He dare no という形が現れる。また Shropshire では -n で終わる動詞の痕跡があり，これには，I bin "I am", he bin "he is", I han "I have", he han "he has" などがある。

1.3 南部方言

南部方言は東部と西部に二分される。南部東部方言は，その地理的位置からしてもっとも RP に近いものであり，幾つかの東部特徴は最近では RP の影響を強く受け減少しつつあり，多くが RP の近似形にとってかわられている。しかしそのなかでも home の発音，[ʊ], [ʌ] が，西部の Cambridgeshire や Northamptonshire という地域までひろがり，RP では異なった音として具現される hear, hare は Eastern Norfolk ではどちらも [ɛːə] として融合している。語彙の点では dicky "donkey", dug "udder", pightle "paddock", hale "(potato-) clamp" など地域の生活に密着した語彙がある。東部方言とはこのように多くの独自の形を残しながらもロンドンに近いことから標準語に常に影響されている方言なのである。

一方，南部西部方言とは，他の英国方言に見られない多数の特徴を有するものである。まず顕著な例としては，中期英語での語頭の無声摩擦音が有声音化することである。すなわち，finger, thimble, seven, sure などの [f, θ, s, ʃ] は [v, ð, z, ʒ] と発音されるのである。無声摩擦音の有声化はどれも同程度におこるのではなく，[ʃ] がごく小さい地域におこり，[f] がもっとも多くの地域で生じている。さらに歯間摩擦音の [θ] は，語頭で r との子音連続が起きる three, thread では，閉鎖音の [d] として具現する。また語頭の r は rat, red のような単語において，摩擦を伴わない反り舌音 (retroflex frictionless continuant) として

発音される。これは北部の一部の州（Lancashire, Northumberland）にも聞かれるが，farm, fork, third, worm, butter など r を含む単語が［r］あるいは r-colored 母音をもって発音されることに起因するのであろう。このような r 音を含む発音は rhotic pronunciation と呼ばれる。

　形態的にも標準語や他の方言では消失した特徴が残されている。例えば古期英語では，動詞 be の単数現在形には，eom, eart からなるシリーズと，be からなる 2 つの基本語幹が用いられていたが，南部西部方言では，以下に示すように古期英語の be 動詞語幹を保持するような動詞変化形が用いられている。

(3)		Singular	Plural
	1st pers.	I be	we be
	2nd pers.	thee art	
		you be	
		thee bist	
	3rd pers.	she is (be)	they be

(Russ 1982: 37, In Bailey and Görlach)

さらに過去分詞形に a- という接頭辞が付加されることも知られている。これには done に対する a-done, a-doed, put に対する a-put などがあり，Devon を中心に広く用いられている。他に him に対する en があり，これは，it のかわりにも用いられ，northern Somerset を除く，南部西部地方にかなり広域に渡って使用されているのである。

　語彙に関しては，aftergrass "aftermath (second mowing of the grass)", grandfer "granddad", pin (bone) "hipbone" (of cattle) などという，この地方特有の語彙もある。

1.4　コックニーと河口域英語

　コックニーとは，cokeney（cock（雄鳥）+ey（卵））のことで，中期英語では「愚か者」を指し，ことばの字義としては「奇形の卵，役に

立たないもの」という意味である。即ち，非標準的な役に立たない英語をさしているのである。しかし，コックニーの特徴としては，英語の大母音推移で変化した母音の二重母音化はほとんど影響をうけなかったという点がある。この点から，むしろ皮肉にも古期英語の発音を受け継ぐ正当な？？英語の発音を保持している変種であるということもできる。しかし，コックニーとはロンドンの下町を中心に話されている「俗っぽい，非標準英語」として認識されているのが現状である。

　このコックニーを取り入れた作品としては，バーナード・ショー (B. Shaw) による『ピグマリオン』を題材にして作られたミュージカルや映画『マイフェアレディー』があるが，ここに登場する花売り娘，イライザの話す英語に顕著にその例を見ることができる。

　例えば，*The rain in Spain stays mainly in the plain.* という一節にある *a* という発音は全て，短母音の [a] であって，二重母音の [ej] にはならない。したがって，花売り娘のイライザにとっては，[rain, spain, stay, mainly, plain] であり，[rejn, spejn, stej, mejnly, plejn] とはならない。これがコックニーの発音である。

　英国では，RP が上流階級の英語であり，コックニーが労働者階級で話される英語として，二極化されてきた。しかし，最近ではこのどちらにも属さない新中間層としての新しい英語が作り出されてきている。これは河口域英語 (Estuary English=EE) と呼ばれ，EFL (外国語としての英語) の教員であったローズワーン (David Rosewarne) によって作り出された術語である。これは，ロンドン以東のテムズ河の河口域から広まったことからこう呼ばれるが，RP に近い発音の話者からコックニーに近い話者までその幅は広く，故ダイアナ妃や前首相のトニーブレアなどの話し方にもこの特徴が見られる。昨今ではこの EE の特徴を取り入れた表現をする人も少なくなく，例えば，EE では普通に用いられている "Cheers." を "Thank you." に相当する語として，一般的に用いる例が多く観察されている。これなどは単に文体上からみての口語表現という範疇を超えたものとなっている。発音の点では，day [daɪ], town [tæ:n] のように二重母音や長母音にその発音の特徴

が見られる。ウェルズ（John Wells）によれば，EE は決して新しい現象ではなく，少なくともロンドンを中心に 500 年近くにわたってその傾向が見られてきたと言う。英語の母語話者には，この EE という変種が明確に定義されていないので，誤解をもって受け入れられているようであるが，最近では「英国南東部のアクセントをもった標準英語である。」とする新しい定義も生まれつつあり，一般の英語話者を始め，多くのジャーナリストによって使用されている。特に BBC（British Broad Corporation）では EE を含め，英語を母語とする全ての社会階層の人々の話す英語（アクセント）を使用することを容認しているので，BBC English が RP であるとする傾向は薄れつつあると言ってもよい。

　以上，概観したように，一口にイギリス英語といっても，英国内ではこれだけの多様な特徴のある変種に分類されるのである。ブリテン島には，さらに北はスコットランド，そして西部にはウェールズがある。そこで話されている英語も当然ながら各々の顕著な特徴を有している。英語は決してロンドンを中心に話されていることばでないことを知る必要があるのである。

2. アメリカ英語

　メイフラワー号でアメリカに渡ったピューリタンがプリマス植民地を開いたのは 1620 年のことであるが，それ以前の 1607 年にはイギリスからの最初の移住民達がヴァージニアのジェイムズタウンに永住の地を定めていた。1607 年というと英国では，シェイクスピアが『リア王』という新しい劇を書き終えてちょうど出版しようとしていた時期である。当然『テンペスト（あらし）』はまだ出版されていない。すなわち，アメリカへ渡った当時の植民者たちは，シェイクスピアやミルトンや B. ジョンソンなどが話していた 17 世紀の英語を話しながら大西洋を渡ったのである。アメリカというと新しい感じがするが，当時のアメリカで出版された文書についてはいささか色あせた前時代の遺物という感をぬぐい去れないのはこのような理由によるのである。

その後英国内でのイギリス英語は種々の変化と共に革新されていくが，アメリカに渡った当時の英語はある場所ではそのまま歴史が停止したかのように17世紀の古い形をとどめているものもあり，一般的にも英語の古い特徴が保存されているのである。ともあれ，新大陸にやってきた人々が先ず困ったことは自分達の知らないものを表わすのに適当な語彙をみつけることであった。そこで植民者達は新しい単語を作ったり，原住民のアメリカインディアンが使っている単語を借用したり，また古い英語の形を再生したりして，自分達の日常生活に必要な語彙の数を増やしていった。また発音に関しても以上の理由から英国内では18世紀末にすでに廃れた発音も残存しているのである。一方，形態的，統語的にはどんどん単純化され，動詞の不規則変化の規則化，助動詞の一般動詞と同等の扱い等が挙げられ，その点では最近の口語は，ますますアメリカ英語として単純化を促進していると言えそうである。

2.1 語彙

アメリカ英語の特徴を語彙の点から見てみると，以下に示すように分類することが可能である。

(4) 1. 単語の意味の置き換え
　　1. maize → corn
　　　イギリス英語でのcornは「小麦」を意味していたが，「穀物」という古い意味も保持していた。しかしアメリカ英語では「とうもろこし」という語にイギリス英語のmaize「とうもろこし」を使わずにcornという語が使われ，それが定着した。
　　2. barbecue
　　　イギリス英語に最初に現れるが，アメリカ英語では戸外の社会的，政治的会合で動物がまるごと焼かれるということを意味し，この意味で定着した。

2. 新造語
   1. 合成語
      bullfrog, catfish, ground hog, jimson weed, live oak,
      bluegrass, sweet potato, eggplant, roasting ear
   2. 擬声語
      bobolink, bobwhite, katydid
   3. 縮小語
      squash < askutasquash, coon < raccoon < raugroughcun
   4. 通俗語源
      whiskey-John "blue jay" < wisketjan
   5. その他，自然に関する語彙
      bluff, divide, clearing, foothill, watershed
3. 借入語
   1. インディアンから
      opossum, moose, skunk, caribou
      hickory, pecan, chinquapin, persimmon
      hominy, succotash, pemmican, johnnycake
      moccasin, tomahawk, totem, mackinaw
      caucus, tammany, sachem
   2. オランダの植民者から
      cruller, coleslaw, cookie, waffle
      stoop, spook, scow, sleigh
      boss, patron, Santa Claus
   3. ドイツの植民者から
      noodle, pretzel, smearcase, sauerkraut, sawbuck
   4. フランスの植民者から
      bateau, carryall, chowder, levee, prairie
   5. その他
      mosquito, negro, armada (from Spanish)
      voodoo, hoodoo, zombi, banjo, goober (from Africanisms)

以上は初期のアメリカ英語における語彙の特徴から現在まで使用されているものであるが，この他にアメリカに渡った後，同一の概念や事物を表わすのに英米で異なる語彙をもつものがある。それらの内の幾つかは次のようなものである。

(5)

（イギリス英語）	（アメリカ英語）	（イギリス英語）	（アメリカ英語）
autumn	fall	dynamo	generator
braces	suspenders	express delivery	special delivery
dinner jacket	taxedo	flat	apartment
dustman	garbage collector	gearbox	transmission
(dustbin)	(trash can)	hoarding	billboard
ironmongery	hardware	spanner	wrench
lift	elevator	sweets	candy
lorry	truck	tap	faucet
luggage	baggage	trousers	pants
nappy	diaper	trunk call	long-distance call
pavement	sidewalk	underground	subway
petrol	gas (oline)	windscreen	windshield
railway	railroad	boot	trunk

この他にも ice cream soda, apple pie, commuter, popcorn, hamburger, realtor, saloon などはアメリカ英語特有の語彙として挙げることができる。また，語彙に地域差があるものに，自動車王国アメリカの「ダブルレーン以上の自動車専用道路」を表わす語彙がある。例えば東部 New York, Connecticut, Rhode Island では "parkways" と呼ばれ，New York では "thruway"，また Pennsylvania, New Jersey, New Hampshire, Ohio, Indiana などでは "turnpikes"，さらに Michigan では "expressways"，そして California では "freeway" と呼ばれるごとくである。

2.2 発音

イギリス英語とアメリカ英語の最も顕著な差異は母音に見られる。すなわち，イギリス英語では 18 世紀末に man の [æ] が father の

[ɑ:] に変化したにもかかわらず，アメリカ英語ではほとんどの地域で音の発音が保持されていたため，この変化が全国的なものとならなかったのである。そこで以下に示すように，/f, sk, sp, st, ss, th/ の前や，dance や can't のように「/n/+ 特定の子音」の前では [æ] が残り，結果的に RP の [ɑ] との差異を生じることになった。

(6) | | RP | アメリカ英語 |
|-------|----------|----------|
| calf | [kɑ:f] | [kæf] |
| brass | [brɑ:s] | [bræs] |
| bath | [bɑ:θ] | [bæθ] |
| task | [tɑ:sk] | [tæsk] |
| clasp | [klɑ:sp] | [klæsp] |
| mast | [mɑ:st] | [mæst] |
| lance | [lɑ:ns] | [læns] |
| can't | [kɑ:nt] | [kænt] |

次は r 音の違いである。RP では r は母音の前以外では消失して，子音の前や語末では発音されることはないが，アメリカ英語では中部諸州や西部で r は全ての位置で発音される。したがって，RP では lord は laud と同じ発音 [lɔ:d] になるが，アメリカ英語では，[lɔrd] と [lɔ:d] のように前者には r 音が挿入された発音になる。これも昔のイギリス英語の発音が保持されたものとみることができる。

(7) | | | AE | RP |
|--------|------|---------|---------|
| 母音の前 | ring | [riŋ] | [riŋ] |
| 母音の後 | sort | [sɔrt] | [sɔ:t] |
| | card | [kɑrd] | [kɑ:d] |
| 語末 | far | [fɑr] | [fɑ:] |
| | door | [dɔr] | [dɔ:] |

第3点として，[ɔ]：[a] の対立がある。これは共に後舌低母音であるが，イギリス英語は円唇母音であるのに対し，アメリカ英語では非円唇母音に変化しているのである。そこで o を含む単語，例えば not, top, college には発音の違いがみられるのである。アメリカ英語を発音の点から見ていこうとすると，アメリカ英語における方言について簡単にみなければならない。土地が広大な割にアメリカ英語はイギリス英語ほどその地域的，社会的差異は大きくない。方言研究は現在までにはキュラス (H. Kurath, 1949) による語彙の面からのものと，その後のマクデイヴィッド Jr. (McDavid Jr.) との共同研究 (1961年) による発音の面からのものとがある。この調査によればアメリカ英語は主に北部，中部，南部という3つの方言区域に分類されることになる。もちろん大西洋沿岸州は植民地として各国からの移住民によって建国されたという歴史的背景からして色々な言語的特徴があり，これは 18 の方言区域に分割された。その後ボーとケーブル (Baugh & Cable, 1980) は上述の3分類に加えて，特にアメリカの東半分には分類されるに十分な顕著な6つの地区方言があると指摘した。これらは以下の6地域である。

(8) 1. Eastern New England　　4. North Midland
　　2. New York City　　　　　5. South Midland
　　3. Inland Northern　　　　6. Southern

　上記の方言区分において (8) 1 では，hot, top などの円唇母音 [ɔ] の保存に対して，car, hard などにおける [r] 音の消失が認められ，ボストンがこの方言の中心となる。それに反して (8) 2 では [r] 音の増大が著しい。また third を thoid のように発音するのも New York 市の顕著な特徴であるといわれる。(8) 3 では (8) 1 と同様，[o] と [ɔ] の区別があるが，[r] 音に関しては保存され，ask などに [æ] が生じる点で，(8) 1 とも区別される。(8) 4 では (8) 3 と同様，r 音の保存，母音 [æ] の生起という特徴がみられるが，hot, forest

などは (8) 1, 3 に対して非円唇化された [ɑ] が生じる。(8) 5 の特徴は中部か南部に見られるそれぞれの特徴を合わせ持った点ということができる。そして (8) 6 の南部方言は上記 6 方言中最も顕著なもので，南部の引き延ばし (Southern drawl) と呼ばれるものである。これは一般に言われるように単に発音の仕方がのろいということだけを意味するのではない。強勢のある母音を二重母音化したり，二重に二重母音化することも含んでいる。そこで yes が [jɛɪs] または [jɛjəs] となり，class が [klæɪs] または，[klæjəs] として発音されるのである。

以上のようにアメリカ英語の発音は一般的な特徴をもとに各地域によって僅かに異なった様相を呈しているのである。

2.3 統語法

一般にアメリカ英語はイギリス英語の古い形をとどめていることがわかったが，統語法についても同様のことが言える。ここでは特によく使われるもので，アメリカ英語の特徴となっているものを見ていくことにする。

2.3.1 語のレベル
(9) 1. 病気を表わす語の前の "the"
the headache, the measles, the cholera, the pox
It fair gives me the trembles.
現代でも病名に the を保存している。
2. 名詞の数
content「「含有量，内容」という 17 世紀の形を保存。数は単数で用いる。イギリス英語では「収容力」(容器の容量) の意で使用。
evidences「証拠」古語で複数形として用いられた用法が残存。
3. 比較級にかわる最上級 (2 つの事物，人，性質について)

Crane wrote two fine stories... the last one is *the best*.

The two squirrel seemed to vie with one another who should be *the most* bold.

4. 古い副詞の -ly 形

He would *likely* draw out to the side.

listening to the leaves rustling so *lonely* in the trees

I'm not *overly* fond of that fellow.

5. 主語関係にある関係代名詞の省略

There'd be men I didn't think (who) would want to be fooling around with him.

I had a kid (who) took French over to the high school.

They got a man in it (who) can play a tune on a saw.

(イギリス英語ではこの構文は時々文頭にたつ here, there や，指示する it の次に用いられるのみ。アメリカ英語では「共有構文」の名残か。)

6. 部分属格としての前置詞 of

When I felt *of* his heart, there was no beat.

He smelled *of* the flower and threw it away.

7. 譲歩文中の接続詞 as...as

As secular *as* the belief in progress may seem at first glance, it conserved and drew life from a large residue, albeit, of wishful thinking, ...

As impressive *as* were Mr. Kennedy's popular ratings....

8. ought に後続する to なし不定詞

She ought not *remain*.

I ought *tell* you.

I thought you two girls ought *know* each other.

2.3.2 文のレベル

(10) 1. 分離不定詞（split infinitive）の多用

To boldly *go* where no man has gone before.

   I haven't had time since *to* more than *call* my soul my own.

2. not の中置法（to+not+不定詞）

   I had a good mind *to not explain* at all.

   Uncle Maury said *to not let* anybody see us.

3. 代名詞目的語の中置法

   to think that you had *it* to endure（=had to endure it）

   I wish I had *it* to do over again.（=had to do it over again）

4. how, what に始まる感嘆文中の倒置法

   How often *have they* said or implied!

   Judith, Judith, how lovely *are you*!

5. 主語と名詞，形容詞的要素を含む述部の倒置

   A good democrat was Brackenridge.

   Equally distasteful was the new work.

   No romantic idealist was J. Adams.

   No lover of liberty was N. Ward.

以上の他にもよく知られている新しい型の特徴としては，助動詞の shall, will の変化がなくなり，will のみが未来時制を表わすのに使われている点，have（所有）の一般動詞化，must にかわる have to（これは必要性を表現する手段として to have+to 不定詞という形で定着した）などがある。さらに come や go には原形不定詞をとることが一般的になり，例えば，

   (11) 1. Bill and Mary will come see me tomorrow.

       2. He forbade any to come look at him, except the nurses.

などが可能な表現となった。また come については How come?（=Why?）というアメリカ英語特有の表現もある。

2.4 綴字法

綴字法に関してもイギリス英語とアメリカ英語では以下に示すような差異が現れている。

(12)

(イギリス英語)	(アメリカ英語)	(イギリス英語)	(アメリカ英語)
aesthetic	esthetic	judgement	judgment
axe	ax	jeweller	jeweler
behaviour	behavior	kerb	curb
catalogue	catalog	licence	license
centre	center	mediaeval	medieval
cheque	check	manoeuvre	maneuver
colour	color	pedlar	peddler
connexion	connection	plough	plow
fibre	fiber	programme	program
gaol	jail	recognise	recognize
grey	gray	skeptic	sceptic
honour	honor	travelled	traveled
Jugoslavia	Yugoslavia	tyre	tire
industrialisation	industrialization	waggon	wagon
inflexion	inflection		

以上の差異はノア・ウェブスターがSpelling Bookや辞書を通して提案したもので，その方針としては，できるだけ発音どおりに，そして簡略化し，発音にない文字は取り除くという経済性，かつ革新の精神に由来したものであった。これが広くアメリカ社会に受け入れられた結果，定着したものである。

アメリカといえば今や世界の革新国の代名詞のように，すべての新しいものはここから始まるといっても過言ではない国である。しかし，こと言語に関してはかたくなに植民当時の18世紀の形を保存している保守的なところがある。もちろん，種々の新しい言語現象もみられるが，発音，語法ともにアメリカニズムといわれるものには古い形が残存しているという点を知るべきである。

3. カナダ英語

Canadian という語は 19 世紀半ばまでは北米に移住してきたフランス人 (French-Canadian) のことを指していた。したがって，現在のようにカナダ国民の総称としての Canadian という語が定着したのはごく最近のことである。ちなみに，canada という語についてもその語源には諸説があるようであるが，現在ではアメリカインディアンのイロコイ族の言語，Iroquoian の kanata "village, community" に由来するといわれている。

カナダにおける言語生活は，英語を母語とする人々の間で，彼らの新しい生活様式に合わすため，政治，経済，社交などの分野で，各々に適合した語法が French Canadian, American, Amerindian などから借用することに始まり，その中にあって，イギリス英語の古語なども新しい目的のために広く受け入れられていった。これらは，カナダ語法 (Canadianism) と呼ばれ，カナダ国内で次第に定着していくことになる。そこで英語の特別な変種としてのカナダ英語が形成されているなどとは誰も予期していなかったにもかかわらず，カナダ英語 (Canadian English) という術語が 1857 年に始めて活字として使用されることになるのである。このようなカナダ英語とはイギリス英語とアメリカ英語の双方に類似点を見い出すことができる，最近に誕生した変種ということができる。

3.1 語彙

語彙の点では前節でみたイギリス英語とアメリカ英語の語彙の相違に対し，どちらかに強く傾くというよりは，日常生活に必要な語彙でさえ (13) に示すように，各々の語彙がうまく使い分けられて使用されている。(本節ではカナダ英語＝CE，イギリス英語＝BE，アメリカ英語：AE のように表わす。)

(13)

a. CE (=AE)	BE	b. CE (=BE)	AE
billboard	hoarding	shade	blind
snap fastener	press-stud	braces	suspenders
gas	petrol	porridge	oatmeal
truck	lorry	serviette	napkin

（13）に挙げた語彙がカナダ全地域で共通して使用されているかというと一概にそうではなく，地域によって異なっている。特に BE の語彙は Toronto, Victoria など保守的な地域に多く，AE の語彙は Edmonton, Windsor などの革新的な工業地域に見られる。では，地域的な CE の特徴ある語彙はというと（14）のようなものがある。

(14)

New Foundland
 glitter 雨氷 jinker 厄介者，いたずら者，不幸者

Maritimes
 gaspereaux 食用ニシン togue 湖ます（lake trout）

Quebec & Ontario
 concessoion 町の行政区分 concession road concession を区分する東西道路

Ontario
 aeroquay 空港ビル fire-reels 消防自動車

Prairies
 bluff 草原の木立 grid road 南北2マイル，東西1マイル間隔で建設された田舎道

West Coast
 saltchuck 塩水，すわなち，海 skookum 大きい，力強い

North
 cheechako 新入り，新参者 cat swing 冬に使うそり付きトラクター

第14章　世界語としての英語の変種　*331*

また各言語からの借用により定着した語彙としては以下のものがある。

 (15) Amerindian
   muskeg ミズゴケ   potlatch   贈物のあるパーティ
  Inuit
   kayak   カヌー   komatik   雪ゾリ
  Canadian French
   aboideau 堰, 潮門   butte   丘

この他にも riding（代議士の選挙区），premier（州知事），lacrosse（球技の一種），toboggan（先端の丸い雪ゾリ），Hydro（hydro-electric power の略, すなわち電力），garbage can（ごみ箱），the line（U.S.-Canada 国境），Metis（原住民と仏系の混血），Canuck（French Canadian）など政治，スポーツ・日常語等カナダ特有の語彙があり，これらは英米語のいずれにもない語彙で，かつカナダ全土に渡り広く使用されているものである。

3.2　発音
次に発音に関してどのような特徴があるのかを見ていくことにする。先ず第1の特徴として以下の音声現象がある。

 (16) /ɔ/ と /ɑ/ の区別がなく /ɒ/ に融合している。
                CE
  caught/kɔt/ : cot/kɑt/   /kɒt/
  naughty/nɔti/ : knotty/nɑti/ /nɒti/

従って［ɔ］は, door, horse (hoarse) のように /r/ 後続する位置で［dɔr］［hɔrs］のように生じる他，boy［bɔj］, noise［nɔjz］のように上昇二重母音の第1音も生じるのみである。第2の特徴としては次の例がある。

(17) [əj]：[aj] と [əw]：[aw] の対立。

[əj]	[aj]	[əw]	[aw]
fife	five	house (N)	house (V)
price	prize	bout	bowed
pipe	pie	lout	loud
site	side	mouth (N)	mouth (V)

(Bailey 1982: 154, In Bailey and Görlach)

(17)から分かるように［əj］［əw］は無声子音の前に生じるという一般化があるように思えるが，現在ではこれが決定的な音声現象ではない。しかしほとんどのカナダ人の発音で［aj］はどの環境にも生じるが，［əw］は規則的に無声子音の前で生じ，また地域によっては［əj］［əw］は体系的に無声子音の前で生じるという報告がなされている。これはカナダ英語の複雑な音声現象を表わす好例であるが，このような一般化も早晩生じてくるものと思われる。

　他の音声上の特徴としては，母音に後続する /r/ (post-vocalic/r/) がある。例えば khaki という語彙は，BE では /kɑːki/, AE では /kæki/ と発音されるが，CE では，/karki/ のように母音の後に /r/ 音の挿入が生じる。また /æ/ は Yugoslavia, Vietnam などに見られるようにかなり広範囲に生じる音である。これは garage などにも /gəræʤ/ として生じ AE の /gərɑʤ/, /gərɑʒ/ とは同一線上の発音であろうと思われるが，BE/gærɪʤ/ とは一線を画し，CE ではほとんど聞かれることはない。さらに vase は BE /vɑːz/, AE /veis/ に対して，CE では /vez/, /vɑz/ のように発音されるのも興味ある事実である。

3.3 統語法

　統語上の特徴としては AE の Do you have..? という一般形は CE では BE にならい，いまだに Have you..? あるいは，Have you got..? という形が一般的である。しかし BE で Charles lives in King Street は，CE では Diana lives on Queen Street のように，また BE での There is nothing in it は，CE では There is nothing to it のように AE の影響を受けている点も見逃せない。さらに次の例のような動詞の変化も観察されている。

(18) a. CE　The mother baths [bæθs] the baby.
　　　　AE　Mothers bathe [beð] babies.
　　　b. CE　John dived into the pool.
　　　　AE　John dove into the pool.
　　　c. CE　Beef is hung, gates are hung, and felons are hung.
　　　　BE　Beef is hung, gates are hung, and felons are hanged.

また，フランス語の影響で造語法も以下にみられるように，多くが英語とは逆の modified-modifier という形が取られている。

(19) Lake Winipeg, Lake Manitoba, Parks Canada, Air Canada, etc.

3.4　綴字法

綴字法に関してはカナダの学校では原則として，イギリス式綴りを教えている。しかし日常生活では BE を踏襲しているものが大半を占めるとはいうものの，一方では AE を受け入れているものも多数見受けられる。

(20) BE 優勢
　　　axe, catalogue., centre, colour, grey, honour, jeweller, mediaeval manoeuvre, plough, programme.
　　　AE 優勢
　　　connection, inflection, curb, jail, peddler, recognize, sceptic, tire, Yugoslavia, wagon.
　　　(BE，AE に対する AE，BE 綴字については，第 2 節参照)

3.5 その他

CE の一般的特徴としてよく挙げられるものに "Canadian eh"（発音は [e]）という感投詞がある。これは (21) に示すように様々な機能をもっているが "border officials have come to regard it as a pretty good way to spot a Canadian" (James 1971: 11, In Bailey 1982: 161) という記述にも見えるように CE のユニークな特徴である。

(21) 1. "That's nice looking girl, eh?"
　　　2. "So you think there's nothing to worry about, eh?"
　　　　　　　　　　　　　　　　　　　　　　　　　（Avis 1973: 63）
　　　3. "Hey, Barry, you have a cold one for me tonight, eh?"
　　　　　　　　　　　　　　　　　　　　　　（a question tag）
　　　4. "Call me Alex, eh?"　　　　　　　　　（a reinforcer）
　　　5. "See you eh?"　　（elliptical statements of various kinds）
　　　6. "You won't eh?"　　　　　　　　　　（Bailey 1982: 161）

以上、種々の観点からカナダ英語を見てきたが、結局、CE とは上述のごとく、BE と AE を基礎とし、それに各種の言語が融合したものということができる。現在では AE と BE との混種といえるが、その中にあって統語法、あるいは綴字法（特に -re "centre, theatre"）はかたくなに BE を踏襲している。一方、発音はかなり AE に近づいており、CE を聞いたことのある人なら、誰もがその発音がソフトでイントネーションも BE とはかなり違った響きをもっていることがわかるはずである。地理的にはアメリカと地続きのため、今後は当然 AE の影響を強く受けることが考えられるが、その反面、語法、語彙などは CE 特有のものが増加してくることも十分考えられる。言い換えれば、二国が互いに独立国家である限り、言語の干渉もある点では常に相入れないものがあるといえ、将来カナダ国内では BE, AE に対し、カナダ英語（=CE）として独自の変種を形成していくものと思われる。

4. オーストラリア英語

ヨーロッパ人のオーストラリアへの植民政策が開始されたのは1788年であり，それは英国が自国の刑務所の過密状態に対する解決策として Sydney に流刑地を設立した年にあたる。当時，New South Wales の東海岸の入り江 Botany Bay へ到着した，いわゆる The First Fleet には717人の囚人と約300人の行政官，看守，それに彼らの妻子が乗っていたという。その後52年にわたり流刑に処せられた13万人の囚人が送られ，1816年までは自由民の入植者には特別な許可が必要とされた。そのために1840年までは，自由民の数が囚人の数を越えることはなかったのである。その後20世紀に入り着実にオーストラリアの人口は増加しているが，以上の事情が大きな要因となり，20世紀半ばまでも，オーストラリアへの入植者はその大部分が英国からの移住民で占められていた。したがってオーストラリア英語の特徴といえば，当時の入植者が持ち込んだ18世紀のイギリス英語の地域方言語彙を主とし，社会階層による語彙，すなわち，教育をうけた役人と下層階級の犯罪者の使用する語彙の混在であり，また，入植者の手になる新しい環境に応じた新語や，原住民からの借用語などの混入による，既存のイギリス英語の再構築されたものとみることができる。

4.1 語彙

上述のごとく，オーストラリア英語には初期の植民地時代の残存語として，喧嘩，ギャンブル，飲酒，ペテンに関する語彙が多くみられる。

> (22) barney「口論，喧嘩」，barrack「からかう，やじる」，blow「(競馬で) 掛け率の差が伸びる，高配当になる」，carney「おだて，おべっか」，cross「不正な」，fakement「混乱，混雑」，ready-up「だまし取る，ごまかす」，school「ばくちをする仲間」，bender, Shivoo「酒の入った席での浮かれ騒ぎ，

馬鹿さわざ」，long sleever「背の高いビール用コップ」，stonker「打ちまかす」

また人々や性格を表わす語彙として以下のものがある。

(23) cobber「友達，仲間」，kockabout「雑役夫，放浪者」，larrikin「不良少年，与太者」，dubersome「疑わしい，疑念がある」，jonnick「公正な，正直な」smoodge「おべっかを使う，いちゃつく」，wowser「口やかましい人」

その他，巨大さを表わす語彙として boomah, boomer「異常に大きなもの」があり，19世紀後半に話し言葉の強意語となった jimbang「激しく，まさしく」，fiaming「激しい，途方もない」などが特徴ある語彙として挙げることができる。

さらに原住民からの借用語で，今日世界的に広まった語彙としては boomerang「ブーメラン」, kangaroo「カンガルー」, budgerigar「オーストラリア産セキセイインコ」があり，他に Anzac「アンザック軍団，第一次大戦のオーストラリア，ニュージーランド連合軍団，以後オーストラリア，ニュージーランドのいかなるグループにも使用する」なども有名である。

4.2 発音

発音についてもっとも顕著な特徴は，二重母音の［ej］が［aj］に交替する点であろう。したがって，day は［daj］のように発音される。そこで day と die をとり上げ，"I came here today." が "I came here to die." のように聞こえるということがよく言われる。しかし厳密には，オーストラリア英語では day は［dʌj］のように発音され，それが一般には［daj］のように聞こえるのである。一方，die は［daj］と発音されるので，これと混同しているに過ぎないのである。したがってオーストラリア英語では2つについての間違いはないと言われている。

今一つの特徴は，[ej] から [aj] への変化に伴う2組の混同されていると思われている発音に関する区別である。例えば，lake: like, raise: rise では [ej] が [aj] に（lake [lajk], raise [rajz]）変化したので，like, rise はそれぞれ，[lɑːjk]，[rɑːjz] のように，本来の [aj] は [ɑːj] のように長母音化して，2つを区別しているのである。

　この他，発音の一般的特徴について「間延びがして，鼻にかかる，無精たらしく，だらしがない，その結果，耳障りで，はっきりしない。またリズムがぎくしゃくしておちつかず音調も強弱，高低の変化がほとんどなく平板で退屈な印象をうける」とよく言われる。このような悪口も上記のオーストラリアにおける英語の非標準語話者という歴史的背景によるものであろうが，言語学的見地からすれば，間延びがする，平板である，というのが1つの特徴として捉えることができ，これをマイナスイメージとつなげる根拠は何も存在しないのである。事実，最近では，ミッチェルとデルブリッジの研究によりオーストラリア英語も（24）に示す3つの主要な変種に分類できることが指摘され，上述の一般的特徴を有しているのは，Broad Australian と呼ばれる変種に特に顕著な特徴とされる。ここでいう，Broad Australian とは「訛りの強い特徴あるオーストラリア英語」である。しかし，オーストラリアにはこれ以外に，過半数以上を占める「一般オーストラリア英語（General Australian）」と，より少数派ではあるが，教養あるオーストラリア人が使用する「教養オーストラリア英語（Cultivated Australian）」があり，この2つのオーストラリア英語には一般にマイナスイメージとして捉えられる上記の発音の特徴等は当てはまらない。これら3つの主要な変種の割合といえば，（24）に示す割合となり，一般，教養オーストラリア英語が優に過半数を超えている言語事情がわかるというものである。

(24) Broad Australian　　　　34%
　　　General Australian　　　55%
　　　Cultivated Australian　　11%

また，以上3つに分類された変種の発音上の差異は (25) のようになる。

(25)

	Broad[1]	General[1]	Cultivated[2]
beat	[ɘˑɪ]	[əɪ]	[ɪi], [i]
boot[2]	[ɘˑʊ]	[eʊ]	[ʊu], [u]
say	[ʌ¹ɪ], [ʌˑɪ]	[ʌɪ]	[ɛɪ], [eɪ]
so	[ʌ¹ʊ], [ʌˑʊ]	[ʌʊ]	[oʊ], [ɛˑʊ]
high	[ɒ¹ɪ]	[ɒɪ]	[aɪ]
how	[æ¹ʊ], [æˑʊ]	[æʊ]	[aʊ], [aˑʊ]

1. ˑ indicates an advanced vowel: ʳ indicates a more open vowel: ˈ indicates stress on the following vowel.
2. Bernard (1967) has since proposed the following set of diaphones instead: [uˑ], [u], [uˑ].

(Eagleson 1982: 424, In Bailey and Gorlach)

4.3 その他

慣用語法と呼ばれるものに，"the great Australian adjective" と呼ばれる bloody がある。これはさしずめアメリカ英語なら damned に匹敵するタブー語としての強意語であるが，単に形容詞として bloody car, bloody dog などの他に bloody awful, bloody beautiful というように副詞としても使われ，I'll bloody well kill him, It's bloody well likely などのように修飾語として使われる例も報告されている。(大修館『英語学事典』，P.1068) またイーグルソンの報告によると下層階級のほとんど教育をうけていない人たちのコミュニティでは，いまも下記に示すような統語法が普通に用いられているということである。

(26) 1. Tommy *brang* his dog to school.
2. It's the way they *been* brought up.
3. You *was* at work a lot with Lynn.
4. The water *don't* go far.

5. He turns his face and *won't* have *nothing* to do with a person, *doesn't* he?

(R. D. Eagleson 1982: 428-429, In Bailey and Ghörlach)

　1950年以降は第二次大戦後の新しい移民政策が始まり，現在では20％のオーストラリア人は英語を母語としない国々からの移民であり，また少なくとも両親のいずれかが英語を母国語としない人々である。彼らの母語はフランス語，ドイツ語，イタリア語，ギリシア語，ユーゴスラビア語という印欧語に加え，トルコ語，ベトナム語やレバノン語という非印欧語にまで多様化が進んでいる。その結果これらの人々による言語干渉は避けられず，当然オーストラリア英語の将来に少なからず影響を与えるものと思われる。

5.　黒人英語（＝AAVE）
　黒人奴隷が初めてアメリカにもたらされたのは1619年のことで，20人がオランダ船によってヴァジニアに送られた。これがアメリカにおけるタバコの単作栽培の発展と関連し，以後の黒人奴隷制の発端となるとは誰も予期していなかった。当時，特に1720年以降植民地アメリカはタバコ，米，砂糖などの輸出による経済的発展の結果，イギリスやヨーロッパ諸国と異なった自国の特性を形成する過渡期に突入していたわけであるが，その中にあって，1750年の奴隷制の解禁をもってアフリカから多数の黒人奴隷が南部の海岸平野地方に送られることになった。そこでは奴隷プランテーション制が確立され，1863年には奴隷解放宣言を体験しながらも，1790年代から1900年代初頭に至るまでアメリカ国内の90％の黒人が住んでいたことになる。その後，1910年以降，黒人達は次第に北部に移住を始め，1960年には南部での黒人の割合は，60％まで減少した。北部に移った黒人達は，New York, Detroit, Chicago, Philadelphia などの商，工業都市の特別区（ghettoes）に住み着き，そこから彼らの親戚や友人を呼び寄せ，その範囲を拡大していったのである。北西部に落ち着いた黒人達は，当初

は南部方言を話していたが，時が経つにつれ，それに北西部の地域方言の特徴が付加されたものを話すようになり，次第に南部方言の特徴は消失していった。その結果，黒人英語特有の英語，すなわち黒人英語（Black English）の誕生を見るのである。ここで注意しなければならないのは，「黒人英語」という術語の意味である。黒人英語といってもアメリカに住む全ての黒人が話している英語が黒人英語というのではない。上流中産階級に属し，アメリカ人と同様の教育をうけた黒人なら，その話す英語は言語学的見地からみると，標準アメリカ英語とほとんど差異はない。ではどんな英語が黒人英語なのかというと，下層階級に属し，無教育な黒人の話す非標準英語のことをいうのである。しかし，Black といえば黒人一般を指すにもかかわらず，Black English がすべての黒人の話すアメリカ英語を指さないという術語上の不備は過去数十年来指摘され続けてきた。そのため Black dialect, Negro dialect という術語が使われたが，最近ではラボフ（W.Labov）という言語学者により，Black English Vernacular（BEV）という術語が好んで用いられるようになった。ラボフによると BEV とは New York, Boston, Philadelphia, Washington D.C., Detroit を中心に，アメリカの大部分の地域における大都会の ghettoes に住む黒人の若者の大多数が話している比較的均一化した黒人の英語ということになる。この Black English Vernacular（BEV）という術語も black という語が入っている為に，最近では極力使用されなくなってきている。その点から，現在では African American Vernacular English = AAVE と black をはずした AAVE という呼び名が広く一般に使われるようになってきた。

5.1　発音

AAVE の発音上で顕著な特徴は，有声歯間摩擦音 /ð/ を /d/ で，無声歯間摩擦音 /θ/ は /t/ で置き換えられることである。

(27)　dat, dose, dere=that, those, there
　　　tink, ting=think, thing

また /θ, ð/ は英語特有の音素であることからもわかるように以下の様な種々の異音がみられる。

   (28) lat's, ley, le=that's, they, the
        me, mere=the, there
        free, birfday, bafroom=three, birthday, bathroom
        Smif, healf=Smith, health

他の特徴としては母音に後続する r が脱落するか，"r-lessness" と呼ばれる現象が生じる。

   (29) evvah, remembah=ever, remember

また r 音の脱落，消失と同様，l 音の消失も顕著である。

   (30) toe, awe, hep, too=toll, all, help, tool

さらに単語の語尾における子音連続（-st, -sk, -nd）の単純化と弱化がある。

   (31) las', jus', des', han', roun'=last, just, desk, hand, round

語尾の弱化に伴い，通常 x で終わる単語の発音は［ks］から［k］のみになる。

   (32) Max, six, box=Mack, sick, bock

最後に「g 音の脱落現象」(dropping of the g) というのがある。これは接尾辞である -ing が付加されると規則的に［in］と発音されることをいうのである。

以上のような子音の発音上の特徴に加えて，母音の発音にも特徴がある。先ず鼻音の前に生じる［ɪ］と［ɛ］は融合して区別がつかない。

(33) pin=pen, bin=Ben, since=sense, send=sinned

融合という点では (34a) のように［r, l］の前に生ずる［i］と［ej］，そして (34b) のように［r］の前に生じる［u］と［o］の融合がある。

(34) a. beer=bear, cheer=chair, steer=stair, peel=pail
b. poor=pour, sure=shore, moor=more

さらに二重母音［aj］，［aw］の単母音化現象があり，これらは［a:］と発音される。従って (35b) のようにこの二重母音を含む単語は同音異義語となってしまう。

(35) a. fight［fa:t］, nice［na:s］, wife［wa:f］
b. find, found, fond=［fa:nd］, time, Tom=［ta:m］

この同音化という現象は /l, r/ の前に生じる二重母音にも見られる。

(36) boil=ball, oil=all, poor=pour

AAVEの発音の特徴としては以上のような同音異義語が多く生じることであろう。そのためAAVEを話す子供達に対してよく音声識別テストが課せられるが，被験者にとっては pin: pen, sheaf : sheath, clothe: clove などの対の区別はできないと報告されている。

5.2 統語法

文法的というよりはむしろ語末の無声子音が脱落するという音韻的理由に関連したAAVE特有の複数形があげられる。すなわち，上で

みたように test, desk, wasp は，[tes]，[des]，[was] と発音されるのであるから，アメリカ英語における歯擦音に終わる複数形と同様，それぞれに対して，[tesəz]，[desəz]，[wɑsəz] という発音となって具現される。この他子音の脱落現象が文法面に影響している点を挙げれば，未来形における /'l/ および，条件法の /'d/ の欠如がある。したがって，以下に示すように各々の省略形という点ではすべてが同音異義となってしまう。

(37) a. I'll talk=I'd talk=I talk
b. he'll play=he'd play=he play

he talk という形がでてきたので，次に AAVE の形態論的特徴についてふれておこう。動詞の語形変化は人称における三人称単数現在を表わす s は言うに及ばず，単純現在，過去形という時制の区別もない。したがって動詞の語形はすべてについて一定である。

(38) I talk   we talk
     you talk   you talk
     he/she/it talk they talk

それでは過去はどのようにして区別するのかというと，過去の副詞，例えば yesterday, last week などを付加することによって，he go yesterday のように言うのである。黒人英語にとっては話の前後関係から何らかの時を表わす標識があれば，文法的に正しいとされるのである。ちなみに未来形は gonna [gɔ:nə] という表現を未来標識として使用する。したがって，I gonna talk=I will talk となるのである。
　また動詞 be について言えば，これは不変形として扱われ，I, you, he, she どれについても常に be である。そこで以下のような文がAAVE では立派に意味をもった文となるのである。

(39) a. He be waitin' for me every night when I come home.
　　 b. He waited for me last night. (Standard American English)

　(39b) の過去を表わす -ed が last night と共起関係にあるように，(39a) では every night が be と共起関係にある。そこで，現在進行形としての He waitin' fer me right now（彼は，今私を待っている）とは文法的に異なった構造として捉えられ，(39a) は「私が帰ると，毎晩彼が待っている」ということになる。単語の共起関係という点から見れば，(40a, b) は，AAVE では非文法的な文ということになる。

(40) a. *He waitin' for me every night.
　　 b. *He be waitin' for me right now.

次に，上述の動詞形に関連して，否定形について見てみよう。

(41)　He walk　　　　　He don't walk　　　　［momentary］
　　　He walkin'　　　　He ain't walkin'　　　［progressive］
　　　He be walkin'　　 He don't be walkin'　 ［habitual］
　　　　　　　　　　(Whatley 1981: 102, In Ferguson & Heath)

　基本的には (41) に従って否定形が作られる。特に ain't については非標準英語にも isn't, hasn't の代用として He ain't gonna do it, He ain't done it などの形にみられるが，AAVE ではこれが単独に使用されると，過去の否定形を表わすという特徴がある。したがって，I ain't see が標準アメリカ英語では I didn't see となる。
　最後に，AAVE の否定形に関しては累加否定（multiple negation）と呼ばれる顕著な特徴がある。これには (42a, b) のような形があり，ごく一般的に用いられている。

（42）a. I don' wanna listen to no whiskey store.
　　　b. I ain't see nothin' like dat no place.

（42a, b）はそれぞれ標準アメリカ英語では（43a, b）となる。

（43）a. I don't want to listen any whiskey store.
　　　b. I didn't see anything like that anywhere.

　以上 AAVE について発音，統語上での特徴を概観してきた。上述のごとく黒人英語といっても標準アメリカ英語に非常に近いものもあり，その意味では，黒人英語を AAVE という名のもとに一括して扱うわけにはいかない。そこで黒人の子供が小学校に入学する前に自分の生活環境で習得した言語を基底黒人英語（basilect）と呼び，教育をうけた後，種々の点で修正をうけ，標準アメリカ英語に大変近くなった黒人英語を上層黒人英語（acrolect）と呼んで区別する。これをみてもわかるように，多くの黒人が2つの変種を状況に応じてうまく使い分けていると言える。さらに最近のアメリカ事情を鑑みた場合，黒人は彼ら独自の立場を形成しつつある。このことはとりもなおさず彼らのアイデンティティの問題と結び付き，彼ら特有の「言葉」がこうした今も作られているように思えるのである。その意味でも，AAVE をひとつの変種として研究の対象とするに十分な理由があるのである。

6．ピジンとクレオール
　お互いに共通した言語をもたない2つの社会が交渉をもつと，そこではお互いのコミュニケーションの必要性から共通語としての混種語（mixed language）が誕生する。これは言語接触（language contact）と呼ばれる現象で，これにより生じたものの一例としてピジン（pidgin）とクレオール（creole）がある。

6.1 ピジン

ピジンとは，共通語をもたない人々がある特定の目的で接触をもった結果，お互いのコミュニケーションの必要を満たすために生まれた周辺的な (marginal) 言語である。接触をする人々には各々の母語があり，各々の社会では当然彼らの母語によるコミュニケーションが行なわれている。そこでお互いの母語の上にたった1つの共通語として特定の目的のために使用される補助言語 (auxiliary language) がピジンであり，したがって，これを第一言語とする人々はいないのである。

ピジンもその性格により，限定された (ristricted) ものと，拡大された (extended) ものに分類することが可能である。前者はそれが生み出された後，接触の場がなくなると消滅してしまうものを言い，これには朝鮮戦争の項に誕生した Korean Bamboo English が挙げられる。後者は母語に至らないまでもその有用性が多言語地域で認められ，発生当時の限られた機能を越えて拡大して使用されるものを言う。これには多くの西アフリカにおけるピジンが含まれる。さらに，パプア・ニューギニアの独立後，公用語は英語であるにもかかわらず，そこで話されているネオメラネシア語は1981年7月から公式にトク・ピシン (Tok Pisin) と呼ばれ，これが公用語となる日もそう遠くない現状があることも付記せねばならない。

ではこのようなピジンとはどのような言葉を言うのだろうか。以下に具体例を挙げて見ていくことにするが，ピジン（ここではピジン英語のことを指す）の一般的な特徴としては，接触した言語の構造よりも簡単であることが挙げられる。したがって語彙の数も少なく，統語上でも極めて簡略化した形が具現される。また発音に関しては，基本的には書きことばがないという点でかなりの幅がある。一般には子音は母音より安定していると言われるが，これも一定した規則があるわけではなく，/l, r/ (alata/arata "rat") や /p, f/ (pis/fis "fish") の自由変異が多くのピジンに認められる。

以下の例はトッド (1984) によるものであるが，先ず語彙について言えば，(44) に見られるように，1つの基本語に各語を付加するこ

とにより語彙の拡張が計られている。

(44) 　　　　hɔs　　　　"horse"
　　　　　man hɔs　　　　"stallion"
　　　　wuman hɔs　　　　"mare"
　　　man pikin hɔs　　　　"foal (male)"
　　　wuman pikin hɔs　　　　"filly"

(Todd 1984: 10)

次に統語上の特徴であるが，(45) に見られるように一般に文が短く，語順は独自のものがある。

(45) a. Wikɔp di pikin.　　　　"Get the child up."
　　　　(Predicate+Object)
　　　b. I bin wikɔp di pikin.　　　　"She got the child up."
　　　　(Subject+Predicate+Object)

否定文について見ると，(46a) のごとく no は動詞の直前に付加される。また (46b) にみられるように強調したい語にはそれぞれに no を付加し，多重否定文を生成することがある。

(46) a. No go!　　　　"Don't go!"
　　　b. No man no laik mi no smɔl.　　"Nobody likes me even a little."

動詞は人称，数による屈折変化をしない。したがって (47a, b) の動詞 sing は常に sing である。

(47) a. A sing fɔ hɔs an ma brɔda sing fɔ chɔs.
　　　　"I sing in church and my brother sings in church."
　　　b. Wi tu sing fɔ dei.　　　"We both sing there."

時制や相も動詞の屈折変化によらず，bin（過去）go（未来）di（進行相）dɔng（完了相）を付加することで表わしている。

(48) a. I bin go yɛstadei. I go agen tudei. Sɔmtaim i no go go tumɔrɔ.
"He went yesterday. He goes again today. Perhaps he will not go tomorrow."
b. Pikin di krai.　　"The child is crying."
c. I dɔng kam.　　"He has just come."

以上ピジン英語について概観してきたが，いままでよく言われてきた「ピジン英語とは標準英語のなまった，堕落したものである」という考え方が，最近では間違った概念として捉えられ始めている。というのも，ピジン英語がどのような形態をとり，またどのような話し手によって話されていても，お互いコミュニケーションをする人々がその「場」に応じた言語変種を十分に駆使する言語能力にのっとったものであれば，ピジン英語もりっぱな英語の一変種としてその地位を築いていることになるからである。

6.2　クレオール

ピジンには母語としての地位が与えられなかったが，これが使用されている地域の子供達はピジンを話し，聞いて育つことになる。その結果，次世代の子供達は当然これを母語として習得することになる。このように，ある言語社会で母語となったピジンをクレオールと呼び，この言語変化をクレオール化（Creolization）と呼ぶのである。

母語となったクレオールはその社会でのコミュニケーションに支障を来たすことがないように，その語彙の増大，ならびに統語構造の整備が成され，その結果，言語としては複雑なものとなる。この点で，簡略化が特徴とされるピジンと比較するとクレオールは言語としての精巧な発達を遂げたことになる。

クレオール英語としては，アフリカにその祖先を辿ることができる

人々によりフロリダやシー諸島（the Sea Islands）で主に話されているガラ語（Gullah），ジャマイカを中心としてカリブ海沿岸で話されているジャマイカクレオール（Jamaican Creole），それに旧称オランダ領ガイアナで，現在も公用語はオランダ語である南米北東部に位置するスリナム共和国（Suriname）におけるスリナムクレオール（Surinamese Creoles）などがある。ここでは，Sranan, Saramaccan そして Djuka と呼ばれる，英語を基盤とした3つが重要なクレオールとされる。さらに，西アフリカ，シェラレオネの英語基盤のクレオールであるクリオ語（Krio）などもあり，地域的には，ピジンとクレオールは太平洋を中心とするものと大西洋を中心とするものとに2大別することが可能となる。（詳しくはトッド 1974 を参照のこと。）

以下には上述のクレオール英語の例を順を追って挙げておく。

(49) a. Gullah
I ain't know se y'all bin gone.
"I didn't know that you'd all gone."
You be looking, so don't say nothing.
"You're usually looking, so don't say anything."
b. Jamaican Creole English
Mieri bɛn kɔm yɛside.　"Mary came yesterday."
Mi dɔn ta:k pan dat.　"I have already talked about that."
c. Suriname

Sranan	Saramaccan	Djuka	
A go na oso.	A go a wosu.	A go a osu.	"He went home."
A waka kon.	A waka ko.	A waka kon.	"He walked here."
A tyari den fisi kon.	A tya dee fisi ko.	A tyai den fisi kon.	"He brought the fish here."

d. Krio
i fain tumɔɛ.　"It is very nice."
i nɔ sabi nating.　"He doesn't know anything."

ピジンもクレオールも共に二言語間の言語接触という現象から生じたものであり，人為的に新しく作られたものである。この点で限定的なピジンが消滅するように，クレオールさえもバージン諸島の黒人オランダ語 Negerhollandsch のごとく 19 世紀中頃以後英語にとってかわられ，完全に滅びてしまった例もある。このように滅び行くクレオールがある中で，その消滅方法に言語学的に意味のあるものがある。これは，新しくできたクレオールという言語が完全に消滅するのではなく，その祖語の 1 つに回帰していく現象を指し，これを脱クレオール化 (decreolization) と呼ぶ。現実には，そのクレオールが消滅しているのであるが，消滅の結果，どの言語にとって変わられるかが問題なのである。すなわち，上述の Negerhollandsch もオランダ語にとって変わられていれば，それは脱クレオール化ということになるのであるが，この場合，英語という全く関係のない言語にとって変わられたので，単に消滅ということになる。では現在，脱クレオール化はどこで起こっているかと言えば，それは前節でみた黒人英語［＝AAVE］に起こっているのである。本章では AAVE は，英語の一変種として扱ってきたが，反面，歴史的には英語と西アフリカの諸言語との言語接触の結果生じたクレオールであるとする説もある。これに従えば，現在の AAVE が，一方でその独自の立場を形成しながらも，他方では，社会的な要因によりその独自性を捨て，できるだけ標準英語に近づこうとしている現象は脱クレオール化ということができるのである。

　本節ではピジンとクレオールという言語現象について見てきたが，これらは決して英語に限ったものではない。今後も共通語をもたない 2 つの社会が接触を起こせばそこには必ずコミュニケーションの必要性から新たなピジンが生まれ，それがクレオール化を起こし，新しいクレオール言語が誕生することになる。このようにして生まれた新しい変種や言語に対し，偏見のない言語学的研究こそが今後のわれわれに要求される課題と言えよう。

参考文献

Asvi, Walter S. 1973. "The English Language in Canada." In *Current Trends in Linguistics Vol. 10*, 40-75. The Hague: Mouton,

Bailey, Richard and Manfred Görlach eds. 1984. *English as a World Language*. Cambridge: *Cambridge* University Press.

Bailey, Richard. "The English Language in Canada." In Bailey and Görlach. 134-176.

Baugh, Albert C. and Thomas Cable. 1978. *A History of the English Language*. Englewood Cliffs: Prentice-Hall Inc.

Dillard, J. L. 1972. *Black English*. New York: Random House.

Eagleson, Robert. D. "English in Australia and New Zealand." In Bailey and Görlach. 414-440.

Ferguson Charles and Shirley Brice Heath eds. 1981. *Language in the U.S.A.* Cambridge: Cambridge University Press.

McDavid Jr., Raven. 1973. "The English Language in the United States." *Current Trends in Linguistics Vol. 10*, 5-40. The Hague: Mouton.

Pyles, Thomas. 1952. *Words and Ways of American English*. New York: Random House.

Russ, Charles. "The Geographical and Social Variation of English in England and Wales." In Bailey and Görlach. 11-55.

Todd, Loreto. 1974. *Pidgins and Creoles*. London: Routledge & Kegan Paul. (ロレト・トッド著　田中幸子訳『ピジン・クレオール入門』大修館書店)

Todd, Loreto. 1984. *Modern Englishes, Pidgins and Creoles*. London : Blackwell.

Trudgill, Peter and Jean Hannah. 1982. *International English*. London: Edward Arnold.

Wells, J. C. 1982. *Accents of English*. 3 Vols. Cambridge : Cambridge University Press.

Whatley, Elizabeth. "Language among Black Americans." In Ferguson and Heath. 92-107.

第15章　日英語対照研究

対照言語学とは

　対照言語学（contrastive linguistics）とは，ある特定の時代（普通は現代であるが）の複数の言語を比較・対照し，その違いや類似性を明らかにしようとする言語学の一分野である。たとえば，英語と日本語を対象とし，両言語の母音体系の違いを調べたり，あるいは，語彙を取り上げて，water と「水」の意味の違いを明らかにしたり，あるいは，英語と日本語の受動構文の違いを調べたりする。

　対照言語学とよく似た名称で，比較言語学（comparative linguistics）があるが，対照言語学と比較言語学は区別しなければならない。比較言語学も複数の言語を比較するが，それは歴史的観点から行なわれ，対象とする言語を比較することによって，それらが共通の祖先の言語から分かれてできた親戚関係にある言語かどうか，あるいは，親戚関係にある言語とわかっているのなら，それらの音韻・文法を比較して，共通の祖先の言語はどのようなものであったかを調べたりする言語学の一分野である。たとえば，英語，ドイツ語，オランダ語，スカンジナビアの諸言語は，共通のゲルマン祖語から分かれてできた親戚関係にある言語であるので，その共通のゲルマン祖語を復元したりする。

1. 対照言語学の目的

　対照言語学は，言語の系統関係にとらわれずに，純粋に，言語間の違いや類似性を調べるのであるが，その目的は大きくわけて2つある。1つは外国語教育であり，もう1つは言語の普遍性の追求である。

外国語を教えるためには母語とその教える外国語の違いが明確にされていなければならない。たとえば，英語と日本語の受動表現の違いを知らなければ，*I was died by my teacher とか，*I was turned off the television by my father という文を使ってしまうであろう。（これらの英文は，英語の文としては不適格で間違いである。これらは「私は，先生に死なれた」や「私は，父にテレビを消された」という日本語の文にひきずられてできた英文である。）対照言語学は外国語教育のためにこうした母語と外国語の違いを明らかにするのである。

対照言語学のもう1つの目的である言語の普遍性の追求は生成文法の影響である。第10章でも述べたように，生成文法は言語の普遍性の追求を大きな目標としている。言語の普遍性の追求のためには，同系統の言語の比較よりも系統の異なる言語を比較した方がよい。たとえば，ある文法現象が普遍的なものかどうかを調べる時に，英語とドイツ語に共通して存在しても，それは，インド・ヨーロッパ系，あるいは，ゲルマン系の言語の特徴にすぎないと言われる可能性があるが，英語と日本語というまったく系統の異なる言語に共通して見られれば，それは，人間言語に共通して見られる普遍性である可能性がでてくることになる。

対照言語学で異なった言語を比較・対照する場合には，その違いと類似性が問題になるが，どちらに重点を置くかは目的による。外国語教育の観点からは違いに重点が置かれるであろうし，言語の普遍性の追求の観点からは類似性に重点がおかれるであろう。もちろん，言語の普遍性の追求の観点からも言語間の違いは重要である。ただし，その場合は，なぜ違うのかという理論的な説明がなされなければならない。

対照言語学は，その基盤とする言語理論によって，目的や方法が大きく違ってくる。1950〜1960年代はアメリカ構造主義言語学がその理論的基盤であった。そして，外国語教育のためというのが目的であり，言語間の表面的な違いが問題にされたのである。

現在の言語学の主流は生成文法であり，対照言語学も生成文法の枠

組みの中で行なわれることが多い。したがって，言語の普遍性の追求が大きな目標であり（もちろん，外国語教育のことは忘れられてはいない），言語間の類似性に重点が置かれる。もちろん，違いも，その理論的説明とともに取り扱われる。

　生成文法の枠組みで対照研究を行うということは，アメリカ構造主義言語学の場合とは異なり，表層のみでなく深層のレベルも問題にするということであり，構造主義言語学の時代とは違って比較・対照が幅広く深くなってきている。

2. 対照研究を始める前に

　英語と日本語の対照研究をすすめる時にあらかじめ知っておいた方がよいこと，あるいは，常に念頭においておかねばならないことがいくつかある。本節では，それらのうち，グリーンバーグ（Joseph H. Greenberg）の普遍性（universals），鏡像関係（mirror image），移動変形の有無，サピア・ウォーフの仮説（Sapir-Whorf Hypothesis）の4つを取り上げて紹介する。

2.1　グリーンバーグの普遍性

　グリーンバーグは，"Some universals of grammar with particular reference to the order of meaningful elements" という論文の中で，世界の言語を3つの基準で分類し，その分類に基づいて45の言語普遍性を提案している。

　グリーンバーグが言語を分類するために使った第1の基準は前置詞を使用するか後置詞（日本語の国文法でいう助詞である）を使用するかである。たとえば，英語では from とか to とかの前置詞が使われるが，日本語では「から」とか「へ」という後置詞を使用する。

　グリーンバーグが採用した第2の基準は主語（subject, Sと略す），動詞（verb, Vと略す），目的語（object, Oと略す）の平叙文（declarative sentence）における相対的な語順である。S, V, Oの相対的な位置で，言語の型として（1）に示したように，6つが考えられるが，目的語

が主語より前にある言語というのはあまりないので，一般的には，VSO，SVO，SOV の 3 つの型を設定すればよい。

(1) SVO　　SOV　　VSO
　　VOS　　OSV　　OVS

VSO の言語を Type I，SVO の言語を Type II，SOV の言語を Type III と称する。

　グリーンバーグの第 3 の基準は，形容詞が修飾する名詞の前にくるか後にくるかである。たとえば，英語や日本語では形容詞は名詞の前に置かれるが，フランス語では，一般に，形容詞は名詞の後に置かれる。

　この 3 つの基準で分類すると，理論的には 12 の型が考えられる。グリーンバーグが調べた 30 の言語をこれらの基準で分類すると次のようになる。

(2)

	I (VSO)	II (SVO)	III (SOV)
Postpositional AN	0	1	6
Postpositional NA	0	2	5
Prepositional AN	0	4	0
Prepositional NA	6	6	0

（Greenberg 1966: 77 による）

この表から次のことが言える。Type I と Type III が両極にある。Type I は Prepositional で形容詞は名詞の後にくる。Type III は Postpositional で，どちらかというと，形容詞が名詞の前にくる。Type II は，どちらかというと，前置詞を使用し，形容詞は名詞の後にくる。全般的に，Type I と Type II は前置詞使用，Type III は後置詞使用と明確であるが，形容詞と名詞の相対的な位置は Type II と Type III に関しては明確ではない。

グリーンバーグは言語をType I, Type II, Type IIIと3つに分類するのであるが，ここでみるかぎり，Type IとType IIは1つにまとめられそうである。実際，S, V, Oの3つの要素でなく，OとVで分類する人もいる。(柴谷他，『言語の構造（意味・統語篇）』を参照。) つまり，目的語が動詞の前にくるか後にくるかで言語を二つの型に分類するのである。グリーンバーグのVSOとSVOは目的語が動詞の後にくるVO型であり，SOVは目的語が動詞の前にくるOV型である。(あるいは，SOVは動詞が文末にくる型といってもよい。)

　このように，グリーンバーグは，言語を3つのタイプに分類した上で，45のuniversalを提案した。そのうちで，英語と日本語の対照研究を行う上で役に立ちそうなものを幾つか紹介してみよう。

　グリーンバーグの分類でいくと，英語はSVOの語順をもつType IIの言語であるが，OV型かVO型かという二分法に従えばVO型の言語であり，VSO型の言語と類似した特徴をもつ。次に挙げるuniversalでも，VSO型の言語の特徴はほとんど英語にあてはまる。したがって，VSO型の言語はなじみがないので，VSO型の特徴の例は英語を使って例示することにする。

　Universal 3. Languages with dominant VSO order are always prepositional.
　(VSOの語順が支配的である言語は，必ず，前置詞を使用する。)

　(3) 英語：I live in Kyoto.

　Universal 4. With overwhelmingly greater than chance frequency, languages with normal SOV order are postpositional.
　(偶然よりも圧倒的に高い頻度で，SOVが普通の語順である言語は後置詞を使用する。)

　(4) 日本語：私は京都に住んでいる。

これら2つのuniversalからみれば，英語が前置詞を使用し，日本語が後置詞（＝助詞）を使用するのは，決して偶然ではなく，英語がSVO型（VO型）の言語であり，日本語がSOV型（OV型）の言語であるからであるということになる。

Universal 7. If in a language with dominant SOV order, there is no alternative basic order, or only OSV as the alternative, then all adverbial modifiers of the verb likewise precede the verb. (This is the rigid subtype of III.)
（SOVの語順が支配的である言語において，他に基本的語順がないか，あるいは，OSVだけが代わりの語順である場合には，動詞にかかるすべての副詞的修飾語も同様に動詞に先行する。）

これは日本語をみれば明らかである。日本語では副詞的修飾語はすべて動詞の前にある。

(5) 日本語：花子は速く歩く。

Universal 9. With well more than chance frequency, when question particles or affixes are specified in position by reference to the sentence as a whole, if initial, such elements are found in prepositional languages, and, if final, in postpositional.
（偶然よりもかなり高い頻度で，疑問を示す不変化詞や接辞が文全体との関係においてその位置を指定される時には，そのような要素は，前置詞を使用する言語では文頭にあり，後置詞を使用する言語では文末にある。）

日本語を見てみよう。日本語では疑問文は文末の終助詞の「か」によって示される。Universal 9に述べられているように，日本語では文末に疑問を示す要素が置かれ後置詞を使用する。

(6) 日本語：あなたは言語学が好きです<u>か</u>。

Universal 11. Inversion of statement order so that verb precedes subject occurs only in languages where the question word or phrase is normally initial. This same inversion occurs in yes-no questions only if it also occurs in interrogative word questions.
（陳述文の語順を倒置して動詞が主語の前にくるようにするのは，疑問詞（句）が，通常，文頭にくる言語においてのみ起こる。この同じ倒置が yes-no 疑問文で起こるのは疑問詞を使う疑問文でも倒置が起こる場合のみである。）

英語の疑問文では，動詞が主語の前にくるのは be 動詞以外はないが，助動詞が主語の前にくる。

(7) 英語：a. Is the man your teacher?
　　　　　b. <u>Who</u> is your teacher?
　　　　　c. Will you eat your dinner at home?
　　　　　d. <u>Where</u> will you eat your dinner?

Universal 12. If a language has dominant order VSO in declarative sentences, it always puts interrogative words or phrases first in interrogative word questions; if it has dominant order SOV in declarative sentences, there is never such an invariant rule.
（ある言語で平叙文における支配的な語順が VSO である場合には，その言語では，疑問詞を使う疑問文では，常に，疑問詞（句）が最初に置かれる。もし，SOV が平叙文における支配的な語順であるならば，このような不変規則は決して存在しない。）

英語では疑問詞（wh で始まる語）は，必ず，文頭に置かれる。一方，日本語では疑問詞を文頭に置く必要はまったくない。

(8) 英　語：I read a book last night.
　　　　　　What did you read last night?
　　　日本語：私は昨日の夜本を読んだ。
　　　　　　あなたは昨日の夜何を読みましたか。

この疑問詞を文頭に置くか置かないかの英語と日本語の違いは，生成文法で解釈すると，英語は要素を移動する変形規則を使用し，日本語はそのような変形規則を使用しないという，英語と日本語の大きな違いに由来することになる。（詳しくは，後で説明する。）

Universal 22. If in comparisons of superiority the only order, or one of the alternative orders, is standard-marker-adjective, then the language is postpositional. With overwhelmingly more than chance frequency if the only order is adjective-marker-standard, the language is prepositional.
（優劣を比較する場合に，唯一の語順，あるいは，いくつかある語順のひとつが基準-標識-形容詞ならば，その言語は後置詞を使用する言語である。圧倒的に偶然以上の頻度で，もし，唯一の語順が形容詞-標識-基準ならば，その言語は前置詞を使用する言語である。）

英語と日本語の比較構文は典型的にこの対照を示している。

(9) 英語：John is　faster　　　than　　　Bill.
　　　　　　　　形容詞　　　標識　　　基準
　　　　　　　(adjective)（marker）(standard)
　　日本語：ジョンはビル　　より　　速い。
　　　　　　　　基準　　　標識　　　形容詞
　　　　　　　(standard)（marker）(adjective)

Universal 24. If the relative expression precedes the noun either as the only construction or as an alternative construction, either the language is

postpositional, or the adjective precedes the noun or both.
（もし，唯一の構文，あるいは，1つのとりうる構文として，関係表現が名詞の前にくるならば，その言語では，後置詞が使われるか，あるいは，形容詞が名詞の前にくるか，それとも，その両方である。）

ここでは，関係表現（つまり，関係節のこと）が名詞の前にくる場合しか述べられていないが，VSO の場合は，関係表現は名詞の後にくることになる。

(10) 英語：the girl <u>who gets up early every morning</u>
　　　　　　　　　　関係表現（relative expression）
　　　日本語：<u>毎朝早く起きる</u>少女
　　　　　　　関係表現（relative expression）

このように，グリーンバーグの提唱している普遍性が正しいものならば，英語と日本語の一見偶然的な違いというものが，実は，英語と日本語の語順の違いからくるかなり普遍的な違い，つまり，SVO 型（あるいは VO 型）の言語と SOV 型（あるいは OV 型）の言語の違いに帰することができるものであることになる。したがって，英語と日本語の比較・対照研究をする場合には，グリーンバーグの論文は，常に，念頭においておかねばならないのである。

2.2 鏡像関係
　英語と日本語の比較・対照研究をする時に知っておくと良い次の点は英語と日本語の文法現象が鏡の内と外のような対称を示す鏡像（mirror image）関係にあることである。
　英語と日本語が鏡像関係を持つというのは，結局，VO 型（VSO と SVO を合わせて）の言語と OV 型の言語の特徴が鏡像関係にあるからである。これは上で紹介したグリーンバーグの普遍性を図式化して

みるとよくわかる。たとえば，前置詞と後置詞の使用を樹形図で示すと次のようになる。

(11)　　　　VO 型　　　　　　　　　OV 型

```
         PP                      PP
        /  \                    /  \
preposition  NP              NP    postposition
     |       △              △         |
     to  the house        その家        へ
```

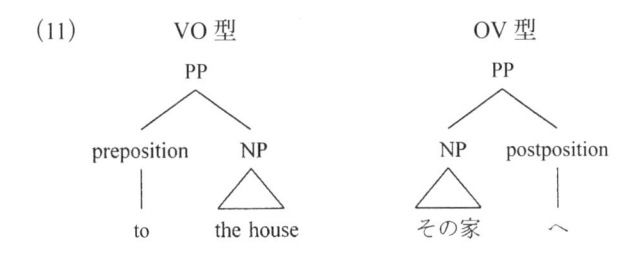

PP は，VO 型の言語では Prepositional Phrase，OV 型の言語では Postpositional Phrase のことになる。

(12) に示すように比較構文も鏡像関係にある。

(12)　　　　　　VO 型　　　　　　　　　　　OV 型

Adjective　Marker　Standard　　Standard　Marker　Adjective
　　|　　　　|　　　　|　　　　　　|　　　　|　　　　|
　faster　　than　　Bill　　　　ビル　　　より　　　速い

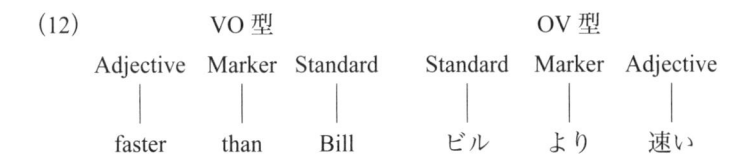

関係節と名詞の相対的な位置関係についても，樹形図で示すと，次のように鏡像関係になる。

(13)　　　　VO 型　　　　　　　　　OV 型

```
        NP                        NP
       /  \                      /  \
      NP   S                    S    NP
      △   △                   △    △
  the girl  who gets up    毎朝早く起きる 少女
           early every
            morning
```

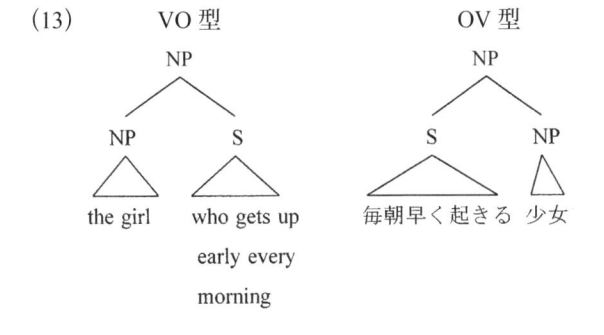

このように，英語と日本語の比較・対照研究をする時には，鏡像関係ということにも注意を払わなければならないのである。（鏡像関係については Langacker（1969a および 1969b）を参照。）

2.3 移動変形の有無

生成文法の枠組みの中で英語と日本語を比較・対照する時に念頭においておかねばならないもう1つの重要なことは，英語では要素を移動する変形規則が多いのに対して，日本語では要素を移動する変形規則があまりないか，あるいは，まったく存在しないということである。極端に言えば，英語は移動変形を使用し，日本語は使用しないということである。この違いを疑問形成と関係節形成を例にしてみよう。（ここでの議論は，生成文法の標準理論を念頭においている。原理と変数の理論では考え方が異なってくる。）

2.3.1 疑問形成

英語と日本語の疑問詞（who, what, when, how など英語の疑問詞は wh で始まるので who-word という）を使用する疑問文の派生を比較・対照してみよう。(14) の例文は，(15) のような深層構造から派生される。

(14) What will you eat?

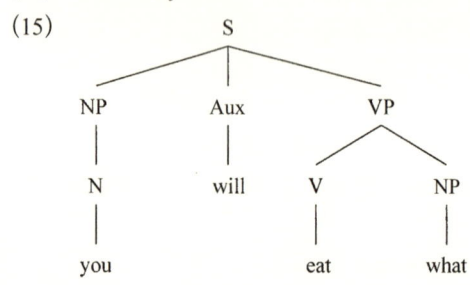

(15)
```
              S
       ┌──────┼──────┐
      NP     Aux     VP
       │      │    ┌──┴──┐
       N     will  V    NP
       │           │     │
      you         eat   what
```

この深層構造から表層構造を派生するには，what を文頭に移動し，

主語と助動詞を倒置しなければならない。(16) がその結果である。

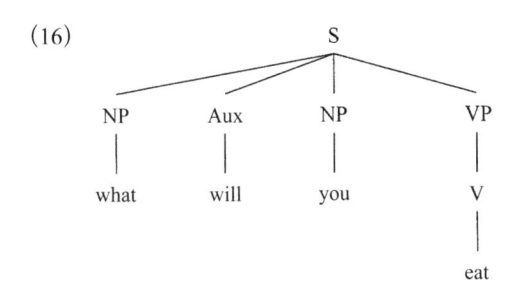

(16)
```
           S
    ┌──┬──┴──┬──┐
   NP  Aux  NP  VP
    │   │   │   │
  what will you  V
                │
               eat
```

英語では疑問詞は常に文頭に置かれるから，wh-疑問形成変形（Wh-Question Formation Transformation）という変形規則で wh-word を文頭に移動することになる。

これに対して，日本語では，疑問詞は文頭に移動する必要はまったくない。文中のどこにあってもよい。次の平叙文と疑問文を比較してみよう。

(17) a. 平叙文：私はトマトを食べます。
    b. 疑問文：君は何を食べますか。

したがって，英語の wh-疑問形成では必ず wh-word が移動し，日本語では移動しないということになる。

2.3.2 関係節形成

次に，同じ wh-word を使用する関係節構文をみてみよう。(18) の英語の関係節（relative clause）構文は (19) のような深層構造をもつ。

(18) the lion which the hunter shot

(19)

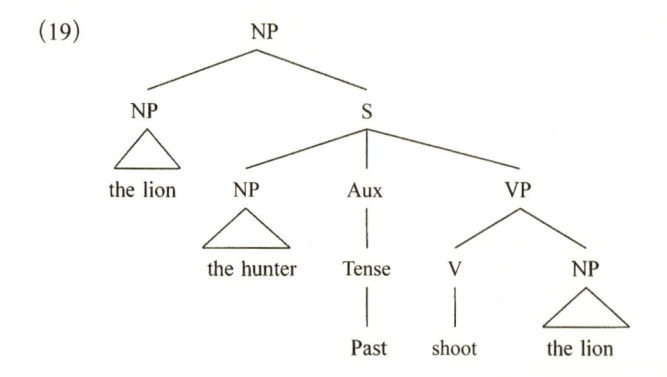

```
              NP
         ┌────┴────┐
        NP         S
        △    ┌────┼────┐
     the lion NP  Aux   VP
              △   │  ┌──┴──┐
         the hunter Tense V   NP
                    │    │   △
                   Past shoot the lion
```

　この構造から表層構造を派生するには，埋め込み文中の the lion という名詞句を関係代名詞の which に変え，その関係代名詞を埋め込み文の文頭に移動する。

(20)

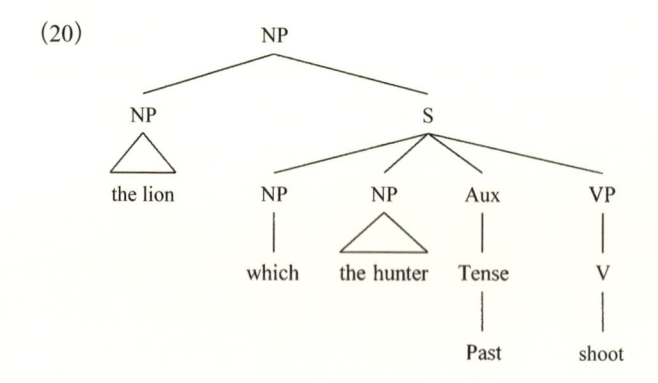

```
              NP
         ┌────┴────┐
        NP         S
        △    ┌──┬──┼──┬──┐
     the lion NP NP Aux   VP
              │  △   │    │
           which the hunter Tense V
                        │    │
                       Past shoot
```

　これに対し，日本語の関係節構文は削除変形で派生される。(21) の例は (22) のような深層構造から埋め込み文中の「ライオン」を削除することによって派生される。(日本語の樹形図では Aux は無視してある。)

(21) そのハンターが撃ったライオン

(22)
```
              NP
            /    \
           S      NP
          / \      |
        NP   VP   ライオン
         |   / \
  そのハンターが NP  V
              |   |
           ライオンを 撃った
              ↓
              ø
```

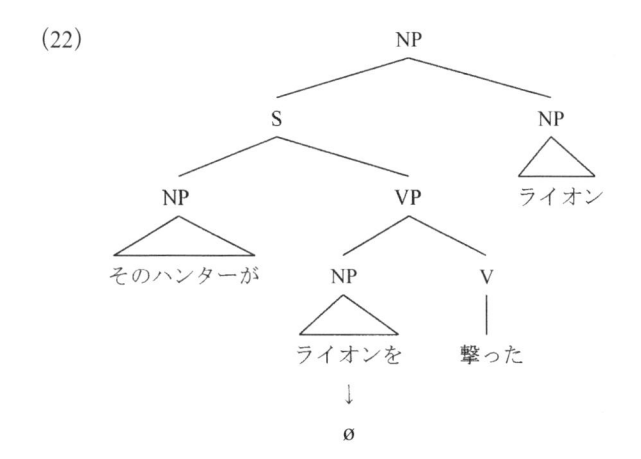

したがって,関係節構文の派生でも,英語では要素が移動し,日本語では要素は移動しないことになる。

この疑問構文と関係節構文の派生に代表されるように,英語は移動変形を使用する言語であり,日本語は移動変形をあまり(あるいは,まったく)使用しない言語である。生成文法の枠組みで英語と日本語を比較・対照する時にはこの点が非常に重要である。

2.4 サピア・ウォーフの仮説

言語の対照研究との関連において念頭においておいた方がよい事柄の1つにサピア・ウォーフの仮説(Sapir-Whorf Hypothesis)(言語相対説ともいう)がある。この仮説は,言語はその使用者の世界観や物の見方を決定するというものであり,その代表的な提唱者サピア(Edward Sapir)とウォーフ(Benjamin Lee Whorf)名をとって,サピア・ウォーフの仮説と呼ばれる。

サピア・ウォーフの仮説を,ウォーフ自身の言葉を借りて説明すると次のようになる。

パタンの大きく異なる多数の言語を批判的・科学的に検討できるよう

になると，言語学者の参考規範は拡大されてきた。従来普遍的現象とみなされていた事柄からはずれるような事柄を経験することによって，従来とはまったく異なる新しい意味体系を知るようになったのである。各言語の背景をなす言語学的体系（換言すれば，文法）は，概念表現のための再生手段であるのみならず，むしろ，それ自体，概念を形成するものであり，個人の知的活動・印象分析・知的在庫品統合のためのプログラムであり指針であることが発見されたのである。概念の定式化は，古い意味での厳密に純理的な独立の手順ではなく，特定言語の文法に所属し，相違する文法間において多様な差異のみられるものである。我われは，母国語によって引かれた線に沿って，自然を分割しているのであるが，現象世界から取り出したカテゴリーや型をそこに見出すのは，それらが，観察者を直視するものだからではない。そうではなく，世界は，我われの頭によって一概して，頭の中の言語学的体系によって一組織化されるべき変転きわまりない万華鏡的な印象というかたちで提示されているのである。我われは自然を分析し，概念化し，それに今日我われが与えているような意味を付与しているのであるが，それは，主として，このような自然の組織化への合意—我われの言語社会を通じて有効であり，我われの言語パタンに規則化されている合意—に我われが参加しているからである。この合意は，もちろん暗々裡の黙約的なものであるが，**その約定は絶対遵守されるべきものである**。その合意によって規定された資料の組織と分類に従わずには，我われはまったく一言も話せないのである。

　これは，誰一人として絶対公正な自然記述を行なう自由はなく，彼自身極めて自由であると思っている時でもある一定の考え方に拘束されているという意味であるから，この事実は，現代科学に対して非常に大きな重要性をもっていることになる。この点において最も自由に近いと思われるのは，非常に多数の多様な言語学的体系に通じている言語学者であるが，未だかつて，そのような言語学者は存在したためしがないのである。こうして，我われは，世界を見る人間の言語学的肯景が同じであるか何らかの方法で統一されないかぎり，物理的に同一世界を見るすべての人間が，必ずしも，同一世界観に導かれるとはかぎらない，という

新しい相対性原理に導かれるのである。
（Whorf 1956: 212-214. 有馬道子訳『言語・思考・実在』: 232-233）

　英語と日本語の例で説明すると次のようになる。英語では名詞は必ず単数か複数かを明示しなければならないが，日本語では名詞は単数・複数の区別をする必要はない。たとえば，(23)の「私は本を探しています」という日本語の文は，英語に訳すときには，1冊かそれ以上かを明示しなければならない。つまり，(23)の文は(24a)のようにも(24b)のようにも訳せる。

　　(23) 私は本を探しています。
　　(24) a. I am looking for a book.
　　　　 b. I am looking for books.

サピア・ウォーフの仮説に従うと，英語の話し手は，英語が単数・複数の区別をするので，常に，物事を単数か複数かで区別し，逆に，日本語の話し手は，日本語が単数・複数の区別をしないので，この世界をみる時に単数・複数の区別は意識しないということになる。
　サピア・ウォーフの仮説といっても，言語が完全にその使用者の物の見方を決定するという非常に強い立場から，言語はその使用者の物の見方にある程度の影響を与えるだけだという弱い立場もある。あるいは，言語と物の見方はまったく関係ないとする立場もある。いずれにしても，言語の比較・対照研究に関連して注意しておかねばならない仮説である。

3.　英語と日本語の対照研究の方法

　本節では，英語と日本語の対照研究の方法を具体的な分析例を使って説明することにする。

3.1 英語と日本語の対照研究の方法

英語と日本語の対照研究は，まず，テーマと目的の設定から始まる。どのような文法項目を，何のために対照研究するのかを，まず，明確にしておかねばならない。たとえば，受動構文を取り上げるとか，関係節構文を取り上げるとかを決め，その目的は，英語教育に利用するためとか，言語の普遍性の研究のためとかを明確にしておくのである。

テーマと目的が明確になれば，次に，どの文法理論の枠組みで対照研究をするのかを決める。現在では生成文法が一般に使われるが，テーマや目的によっては他の文法理論の方がふさわしい場合もある。

基盤となる文法理論は，英語を分析する際にも，日本語を分析する際にも，同一のものでなければならない。英語は認知言語学で，日本語は生成文法で分析したのでは，共通点や相違点は明確にはならない。共通の理論的枠組みの中で分析してこそ対照研究の意義がある。

共通の理論的枠組みが決定すれば，次に，英語と日本語を分析することになる。英語を分析し，その結果を基にして日本語を分析することもあるだろうし，この逆の場合もあるだろう。

英語と日本語の分析が終われば，今度は，分析結果の比較・対照をする。両言語間の共通点と相違点を明らかにしなければならない。重要な点は共通点と相違点の列挙だけに終わらないことである。なぜそのような共通点や相違点が存在するのかの説明を試みることである。それは，グリーンバーグの普遍性を利用してなされるかもしれないし，また，移動変形を使用する・しないという英語と日本語の基本的な性格によってもなされるかもしれない。あるいは，人間言語一般の特質（言語の普遍性）の観点からなされるかもしれない。いずれにしても，共通点や相違点の列挙だけに終わらずに，必ず，その原因の説明を試みることが重要である。

3.2 代名詞化に対する制約の対照研究

3.1 で説明した方法に従って，英語と日本語の代名詞化に対する制約の対照研究を行なってみよう。目的は，言語の普遍性の追求である。

共通の基盤とする文法理論は生成文法理論（特に標準理論）である。

3.2.1 代名詞化変形

まず，前提として，代名詞は，代名詞化変形（Pronominalization Transformation）という変形規則で派生されると考える。つまり，同一人物を指す名詞が繰り返し出てくる場合，一方を he や she，あるいは，「彼」や「彼女」で置き換えるのである。(25) と (26) にその例を示す。(以下，例文中で，名詞や代名詞の右につけられている i は同一人物を指すという意味の指標である。)

(25) John$_i$ said John$_i$ would go.
　　　　↓　代名詞化
　　John$_i$ said he$_i$ would go.

(26) ジョン$_i$ は，ジョン$_i$ が作ったプールで泳いでいる。
　　　　↓　代名詞化
　　ジョン$_i$ は，彼$_i$ が作ったプールで泳いでいる。

2つの同一名詞句のうち，代名詞化されないで残る方を先行詞（antecedent）と呼び，NP^a と表記することにする。代名詞化される方の名詞句を NP^p と表記することにする。

3.2.2 英語における代名詞化変形に対する制約

まず，英語の代名詞化変形を分析してみる。次の例をみると，代名詞化変形は無制限に行なわれるものではないことがわかる。

(27) a. *He$_i$ killed the mosquito which bit **Algernon**$_i$.
　　b. **Algernon**$_i$ killed the mosquito which bit **him**$_i$.
　　c. The mosquito which bit **Algernon**$_i$ was killed by **him**$_i$.
　　d. The mosquito which bit **him**$_i$ was killed by **Algernon**$_i$.

（Langacker 1969: 168）

(27a) では，代名詞の he と Algernon は同一人物を指すという解釈はできない。(27b), (27c), (27d) の例文では代名詞の him と Algernon が同一人物を指すという解釈が可能である。

ラネカー (Langacker 1969) によると，英語の代名詞化を制約する関係には2つある。1つは NP^a と NP^p の前後関係（先行 (precede)）であり，もう1つは NP^a と NP^p の間の上下関係（統御 (command) と呼ばれる）である。

統御をラネカーは次のように定義している。

(28) a node A "commands" another node B if (1) neither A nor B dominates the other; and (2) the S-node that most immediately dominates A also dominates B
（ある節点Aは，(1) AもBもお互いを支配せず，(2) Aをもっとも直接的に支配するS節点がBをも支配するなら，他の節点Bを「統御」する）

(Langacker 1969: 167)

次の樹形図で説明しよう。

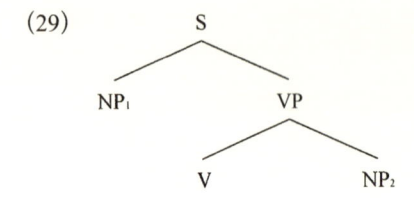

(29)
```
        S
       / \
     NP₁   VP
          /  \
         V    NP₂
```

(29) の樹形図で，NP_1 と NP_2 はお互いを支配していない。NP_1 をもっとも直接的に支配しているS節点は NP_2 も支配している。したがって，NP_1 は NP_2 を統御していることになる。

ラネカーは，この統御という概念を使って，英語の代名詞化に対する制約を次のように述べている。

(30) NP^a may pronominalize NP^p unless (1) NP^p precedes NP^a; and (2) NP^p commands NP^a.
(もし,(1) NP^p が NP^a に先行せず,(2) NP^p が NP^a を統御していなければ,NP^a は NP^p を代名詞化してもよい。)

(Langacker 1969: 167)

つまり,代名詞が先行詞よりも前にあり,かつ,先行詞を統御している時は,両者は同一人物をさせないということである。次の(31)では,b,c,d では A と P は同一人物を指せるが,a では A と P が同一人物であるという解釈はできない。(A は antecedent,P は pronoun の略である。)

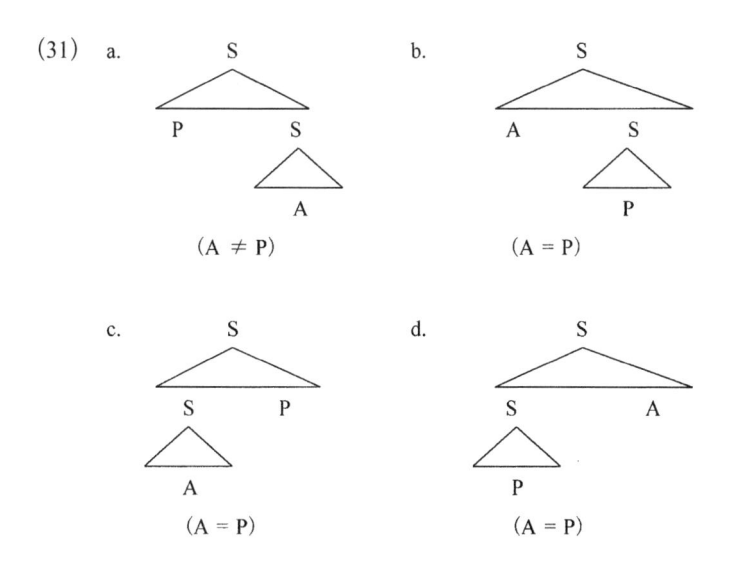

(31) a. [S [P S [A]]] (A ≠ P)
  b. [S [A S [P]]] (A = P)
  c. [S [S [A] P]] (A = P)
  d. [S [S [P] A]] (A = P)

(27)の各文の樹形図を見てみよう。

(32) a.

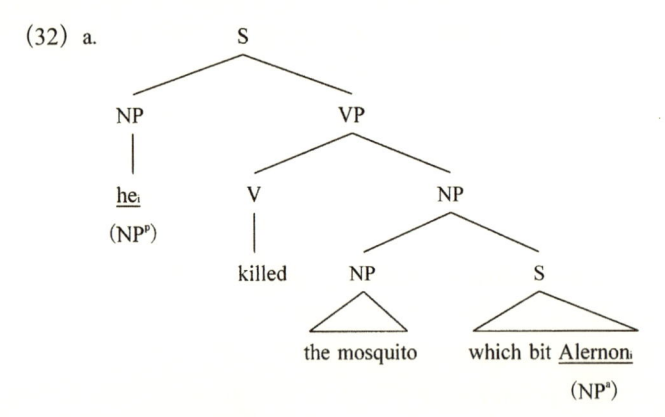

```
              S
           /     \
         NP       VP
         |      /    \
        he_i   V      NP
       (NP^p)  |    /    \
            killed NP     S
                   △      △
             the mosquito  which bit Alernon_i
                                  (NP^a)
```

NP^p precedes NP^a.
NP^p commands NP^a.

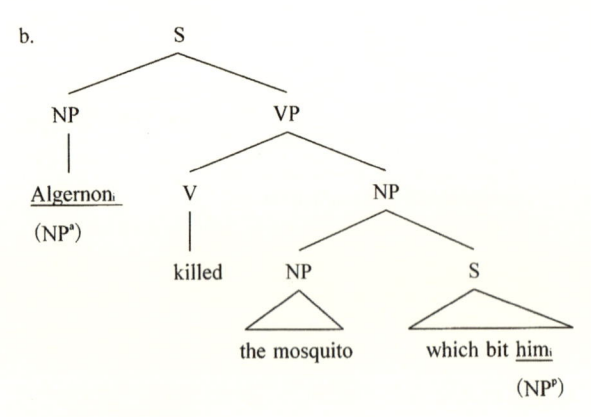

b.

```
              S
           /     \
         NP       VP
         |      /    \
     Algernon_i V     NP
       (NP^a)  |    /    \
            killed NP     S
                   △      △
             the mosquito  which bit him_i
                                  (NP^p)
```

NP^a precedes NP^p.
NP^a commands NP^p.

c.

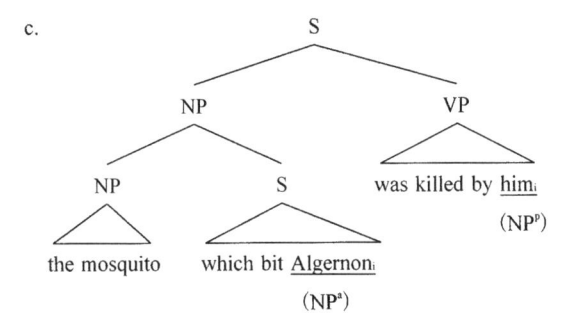

```
                    S
                  /   \
                NP     VP
               /  \     \
             NP    S    was killed by him_i
            /    /        (NP^p)
      the mosquito  which bit Algernon_i
                        (NP^a)
```

NP^a precedes NP^p.
NP^p commands NP^a.

d.

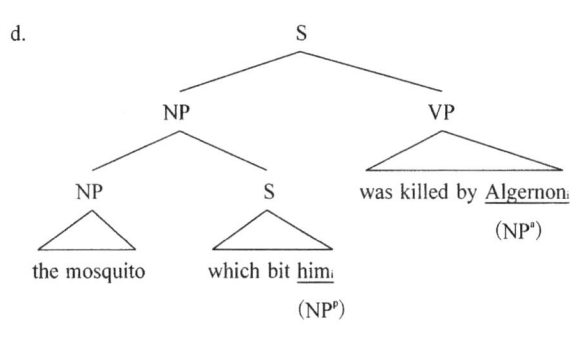

```
                    S
                  /   \
                NP     VP
               /  \     \
             NP    S    was killed by Algernon_i
            /    /        (NP^a)
      the mosquito  which bit him_i
                        (NP^p)
```

NP^p precedes NP^a.
NP^a commands NP^p.

(32a)に見られるように，確かに，非文法的な (27a) では，代名詞の he が先行詞の Algernon に先行し，かつ，先行詞の Algernon を統御している。

3.2.3 日本語における代名詞化変形に対する制約

以上のように，英語の代名詞化に対する制約は NP^a と NP^p の間の先行と統御という2つの関係を使って述べられる。では，次に，日本語の代名詞化に対する制約はどうであろうか。

英語の場合と同様に次の4つの文を比較してみよう。

(33) a. *彼iは，花子が太郎iの家を訪れた時，食事中だった。
b. 太郎iは，花子が彼iの家を訪れた時，食事中だった。
c. 花子が太郎iの家を訪れた時，彼iは食事中だった。
d. 花子が彼iの家を訪れた時，太郎iは食事中だった。
(柴谷他 1982: 342，一部改変)

非文法的な (33a) の文の樹形図を見てみよう。

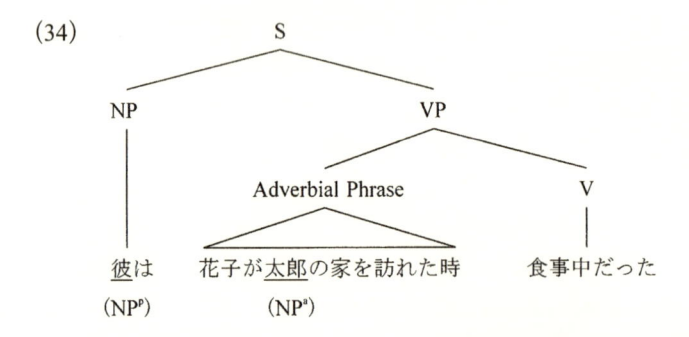

(34)
```
              S
         ┌────┴────┐
         NP        VP
         │     ┌───┴───┐
         │  Adverbial Phrase   V
         │     ┌───┴───┐       │
        彼は  花子が太郎の家を訪れた時  食事中だった
       (NPp)        (NPa)
```

この場合も，代名詞の「彼」が先行詞の「太郎」に先行し，かつ，先行詞の「太郎」を統御している。柴谷他 (1983: 103) は，「日本語の代名詞はその先行詞を先行かつ統御することはできない。」と述べている。つまり，日本語の代名詞化に対する制約も英語の場合と同じであることがわかる。

3.2.4 比較・対照

さて，以上で，英語と日本語の代名詞化の分析が終わったので，今度は，分析結果の比較・対照をしてみよう。

英語と日本語の代名詞化に対する制約は同じである。英語でも日本語でも，代名詞は，その先行詞に先行し，かつ，その先行詞を統御で

きないというのが得られる結論であるが，重要なのは，その結論が言語普遍性の研究に与える意味である。英語と日本語というまったく系統の異なる言語において共に，先行（precede）と統御（command）という関係が働いているということは，この2つの関係は言語全般にみられる普遍的なものである可能性があるということである。この点が英語と日本語の代名詞化に対する制約の比較・対照研究から導かねばならない結論であろう。（ここで取り上げた代名詞化の分析は極めて初歩的なものであり，実際はもっと複雑である。）

3.3　移動変形に対する制約

すでに述べたように，英語と日本語の違いは，英語は変形規則によって要素を移動するが，日本語は要素を移動させないということである。このことは，英語の移動規則に対する制約が日本語では適用されないことからわかる。いくつかの制約でこのことをみてみよう。

3.3.1　複合名詞句制約

ロス（John Robert Ross）の *Constraints on variables in syntax*（1967年に The Massachusetts Institute of Technology に提出された博士論文）は，変形規則の適用に対するいろいろな制約を研究した有名な論文であるが，その中で扱われている制約の1つに複合名詞句制約（Complex NP Constraint）というのがある。それは次のような制約である。

(35)　*The Complex NP Constraint*
　　　No element contained in a sentence dominated by a noun phrase with a lexical head noun may be moved out of that noun phrase by a transformation.
　　　(語彙的主要語を持つ名詞句に支配されている文に含まれる要素は変形によってその名詞句の外へ移動してはいけない。)

（Ross 1967: 127）

ロスは，この制約を次のように図解している（Ross 1967: 127）。

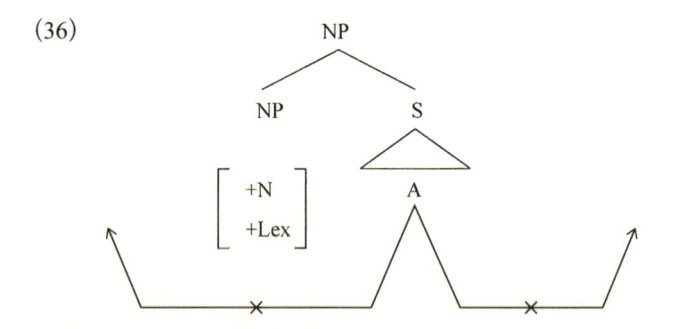

(36)

```
              NP
            /    \
          NP      S
         [+N]     △
         [+Lex]   A
```

次の例文 (37b) が非文法的なのは，the claim that Otto was wearing the hat という複合名詞句から関係節形成変形によって the hat を取り出したからである。

(37) a. I believed the claim that Otto was wearing this hat.
　　　b. *The hat which I believed the claim that Otto was wearing is red.

(Ross 1967: 126)

図解すると (38) のようになる。(点線で囲まれた部分が複合名詞句である。)

(38)

```
                    NP
                   /  \
                 NP    S
                 /\   / \
            the hat NP  VP
                    |   / \
                    I  V   NP
                       |   / \
                  believed NP  S
                          /\   /\
                    the claim  that Otto was wearing
                                    the hat
                                     ↓
                                    which
```

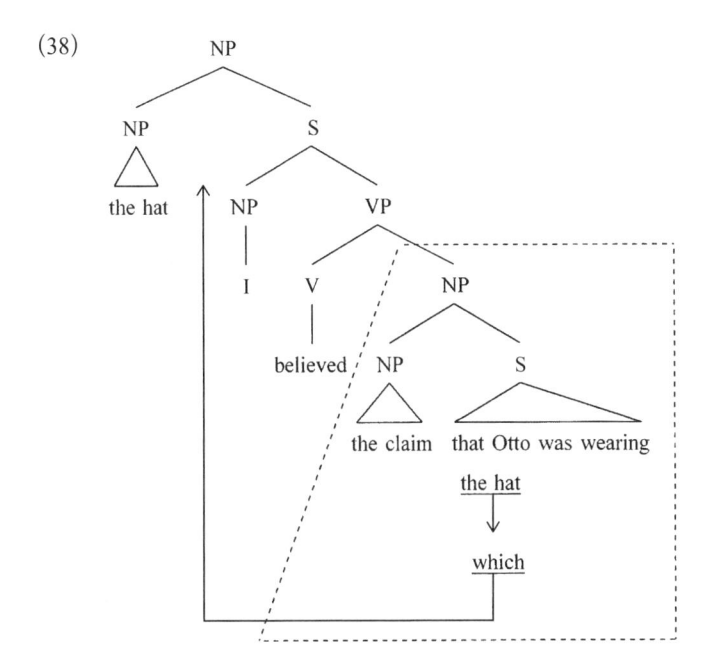

次の例が示すように，単なる that 節だけからなら要素を取り出してもよい。

(39) a. I believed that Otto was wearing this hat.
 b. The hat which I believed that Otto was wearing is red.

(Ross 1967: 126)

図式化すると次のようになる。that 以下は head noun を欠くので複合名詞句ではない。

(40)

```
              NP
             /  \
           NP    S
           △   / \
        the hat NP  VP
                |  / \
                I V   NP
                  |   |
              believed S
                      △
              that Otto was wearing the hat
                                      ↓
                                    which
```

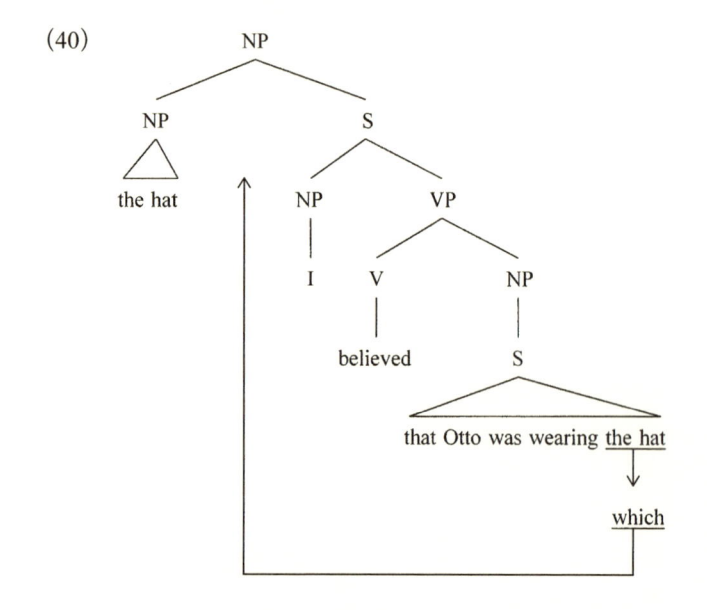

3.3.2 日本語における複合名詞句制約

では，複合名詞句制約約は日本語でも有効に働くのであろうか。

ロスはこの制約が普遍的なものであることを証明しようとしたが，後の研究で，日本語にはこの制約があてはまらないことがわかった。(37b) の英文の日本語訳は可能である。

(41) オットーがかぶっていたという主張を私が信じた帽子は赤い。

(41) の文は次のようにして派生される。日本語の場合，関係節は同一名詞句を削除することによって派生される。関係節中の「帽子を」は上の「帽子」と同一なので削除される。(「私が」という主語は本来の位置に置いてある。)

(42)

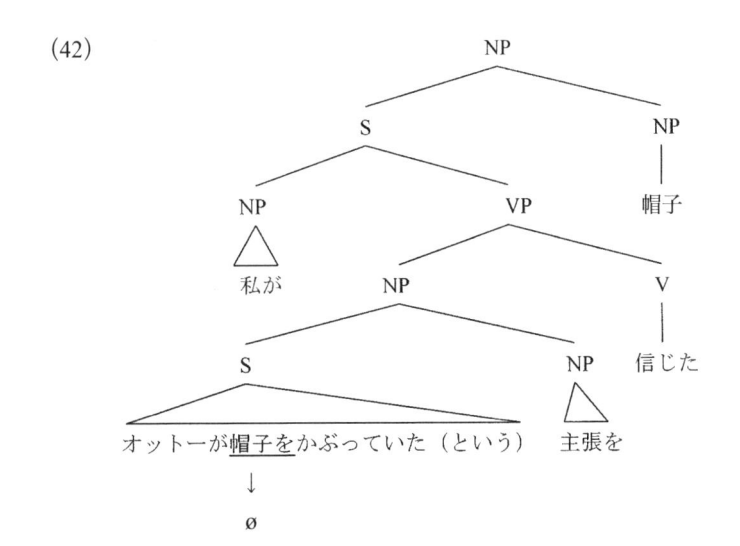

```
                    NP
           ┌─────────┴──────┐
           S                NP
       ┌───┴────┐           │
       NP       VP          帽子
       △   ┌────┴────┐
      私が  NP        V
         ┌──┴──┐      │
         S    NP     信じた
         △    △
  オットーが帽子をかぶっていた（という）主張を
         ↓
         ∅
```

3.3.3　比較・対照

　このように，英語では有効な複合名詞句制約は日本語では有効でない。これは英語と日本語の大きな違いである。では，その理由は何なのであろうか。

　理由は，英語が移動変形を使用し，日本語が使用しないことにあるのではないだろうか。複合名詞句制約は要素を移動させることに対する制約である。したがって，要素が移動しなければこの制約が働かないのは当然である。事実，日本語の関係節形成変形は，英語の場合と異なり，単なる削除変形である。

　このように，英語と日本語における変形規則の適用に対する各種の制約の働きの違いは移動変形を使用するかしないかという両言語の違いによって説明できるのである。

3.4　受動文

　英語と日本語の対照研究の3つ目の実例として受動文を取り上げてみよう。

3.4.1　英語の受動文

　英語の受動文は対応する能動文から受動変形によって作られるというのが伝統的な考え方である。たとえば，(43a) と (43b) は共通の深層構造をもち，受動変形が適用されなければ (43a) になり，受動変形が適用されれば (43b) になる。(44) に能動態から受動態への変形を図示する。

(43)　a. The cat ate the mouse.
　　　b. The mouse was eaten by the cat.

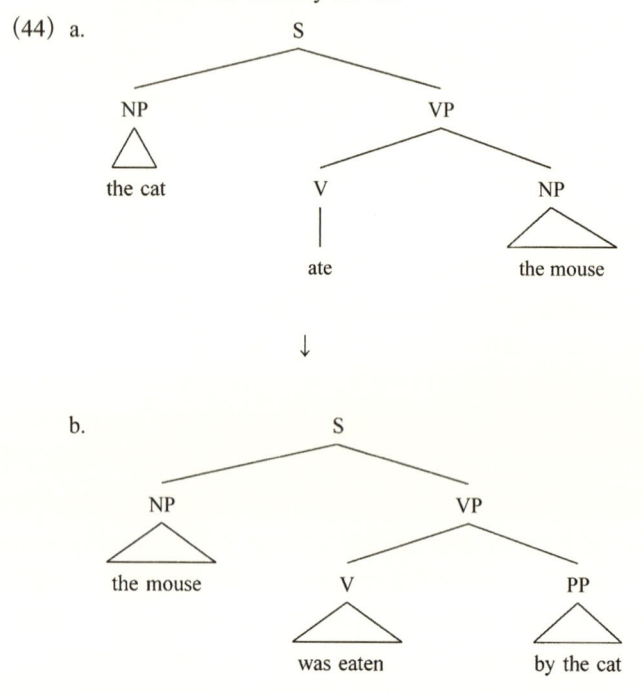

(44)　a.

```
          S
         / \
        NP  VP
        |   / \
     the cat V  NP
             |   |
            ate the mouse
```

↓

　　　b.

```
              S
             / \
            NP  VP
            |   / \
         the mouse V  PP
                   |   |
               was eaten by the cat
```

3.4.2　日本語の受動文

　日本語の受動文は埋め込み構造（あるいは補文構造と言ってもよい）をもつ深層構造から派生される。たとえば，英語の (45) の文に

対応する (46) の日本語の文は (47) のような能動文から派生されるのではない。

(45) The president was killed by the assassin.
(46) 大統領が暗殺者に殺された。
(47) 暗殺者が大統領を殺した。

(46) の文は，(48) のような深層構造から派生される。

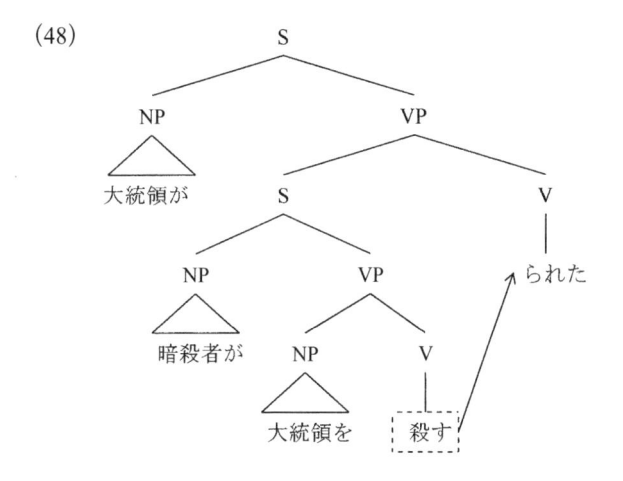

(48)
```
           S
          / \
        NP   VP
        |   /  \
       大統領が S    V
              /\    |
            NP  VP  られた
            |   / \
           暗殺者が NP  V
                  |   |
                 大統領を 殺す
```

「大統領が…られた」という主文があり，その主文に「暗殺者が大統領を殺す」という文が埋め込まれているのである。「大統領が暗殺者に殺された」という表層構造を派生するためには，まず，「殺す」という埋め込み文の動詞を埋め込み文より取り出し，主文の動詞「られ」（「た」のことは，ここでは考えないことにする）に付加し，「殺され」という複合動詞にする。（この変形を述語上昇変形（Predicate Raising Transformation）という。）埋め込み文中の「大統領を」は主文中の「大統領が」と同一人物を指すので（助詞の「を」と「が」の違いは，ここでは考えないことにする）削除する。（この変形を同一名

詞句削除変形（Equi NP Deletion Transformation）という。）さらに，埋め込み文中の「暗殺者が」を「暗殺者に」に変えて，主文の方へ移す。埋め込み文のSは自動的に削除される。表層構造は次のようになる。

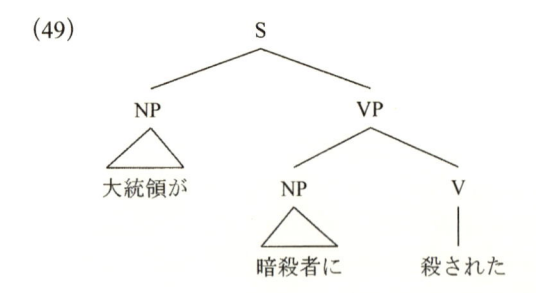

(49)
```
           S
          / \
        NP   VP
        △   / \
       大統領が NP  V
              △  |
            暗殺者に 殺された
```

もう1つ例をあげる。今度は，埋め込み文の目的語が表層構造に残る例である。(50a)の文は，(50b)のような深層構造から派生され，(50c)のような構造をもつことになる。

(50) a. 私は，父にテレビを消された。

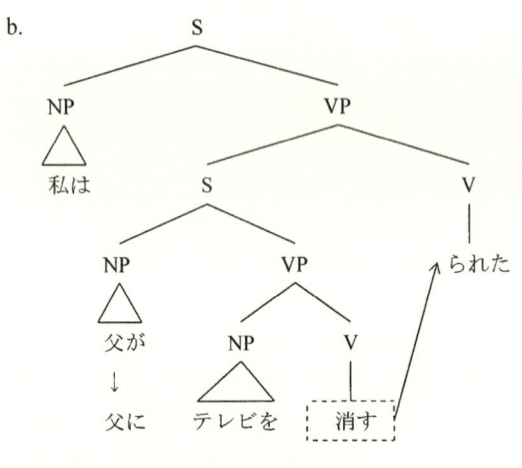

b.
```
              S
             / \
           NP   VP
           △   / \
          私は  S   V
              / \  |
             NP  VP られた
             △  / \
            父が NP  V
             ↓  △  ┆
            父に テレビを 消す
                      ┆
                      ↓
```

c.

```
                S
          ┌─────┴─────┐
          NP          VP
          △      ┌────┼────┐
         私は    NP   NP    V
                △    △    │
               父に テレビを 消された
```

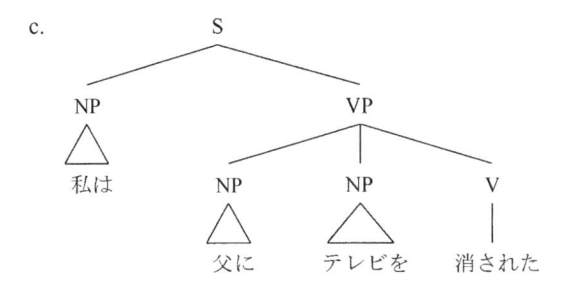

　埋め込み文の動詞「消す」が，述語上昇変形によって埋め込み文から取り出され，主文の動詞「られ」に付加されて「消され」という複合動詞になる。「父が」は「父に」に変わるが，埋め込み文の目的語の「テレビを」は，主文の中に同一名詞句がないので，削除されずにそのまま残る。ただし埋め込み文のSが削除されてしまうので主文の目的語になる。((50a) に対応する英語の受動文は存在しないことに注意せよ（*I was turned off the television by my father）。）

　なぜこのような埋め込み構造をもつ深層構造から述語上昇変形のような変形規則を用いて受動文を作るかといえば，それなりの理由があるからである。

　第1番目の理由は，日本語では，自動詞からでも受動文が作れることである。次の例を見てみよう。

　　(51) 私は雨に降られた。

「降る」は自動詞であり，(51) の例文には対応する能動文が存在しない。したがって，英語のように能動文の主語と目的語を入れ換えて受動文を作ることは不可能である。しかし，埋め込み構造ならば受動文を作ることは容易である。(51) の文は，(52) に図示したように派生される。

(52) a.

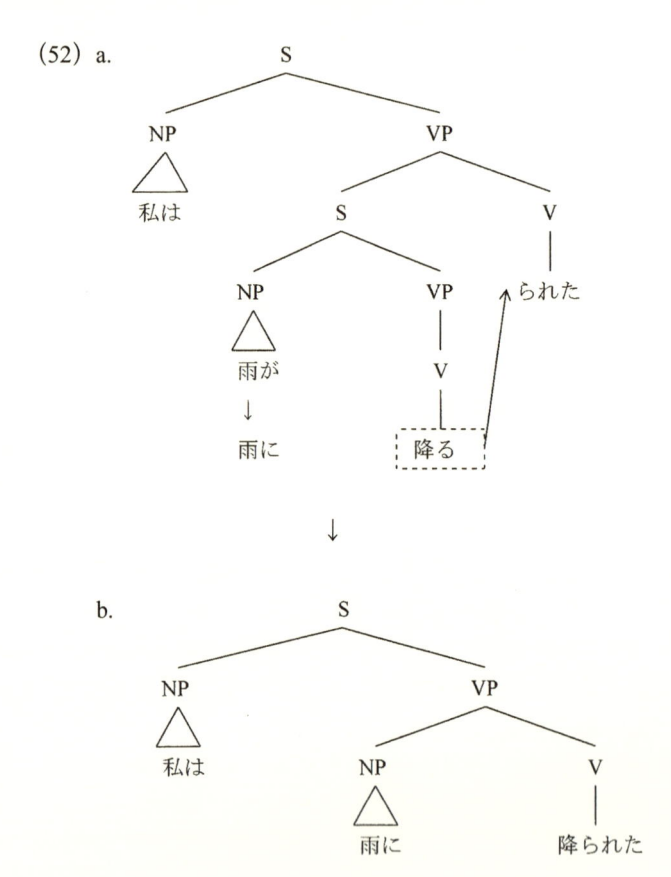

```
            S
          /   \
        NP     VP
        △    /  \
        私は  S    V
            / \    |
          NP  VP  られた ↑
          △   |
          雨が  V
          ↓    |
          雨に  [降る]
```

↓

b.

```
          S
        /   \
      NP     VP
      △    /  \
      私は  NP   V
            △   |
           雨に  降られた
```

　第2番目の理由は，再帰代名詞「自分」の先行詞の曖昧性の問題が埋め込み構造を仮定することによって説明されることである。日本語の「自分」を英語の～selfという代名詞と同じように再帰代名詞と考え，文中に同一人物を指す同一名詞句が2つある時，一方を「自分」で置き換える再帰代名詞化変形 (Reflexivization Transformation) があると考える。たとえば，(53b) の文は，(53a) で2番目の「太郎」を「自分」で置き換えることによって作られると考える。

(53) a. 太郎ᵢが太郎ᵢの家へ帰った。
    b. 太郎が自分の家へ帰った。

　日本語の再帰代名詞化変形では，「自分」の先行詞は文の主語でなければならないという条件がある。たとえば，(54b), (54c) では，「自分」は，主語の太郎のことを指し，決して次郎を指さない。

(54) a. 太郎ᵢが自分ᵢの息子を自慢した。
    b. 太郎ᵢが次郎ⱼに { 自分ᵢ / *自分ⱼ } の息子を自慢した。
    c. 太郎ᵢが次郎ⱼを { 自分ᵢ / *自分ⱼ } の家でしかった。

　では，この再帰代名詞化変形を使って日本語の受動文が埋め込み構造から派生されることを証明してみよう。(55) の文を見てみよう。

(55) 太郎ᵢが次郎ⱼに { 自分ᵢ / 自分ⱼ } の部屋で CD をかけられた。

　この文では「自分」の先行詞は「太郎」でも「次郎」でもよい。つまり，太郎が勉強している部屋に次郎が入ってきて，その部屋で CD をかけたという解釈もできるし，次郎の部屋が太郎の部屋の隣にあり，次郎がその自分の部屋で CD をかけ，その音が太郎の部屋へ聞こえてきて，太郎が迷惑を受けたという解釈もできる。
　flying planes can be dangerous と同じように，ある文が 2 通りに解釈できるということは，2 つの異なった深層構造が，同じ表層構造になってしまったということである。したがって，(55) の文には 2 つの深層構造があることになる。
　さらに，「自分」の先行詞は文の主語でなければならないという条件があることから，「自分」の先行詞が「次郎」と解釈できる場合に

は，「次郎」は，再帰代名詞化変形が適用される時には文の主語であったということである。

そこで，(56a) と (57a) のような2通りの深層構造を仮定すると，(55) の文の二義性がうまく説明できる。

(56) a.「自分」=「太郎」の場合

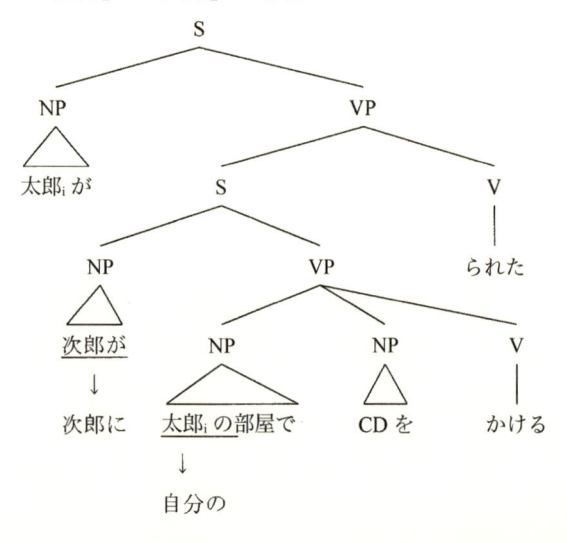

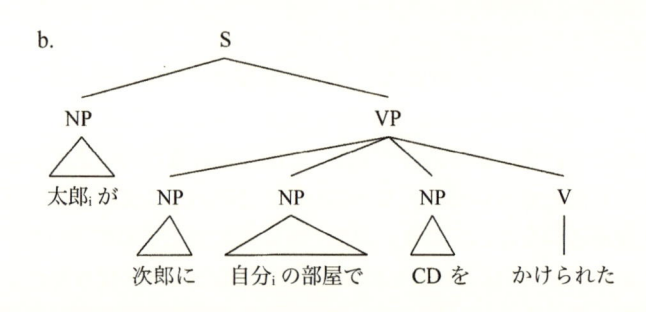

```
                    S
          ┌─────────┴─────────┐
         NP                   VP
         △         ┌──────────┼──────┐
        太郎ᵢが      S                V
              ┌─────┴─────┐          │
             NP          VP         られた
             △      ┌────┼────┬────┐
            次郎が   NP   NP   V
             ↓      △    △    │
            次郎に 太郎ᵢの部屋で CDを かける
                    ↓
                   自分の
```

↓

```
    b.              S
          ┌─────────┴─────────┐
         NP                   VP
         △      ┌──────┬──────┼──────┐
        太郎ᵢが  NP     NP     NP     V
                △      △      △     │
               次郎に 自分ᵢの部屋で CDを かけられた
```

(57) a.「自分」=「次郎」の場合

```
                    S
           ┌────────┴────────┐
          NP                 VP
          △            ┌─────┴─────┐
         太郎が          S           V
                  ┌─────┴─────┐    │
                 NP           VP   られた
                 △      ┌────┬┴───┐
                次郎ⱼが   NP   NP   V
                  ↓    △    △    │
                次郎に  次郎ⱼの部屋で CDを かける
                         ↓
                       自分の
```

↓

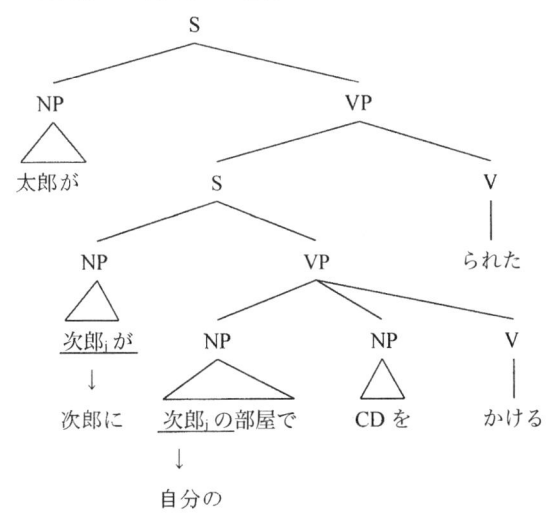

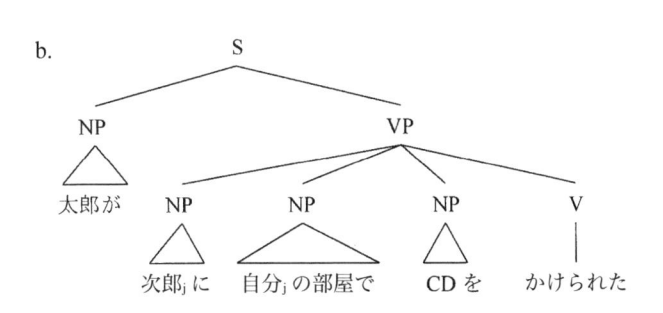

b.
```
                    S
           ┌────────┴────────┐
          NP                 VP
          △         ┌────┬───┼────┐
         太郎が      NP   NP   NP    V
                   △    △    △    │
                  次郎ⱼに 自分ⱼの部屋で CDを かけられた
```

(56a) では主文の主語の「太郎」と埋め込み文中の「太郎」の間で再帰代名詞化変形が行われる。(57a) では埋め込み文の主語の「次郎」と埋め込み文中の「次郎」の間で再帰代名詞化変形が行われる。いずれの場合も,「自分」の先行詞は文の主語でなければならないという条件は満たされている。そして,再帰代名詞化変形の後で,述語上昇

や「次郎が」から「次郎に」への変化が起こり，(56b) と (57b) に見られるように，表層構造が同じになってしまうのである。このように，埋め込み構造を仮定すると，受動文における再帰代名詞の「自分」の先行詞の曖昧性の問題がうまく説明できるのである。

　第3番目の理由といえるものは，日本語では，受動文のみならず，否定文や使役文なども埋め込み構造から派生されるということである。たとえば，(58a) の文は，(58b) と (58c) に見られるように，述語上昇変形を使って派生される。

(58) a. ジョンは息子に働かせた。

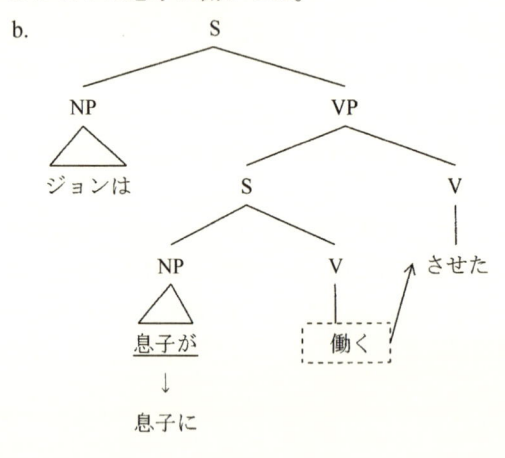

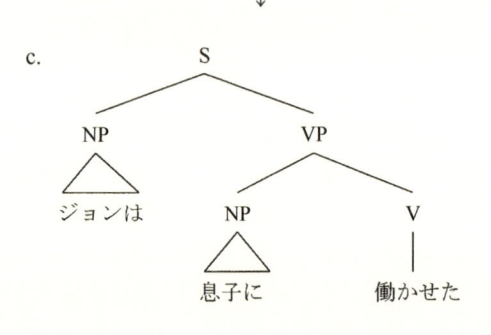

b.
```
            S
           / \
         NP   VP
         /\   /\
       ジョンは S  V
              /|\  |
            NP V  させた
            /\  |
          息子が 働く
            ↓
          息子に
```

↓

c.
```
            S
           / \
         NP   VP
         /\   /\
       ジョンは NP  V
               /\  |
             息子に 働かせた
```

埋め込み構造，述語上昇変形というのは，日本語においてはきわめて重要な役割を果たしているのである。

以上のような理由から，日本語の受動文は埋め込み構造をもつ深層構造から派生されると考えるべきであることがわかるであろう。

3.4.3 サピア・ウォーフの仮説との関係

以上見てきたように，英語と日本語では受動文の派生の仕方がまったく異なる。

英語では，原則的に，受動文には必ず対応する能動文があり，受動文は能動文の主語と目的語を入れ換えることによって作られる。つまり，ある出来事について記述する場合，たとえば，「暗殺者が大統領を殺した」という出来事を述べる場合，誰に焦点をあてるかという問題である。暗殺者に焦点をあてれば the assassin killed the president になり，大統領に焦点をあてれば the president was killed by the assassin である。

これとはちがって，日本語の受動文というのは，主文の主語が埋め込み文があらわす出来事に何らかの影響を受ける，あるいは，被害を受けることを意味する。たとえば，「私は雨に降られた」という文は次のような深層構造をもつ。

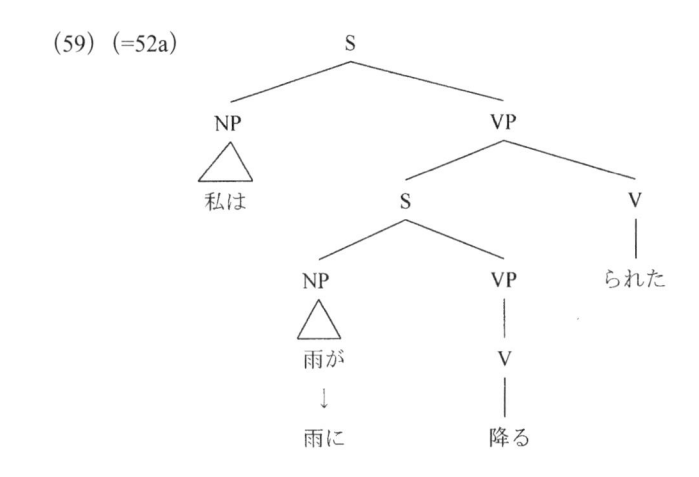

(59)（=52a）

```
                S
               / \
             NP   VP
             △   / \
            私は  S   V
                /\   |
              NP  VP られた
              △   |
             雨が  V
              ↓   |
             雨に  降る
```

この文の主語である「私」が，埋め込み文があらわす出来事の「雨が降る」ことに被害を受けた，あるいは，何らかの影響を受けたのである。

したがって，日本語では，他動詞であろうと自動詞であろうと受動文ができるのである。

このように，日本語と英語で受動文の構造・意味が異なるということは，日本語母語話者と英語母語話者の物の見方が異なるという可能性が高いということを意味する。日本語母語話者が受動文を使用する時は，常に，何らかの被害関係を考慮しているが，英語母語話者が受動文を使用する時は，必ずしも，被害関係を考慮していない。

また，日本語の自動詞を使った「私は雨に降られた」は容易に英語に訳せる文ではない。

参考文献

Greenberg, Joseph H. 1966. Some universals of grammar with particular reference to the order of meaningful elements. In *Universals of language*, 2nd ed., ed. by Joseph H. Greenberg, 73-113. Cambridge, Mass.: The MIT Press.

Langacker, Ronald W. 1969a. Mirror image rules I: Syntax. *Language* 45: 575-598.

Langacker, Ronald W. 1969b. Mirror image rules II: Lexicon and phonology. *Language* 45: 844-862.

Langacker, Ronald W. 1969c. On pronominalization and the chain of command. In *Modern studies in English: Readings in transformational grammar*, ed. by David A. Reibel and Sanford A. Schane, 160-186. Englewood Cliffs, New Jersey: Prentice-Hall.

Ross, John Robert. 1967. *Constraints on variables in syntax*. Doctoral dissertation, The Massachusetts Institute of Technology.

Whorf, Benjamin Lee. 1956. *Language, thought, and reality: Selected writings of Benjamin Lee Whorf*, ed. by John B. Carroll. Cambridge, Mass.: The MIT Press.

有馬道子（訳）．1978．『言語・思考・実在―ベンジャミン・リー・ウォーフ論文選集』．東京：南雲堂．

柴谷方良・影山太郎・田守育啓．1982．『言語の構造（意味・統語篇）―理

論と分析―』東京：くろしお出版.
柴谷方良・影山太郎・田守育啓. 1983.『言語の構造（教授資料）―理論と
　　分析―』東京：くろしお出版.

あ と が き

　本書の前身，『現代英語学要説』の出版から早や30年の年月が経過した。その間の言語理論の発展，特に統語論や語用論などには大きな進展をみた。また新しく認知言語学の発展には目をみはるものがあり，これにより多くの新しい言語分析の知見を見ることになった。この間に著者一同は，もっと早い機会に改訂版を出版したいと願う日々であったが，それぞれが独自の研究を始め，教育や公務，また学会活動に多忙を極め，中々その機会に恵まれることはなかった。

　ようやく，今回の改訂作業に取り組むことで同意を得，旧版のどの部分を改訂，増補するかを話し合いの土俵にのせたのが，昨年（2014）の秋も深まった頃であった。それから3ヶ月という短期間に全力傾注の作業がはじまった。幸いにして，この10年ほどの間，それぞれの執筆者が改訂作業の際にはと，心に暖めていた内容を精力的に精査し，それをまとめるにはさほどの時間はかからなかった。

　第1章から第3章までは，龍城が担当したが，ここでは，大学生が英語学という聞き慣れない学問領域に拒否反応を起こすことなく，スムーズに導入できるように配慮して，英語をさらによく理解できるためにということを念頭に書き下ろした。次に統語論であるが，ここでは旧版にはない新たな情報を多く増補する必要があった。そこで，伝統的な学校文法は残しつつ，チョムスキー初期理論からミニマリストプログラムまでも概観することとし，「統語論」を第9章と第10章の2章に分割し，旧版同様，ここは，生成理論，心理・神経言語学の重鎮である同志社大学の中井悟教授の担当とした。

意味論は最小限の修正にとどめたが，語用論では最近の成果を踏まえ，関連性理論やグライス理論の拡大解釈を加え，新しく第12章「語用論」として独立させ，ここは龍城が担当した．さらにとみに盛んとなっている認知言語学についても，新しく第13章「言語と認知」を追加し，ここは，学会活動も盛んにこなす中堅の認知言語学者である同志社大学の菊田千春教授が担当することとなった．一方で，英語の変遷や音声の解説などは「事実」として変化しないという前提のもとで，マイナーな修正にとどめ，旧版の記述を踏襲している．英語史に関する第4章と第5章は，立命館大学の高坂京子教授の担当である．しかし，音韻論では新しく，プロソディー理論（音律論）を付け加え，気鋭の音韻論学者である同志社大学の菅原真理子準教授の執筆により，内容を充実させた．また，第14章「英語の変種」では，英語（British English）の項目に新しく河口域英語（Estuary English）の記述を加え，コックニーの内容も少なからず追加した．さらに黒人英語は，最近の研究を踏まえ，旧版の Black English Vernacular（＝BEV）から American African Vernacular English（=AAVE）と表記を改めた．

　以上，旧版を大幅に改訂増補して今回の出版の運びとなった．改訂の企画後，著者の希望を最大限にお聞き入れ頂き，今年（2015年）の猛暑のなか，精力的に編集作業にかかわって頂き，早い機会に出版を可能としていただいたのは，一重に南雲堂の原信雄氏の甚大な協力があったことに他ならない．編集作業には何かと貴重なご意見を頂き，本書の完成をみたことに，原氏にはこの場をお借りして，著者一同を代表して，深甚の謝意を表したい．

　最後に私も含め，本書の執筆者は，浅学非才の者ばかりで，本書の内容については，少なからず，誤解，曲解，誤記などがあるかと危惧する．その節にはご叱正のほど，よろしくお願い申しあげます．

本書の分担執筆を示すと，以下の通りである．
　　龍城　正明　　　　　　第1, 2, 3, 6, 7, 11, 12, 14章
　　高坂　京子　　　　　　第4, 5章

菅原　真理子　　　　　第 7 章
中井　悟　　　　　　　第 8, 9, 10, 15 章
菊田　千春　　　　　　第 13 章

2015 年　廬山の寓居にて

　　　　　　　　　　　　　　　　　　　　　　　龍城　正明

索　引

A

曖昧
　　――母音　113
　　――性　254
あいまい母音（schwa）　136
アイルランド　45
　　――共和国　42
　　――島　42
　　北――　9
アカデミー　87
アクセント　139, 319
アクション・チェイン　304
アメリカ　5, 35, 86, 90
　　――英語　14, 86, 319
　　――・インディアン諸語　86
アングロ・フランス語　14, 63
アングロ・サクソン
　　――文化　48
　　――七王国　47
　　――人　47
　　――民族　45, 91
　　『――年代記』　51
アングル人　39, 163
アラビア語　89
アルフレッド　50
　　――大王　49
アルクィン　48

B

場面　270, 277, 298
　　――の脈絡　271
米語　313
ベーコン　78
弁別的素性　119, 125
『ベーオウルフ』　49
ビード　46
鼻腔　98
鼻音　101
　　――性　122
尾子音　126
母音　101, 105
　　第1次――　110
　　第2次――　111

ボーとケーブル　324
文　166, 204, 303
文化のコンテクスト　272, 280
文型　10
文法　166
　　――標識　263
　　――理論　168
文法的性　7
分布　187
分析
　　――文　258
　　――言語　15
　　――的真　256
分節音　118
文体　76
文体論　38
ブリテン
　　――島　9, 313
ブリトン人　44
ブルームフィールド　247
物理学　89

C

地　288
長　110
長母音　114, 314
超分節的素性　135
調音位置素性　122
直接構成（要）素　155
直接構成（要）素分析　155
直接支配　211
チョムスキー，ノーム　194
調音　97
　　――器官　97
　　――法　98
　　――者　98
　　――点　98
調音法素性　122
チョーサー　64
中　109
中部　110
　　中部方言　314
中国語　8

[395]

中期英語　62
　　　——の文法　69
　　　——の語彙　67
　　　——の発音と綴り字　66
　　　——の実例　71
　　　——の成立　62
　　　——の特徴　66
中舌　99, 111

D

大母音推移　80
ダイクシス　274
代名詞　368
代名詞化　368
　　　——変形　369
　　　——に対する制約　368
段階　207
男性的, 真面目言語　23
談話　37, 244
　　　——分析　37, 271
　　　——論　37
デーン
　　　——人　14, 49
　　　——法地域　50
伝達　70, 284
伝統文法　166
　　科学的——　168
ディース　313
同義　40, 220
　　　——語　250
　　　——関係　250
ドイツ語　8, 16, 17, 339, 352
同化　124
　　逆行——　124
　　進行——　124
動名詞的名詞化形　268
同音異義語　254
　　　異綴——　254
同音異義性　254
ドライデン　87
動詞　170, 204, 354
　　　——の変化　10, 333
　　　——の過去形　59, 145
　　　——の活用　59
動詞句　226
動詞強勢規則　137

E

枝分かれ図　264

エドワード　63
英語
　　　——方言調査　313
　　　——の母体　54
　　　——の文法　83, 161
　　　——の復権　63
　　　——の普及　92
　　　——の語順　7
　　　エリザベス朝——　78
　　　標準——　53, 313
英語学　3
英語史　11
『英国民教会史』　51
円唇　110
　　非——　110
エリザベス朝
　　　——英語　78
　　　——文学　75

F

フォーダー
　　カッツと——　263
フォルマント　106
　　　——振動数　107
普遍文法　232
普遍性
　　言語——　188, 354
　　言語の——　188, 352
　　グリーンバーグの——　354
不可算名詞（質量名詞）　300
不規則アクセント　26
不規則動詞　59, 147
不規則綴字　26
複合　86
複合語　18, 140
複合語強勢規則　140
複合名詞句　376
　　　——制約　375
副次強勢　138
複数　367
フランス語　8, 16, 17, 18
フランス借入語　68
フリッグ
　　繁栄の女神——　47
フリーズ　184

G

外置変形　221, 268
外国語教育　352

概念化　289
概念メタファー　290
外心構造　231
学校文法　168
　　　──の目的　169
含意　258
合併　264
ガラ語　349
『ガリヴァー旅行記』　88
現代ドイツ語　15, 57
現代英語　5, 11
言外の意味　35
言語
　　　──変化　12, 70, 348
　　　──形式　248
　　　──の類似性　188
　　　──音　31, 94, 101
　　　──接触　345
　　　──使用域　273
　　　──習得　199
　　　──哲学　33
言語知識
　　　内在化された──　199
言語学　8, 11
言語能力　197
言語理論　183
言語運用　197
厳密下位範疇化素性　210
原理　222
原理と変数の理論　202
限定詞　204, 235
ゲルマン
　　　──語　14, 22, 43
　　　──語派　14, 48
　　　──民族　39, 45
　　　──祖語　43, 352
　　　西──語　43
　　　低地西──語　43
疑問文　166, 282, 357, 362
疑問形成　362
疑問詞　358, 362
ギリシア語　61, 76, 123
ギリシア借入語　82
擬声語　321
語　150
　　　──の定義　150
　　　複合──　18, 140, 153
　　　合成──　153
　　　単純──　153

ホケットの定義　152
スウィートの定義　152
語尾変化　15, 57, 150
語源　162
語法　271, 313, 328
語彙
　　　──目録　207
　　　──挿入　217, 266
　　　──的関係　268
　　　記述的──　257
語彙論
　　　──的分析　268
語順　7, 83, 171
　　　──の確立　70
　　　古期英語の──　60
語幹　154
語形変化　10
語結合　176
語基　154
語用論　271
語族　37, 42
　　　世界の──　42
具格　59
群複数形　19
群属格　19
グライス　277
グリムの法則　123
グリーンバーグ　354
グーテンベルク　75
偶然の空白　116
逆行同化　124
逆成語　159

H

肺　95
背反関係　253
ハンバー川　48
半母音　113
反意語　250
反義関係　253
反応
　　　刺激と──　247
反復　127
破裂音　100
ハリデー　271
破擦音　101
派生　149
　　　──名詞化形　149, 267
　　　──接辞　149

発声　95
　　　——器官　95
発語内の力　277
発語媒介行為　276
発語内行為　276
発話行為　276
併合　238
平叙文　166, 354
閉音節短母音化　132
閉音節　129
閉鎖音　100
ヘイスティングスの戦い　63
変形
　　　——部門　208, 212
　　　削除——　364
変形規則　162
変種　35
変則
　　　——性　266
　　　——的な文　266
変数　222
東中部方言　65
比較
　　　——文法的　174
　　　——言語学　36, 352
　　　——構文　359
ヒンディー語　42, 89
頻度　79, 356
品詞の転換　71
非音楽的，木訥な言語　25
披裂軟骨　95
非両立関係　252
補部　227
補語　170
　　　主格——　170
　　　目的格——　171
豊富な語彙　22, 91
方法の原則　278
方向性メタファー　292
補助言語　346
補充形　148
北部方言　65, 314
北欧語　56
北欧借入語　56
ホピ語　182
包摂　251
「放蕩息子のたとえ話」　61
百年戦争　64
標準語　65, 314

標準理論　202
標識
　　　文法——　263
　　　意味——　263
　　　句構造——　210
表層　267
　　　——構造　217

I

イベリア人　44
一次語　176
イディオム　260
移動変形　362
　　　——の有無　354
イェスペルセン　13, 173, 195
イギリス　40
　　　——英語　86
　　　——諸島　41
異形態　146
イメージ　243
イメージ・スキーマ　296
意味
　　　——部門　218
　　　——標識　263
　　　——の排除　184
　　　——の三角形　246
　　　——の単位　32
　　　——素性　34, 249
　　　言語的——　245
　　　話者的——　245
意味上
　　　——の目的語　194, 218
意味拡張　296
意味論　243
　　　——的　260
　　　解釈——　268
インド　8, 31, 35
　　　——英語　313
インド・ヨーロッパ語族　37, 182
イングランド　41
「インキ壺語」　82
印欧
　　　——語族　37
　　　——祖語　42
韻律　141
印刷術
　　　——の導入　75
　　　——の発明　74
咽頭　97

——腔　97
異音　118
異音変化　118
一般文法　174
　　——的　174
一般化　126
イライザ　318
イタリア語　11, 23, 339
意図的明示推論的伝達　284
意図的明示的刺激　284
逸脱　128, 291

J

弱変化　10, 58
　　——動詞　59
ジャマイカクレオール　349
ジャロー　52
ジェームズ1世　77
事実確認文　275
人類学的　181
　　——言語学　181
辞書　11, 89, 207
事態認知モデル　303
実務的, 実践的言語　17
自由変異　118, 346
　　——音　119
弱強五歩格　26
助動詞　204
ジョーンズ, ウィリアム　37
上下関係　251, 370
上位語　251
状況のコンテクスト　272
ジョン王　63
ジョンソン, サミュエル　88
助詞　231
上歯　99
上唇　99
受動
　　——変形　213
　　——構文　368
ジュリアス・シーザー　45
ジュート人　39
述語上昇変形　381

K

カヴァデール　77
かばん語　159
下顎　98, 109
下位語　251

開音節　129
会話の原則　277
下角　95
書き換え規則　205
過去
　　複数——　59
　　単数——　59
河口域英語　317
核　126
拡大標準理論　266
格フィルター　235
格変化　15
カクストン　75
カナダ　329
カナダ英語　329
関係表現　360
関係性の原則　278
関係節　168, 360
　　——形成　362
関係節構文
　　日本語の——　364
関連性の伝達原理　285
関連性理論　282
間接発話行為　281
『カンタベリー物語』　64
可算名詞　300
仮説演繹法　200
下唇　98
カテゴリー　102, 244, 290
活動領域　273
活用　10, 57
カッツとフォーダー　263
軽蔑の原則　281
ケーブル
　　ボート——　324
形式主語　221
形態規則　144
形態論　143
　　派生——　150
　　屈折——　150
形態素　131
　　——の分類　148
　　——の定義　144
　　自由——　149
　　拘束——　149
形容詞　355
　　——の語尾変化　150
継続性　122
ケント方言　52

ケルト
　　——語　44
　　——語の影響　55
　　——人　44
　　——民族　9
記号
　　——論　244
　　——体系　244
規範文法　88
規範的　88
記述文法　172
気管　95
危機言語　8
聞こえ連鎖の原理　135
緊張　110
緊張母音　110
近代英語　79, 85
　　——の文法　83
　　——の語彙　82
　　——の発音と綴り字　80
　　——の実例　84
　　——の成立　74
　　——の特徴　79
　　　　後期——　74
　　　　初期——　74
機能言語学　272
機能語　84, 136
『欽定訳聖書』　77
気音
　　無——　118
　　有——　118
キリスト教　14, 47
　　——改宗　48
気流　95
気息　118
規則
　　——動詞　145
基底部門　204
高　109
後部　102
後置詞　231, 354
声の質　95
口蓋　99
　　——垂　98
甲状軟骨　95
呼気　95
古期英語　10, 49, 51, 55
　　——の文法　57
　　——の語彙　55

——の方言　51
——の実例　60
——の文字と発音　53
——の成立　44
——の誕生　35
——の特徴　53
古ノルド語　11, 14, 56
コックニー　317
口腔　98
硬口蓋　99
　　——化　123
黒人英語　339
　　上層——　345
　　基底——　345
国際音声学協会　105
国際音声字母／国際音標文字　105
黒死病　64
呼吸　95
混成語　159
痕跡　233
混種語　13, 345
コンテクスト効果　283
構成素　30, 160, 190
喉頭　95
喉頭に関する素性　122
公用語　45, 63, 349
後舌　99
　　——性　122
高舌性　122
構造　166
　　——変化　214
　　——記述　214
構造主義
　　——文法　175
　　——言語学　5
構造主義言語学の方法論　184
句　166
句構造
　　——標識　210
　　——規則　204
クヌート　51
クラウディウス皇帝　45
クレオール　345
クレオール化　348
　　脱——　350
クリオ語　349
屈折　57, 60
　　——言語　57
　　——の消失　70

索引　*401*

──の水平化　69
──の単純化　66
屈折＝活用　10
脚韻　25, 127
曲折／語形変化　10
曲折の消失　16
極小理論　202
協調の原理　277
強変化　58
　　──動詞　59
共時的　36
共鳴　97
　　──音　102
共鳴性　120
強勢　135
　　第一──　138
　　第二──　138
鏡像関係　354
キュラス　324

M

マイフェアレディー　318
マクデイヴィッド　324
マレー　89
マレー語　89
摩擦音　101
マーシア方言　51
命題　261
名詞　204
　　──の複数形　146
名詞化変形　162
名詞句　204
名詞強勢規則　137
メタファー　290
メトニミー　294
モーラ　130
ミルトン　78, 319
目的語　170
無開放閉鎖音　119
無声音　97
脈絡
　　場面の──　271

N

ナイダ　231
内心構造　231
内容語　135
内在化　197
南部方言　65, 316

軟口蓋　99
　　──化　123
二値的　120
日本語　89
二次語　176
二重母音　111
　　上昇──　113
　　集中──　113
二重言語特徴　22
二重目的語構文　307
任意　214
西中部方言　65
ノーベル文学賞　90
喉仏　95
ノルマンディー　63
ノルマン・フランス語　14, 63
ノルマン人　62
　　──の征服　62
ノーサンブリア方言　51
ニュージーランド　336

O

オグデンとリチャーズ　246
奥舌　99
音　95
音調　337
音韻
　　──部門　218
　　──変化　35, 123
　　──過程　117
　　──組織　117
音韻規則　116
音韻目録　102, 117
音韻論　32, 116
音韻素性　119
音型
　　英語の──　116
音連鎖　118, 125
音類　119
　　自然──　121
音声
　　──記号　105
音声学　31, 94
　　英語──　314
音声変化　123
音声表記　117
音節　126
音節主音性　120
音素　118

音素配列制約　133
音素表記　118
音素論　185
オランダ語　86, 349
オースティン　274
オーストラリア　335
オーストラリア英語　335
オートン　313

P
パラフレーズ　171
パラメータ　225
ピッチアクセント　139
ピグマリオン　318
ピジン　345
　　──英語　346
ピクト人　45
ポライトネス理論　271
ポルトガル語　82
プリーストリー　89
プロトタイプ　290

R
ラボフ　340
ランドマーク　296
ランゲンドーン　169
ラテン語　11, 45
ラテン借入語　55
ラウス　89
レベルの分離　185
レビンソン　271
歴史文法的　174
歴史的背景　324
連合王国　9
連鎖　213, 303
リチャーズ
　　オグデンと──　246
リーチ　271
リードとケロッグ　170
　　──のダイヤグラム　170
輪状軟骨　95
ローマ　48
　　──軍　45
　　──文字　54
　　──帝国　45
ロマンス語　14
ロンドン英語　66, 75
論理
　　──語　256

論理的調和　20
累加否定　344
ルネッサンス　76
ルーン文字　53
了解の確保　277
量の原則　278
流音　101

S
最大性制約　131
最小意義素　144
最小性制約　130
最適の関連性　284
最適性理論　141
サクソン人　39
三次語　176
三重母音　114
参照点　292
サピア・ウォーフの仮説　354
サール　281
サウンドスペクトログラフ　107
性
　　文法的──　7
　　文法的な──　58
成分分析　249
声道　98
声門　95
聖オーガスティン　48
生成変形文法　222
聖書　61
　　英訳──　72
声帯　95
先行　370
先行詞　369
選択
　　──制限　263
　　──素性　210
選択体系機能言語学　272
接尾辞　149
接辞　149
　　派生──　136
　　屈折──　149
説明
　　──文法　174
接続法　59
節点　210
接頭辞　149
借入
　　語彙の──　55

索引　*403*

借入語　55, 321
借用　159
写像　292
シェイクスピア　78, 319
詩文　26
刺激と反応　247
支配　211
シータ基準　236
子音　101
　　──性　120
子音結合　126
子音的　24
指示
　　──作用　243
　　──対象　243
歯茎　99
　　──音　103
識別素　263
真
　　──関係　258
　　分析的──　256
振動数
　　フォルマント──　106
　　基本──　106
　　固有──　106
真偽
　　言語学的観点からの──　256
　　経験的観点からの──　256
新語　158
　　──の形成　158
弛緩　110
弛緩母音　110
心理学　243
真理価　256
心理的　34, 183
深層　354
　　──構造　210
新造語　321
歯擦音　103
舌　98
指定部　230
質の原則　278
『失楽園』　78
使用域　273
自然音類　121
写像　294
ショー, バーナード　27, 318
省略　18, 159, 326
省略（頭字語）　18

主文　212
主題役割　236
主語　170
主格　15, 58, 236
縮小語　321
宗教改革　74
主強勢　138
シュー音　103
主節　289
シュワー　113
主要部　227
主要語　375
阻害音　102
祖語　42, 350
　　ゲルマン──　43, 352
　　印欧──　42
総合言語　15, 20
総合的文　256
相補分布　118
ソナグラフ　107
挿入辞　149
素性
　　──の束　119, 249
　　調音法──　122
　　主要音類──　120
相対説
　　言語──　365
遂行
　　──動詞　275
　　行為──文　275
スコット人　45
スコットランド　9, 45, 319
スー音　103
スペイン語　22, 82
スペンサー　78
スペルベル　282
スリナムクレオール　349
ステージバーグ　155, 156
ストーンヘンジ　44
スウェーデン語　42
スウィフト　88
スウィート
　　文法の目的　172

T

多義性　254, 295
対格　16, 236
対立　63, 117
対照言語学　352

――の目的　352
対照研究　188
　　――の方法　367
短　110
単母音　111
単一形態素語　131
単純文法　16
単音節的　24
単数　367
低　109
テムズ川　51
ティンダル　77
ティウ
　　軍神の――　47
統語論　33, 166
　　学校文法の――　170
統御　370
頭韻　25, 127
頭字語　18, 159
等価
　　論理的に――　259
トク・ピシン　346
トール
　　雷神の――　47
投射原理　234
投射規則　263
頭子音　126
捉え方　289
トラジェクター　296
通時的　35, 123
つながり　192, 290
通俗語源　321

U

ウェドモアの協定　49
ウェルズ　319
ウェールズ　9, 46, 319
ウェセックス王国　50, 53
ウエスト・サクソン方言　51
ウィクリフ　65, 72
ウィリアム
　　――征服王　14, 63

ノルマンディー公――　14, 63
ウィルソン　282
ウィトビー　52
埋め込み文　212
ウォーフ　354
『ウルガータ』　61

V

ヴァイキング　14, 49

W

わたり　111
　　――音　101

Y

役割関係　273
余剰素性　121
与格　16, 58
容認発音　314
有声音　97
有声性　122

Z

舌頂性　122
舌根　99
前部　109
前置詞　204
前置詞句　204
前置詞与格構文　307
前景化　288
前方性　122
前提　260
　　意味論的――　260
前舌　99
舌背　99
舌尖　99
舌端　99
属性名詞　18
造語法　333
図　288
図地分化　288

英語項目索引

A
able 付加　144
adjunct　177
adnex　177
African American Vernacular English=
　AAVE　340
Angles　10, 39, 162
Australian
　　　Broad——　337
　　　Cultivated——　337
　　　General——　337

B
base line　170
BBC (British Broad Corporation)　319
Black English Vernacular (BEV)　340

C
case　236
Class
　　　——1 word　187
　　　——2 word　187
　　　——3 word　187
　　　——4 word　187

D
D-構造　232

E
Engles　10

J
junction　177
junction-nexus　176

L
l
　　　明るい——　117
　　　暗い——　117

N
nexus　177

O
Old Norse　11

OV 型　356

P
paradigm　27
Phonics　27
P-marker　210
Postpositional　355
　　　——Phrase　361
Prepositional　355
　　　——Phrase　160

S
SC (structural change)　214
SD (structural description)　214
S-構造　233
SOV　355
SVO　35

T
three ranks　176
tough 移動変形　221
type
　　　——I　355
　　　——II　355
　　　——III　355

U
universal
　　　45 の——　356

V
VO 型　356
VSO　355

W
wh-word　363

X
X バー　230
X バー理論　228

α 移動　233
θ 役割　234

著者略歴

龍城　正明（たつき　まさあき）
同志社大学文学部教授，同志社大学大学院文学研究科教授　元同志社大学副学長
1971年　同志社大学文学部英文学科卒業
1979年　カナダビクトリア大学言語学科修士課程修了（M.A. in Linguistics）
1982年　カナダビクトリア大学言語学科博士課程修了（Ph.D in Linguistics）
　『英語論文作成法』（共編著・英宝社）『実践高等英作文』（共編著・昭和堂）
　『現代言語学序説』（共著・山口書店）『現代英語学要説』（共著・南雲堂）
　『言語研究における機能主義』（共著・くろしお出版）
　『ことばは生きている（選択体系機能言語学序説）』（共編著・くろしお出版）

中井　悟（なかい　さとる）
同志社大学文学部教授，同志社大学大学院文学研究科教授
1971年　同志社大学文学部卒業
1973年　同志社大学大学院文学研究科英文学専攻修士課程修了
　『英語論文作成法』（共編著・英宝社）『実践高等英作文』（共編著・昭和堂）
　『現代言語学序説』（共著・山口書店）『現代英語学要説』（共著・南雲堂）
　『言語学は自然科学か』（単著・昭和堂）『生成文法を学ぶ人のために』（共編著・世界思想社）『言語の生得性とモジュール性』（単著・昭和堂）

高坂　京子（こうさか　きょうこ）
立命館大学経営学部教授
1981年　同志社大学文学部卒業
1983年　同志社大学大学院文学研究科英文学専攻修士課程修了
　『現代言語学序説』（共著・山口書店）『現代英語学要説』（共著・南雲堂）
　『言語発達とその障害』（共訳・医学書院）『知りたがらない日本人』共訳・柏書房
　『言語表現学の基礎と応用』言語表現学叢書第一巻（共著・清文堂）

菊田　千春（きくた　ちはる）
同志社大学文学部教授，同志社大学大学院文学研究科教授
1986年　同志社大学文学部英文学科卒業
1988年　同志社大学大学院文学研究科修士課程修了
1992年　カナダビクトリア大学言語学科博士課程修了（Ph.D in Linguistics）
　Complex Predicates in Japanese（Garland），『現代の言語学』（共著）（金星堂），『現代英語学へのアプローチ』（共著）（金星堂）

菅原　真理子（すがはら　まりこ）
同志社大学文学部准教授
1994年　国際基督教大学教養学部卒業
1996年　東京大学総合文化研究科言語情報科学専攻修士課程修了（学術修士）
2003年　マサチューセッツ大学大学院言語学科博士課程修了（Ph.D in Linguistics）
　Prosody Matters: Essays in Honor of Elisabeth Selkirk（共編著．Equinox）
　『音韻論』（共編著・朝倉書店）

英語学パースペクティヴ	英語をよりよく理解するための15章	［IG-75］

2015年11月30日　第1刷発行
2022年9月15日　第4刷発行

編著者　龍城正明
発行者　南雲一範
装幀者　銀月堂
発行所　株式会社　南雲堂
　　　　〒162-0801　東京都新宿区山吹町361
　　　　URL https://www.nanun-do.co.jp/
　　　　［書店関係・営業部］☎ 03-3268-2384　FAX 03-3260-5425
　　　　［一般書・編集部］☎ 03-3268-2387　FAX 03-3268-2650

製版所　啓文堂
製本所　松村製本所
コード　ISBN978-4-523-30075-5 C3082

Printed in Japan

南雲堂・好評既刊書

わが国における
英語学研究文献書誌 1900-1996

責任編集＝田島松二
A5判上製函入 1198ページ　定価（本体 35,000 円＋税）

1900年から1996年までの100年間に日本の研究者によって発表された著訳書，論文，研究ノートなどを収録。

わが国の英語学100年　回顧と展望

田島松二著
四六判上製 226ページ　定価（本体 2,500 円＋税）

20世紀初頭から今日までの100年間の先達の業績を克明にたどり，これからの英語学研究のありかたを示唆する。

ロングマン言語教育・応用言語学用語辞典

J. C. リチャーズ／R. シュミット
高橋貞雄・山崎真稔・小田眞幸・松本博文訳
A5判ビニール装 568ページ　定価（本体 4,800 円＋税）

言語教育にたずさわる小・中・高大学の先生方や大学院生・研究者をはじめ，現代社会のことばに関心を抱くすべての人に必携の辞典。